融合型·新形态教材
复旦学前云平台 fudanxueqian.com

幼儿保育专业系列教材

U0731053

幼儿教师语言沟通与技巧

YOUER JIAOSHI YUYAN GOUTONG YU JIQIAO

主　编　陈雪芸　李　晖

编　者　项目一　汤华冬　刘晓红

　　　　项目二　沈敏珊　刘晓红

　　　　项目三　陈雪芸

　　　　项目四　张金陵

复旦大学 出版社

内容简介

本教材从幼儿教师专业发展视角出发,针对幼儿保育对象和保育工作的特殊性,以理论"必须""够用"为原则,以技能训练为主,融基础理论知识和基本技能训练为一体进行编写,具有较强的专业特色。全书内容包括幼儿教师语言沟通基础、幼儿教师语言沟通的基本技巧、幼儿教师与幼儿语言沟通的技巧、幼儿教师与家长语言沟通技巧四大模块十个项目,着重对幼儿保育专业学生和幼儿园教师进行语言沟通技巧的训练。内容完备,训练循序渐进。技能训练三大板块从易到难,形成训练梯度.具有较强的针对性、实用性和可操作性,适合幼儿教师职前培养和在职教师专项训练。

本书配有案例导读、作品范读、训练范读和拓展阅读四种数字资源,可以扫描书中二维码倾听和阅读。本书还配有课件、课程大纲等教学辅助资源,可以登录复旦学前云平台（www.fudanxueqian.com/）下载。

复旦学前云平台
使用说明

　　为提高教学服务水平，促进课程立体化建设，复旦大学出版社学前教育分社建设了"复旦学前云平台"，以为师生提供丰富的课程配套资源，可通过"电脑端"和"手机端"查看、获取。

【电脑端】

　　电脑端资源包括 PPT 课件、电子教案、习题答案、课程大纲、音频、视频等内容。可登录"复旦学前云平台"www.fudanxueqian.com 浏览、下载。

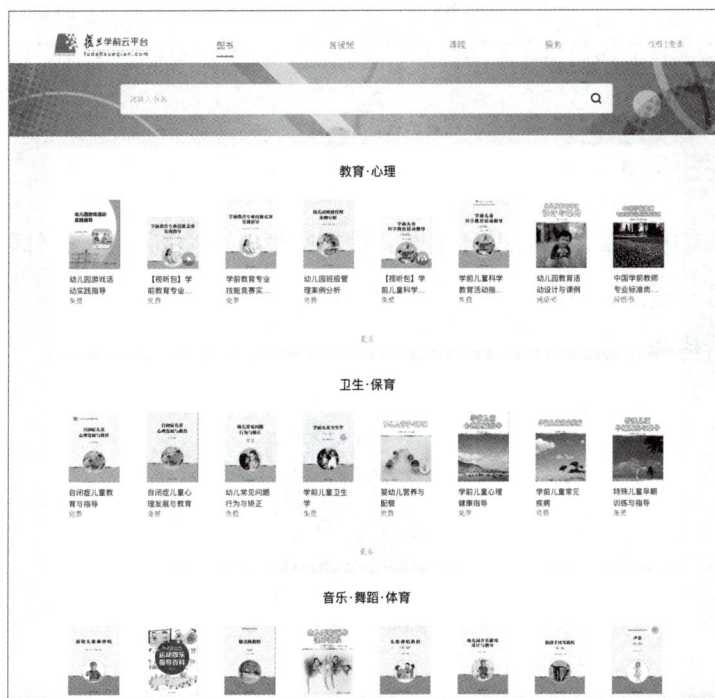

Step 1 　登录网站"复旦学前云平台"www.fudanxueqian.com，点击右上角"登录 / 注册"，使用手机号注册。

Step 2 　在"搜索"栏输入相关书名，找到该书，点击进入。

Step 3 　点击【配套资源】中的"下载"（首次使用需输入教师信息），即可下载。音频、视频内容可通过搜索该书【视听包】在线浏览。

PPT 课件、音视频、阅读材料：用微信扫描书中二维码即可浏览。

扫码浏览 ➡

📖 【更多相关资源】

更多资源，如专家文章、活动设计案例、绘本阅读、环境创设、图书信息等，可关注"幼师宝"微信公众号，搜索、查阅。

平台技术支持热线：029-68518879。

"幼师宝"微信公众号

✏ 【本书配套资源说明】

1. 刮开书后封底二维码的遮盖涂层。

2. 使用手机微信扫描二维码，根据提示注册登录后，完成本书配套在线资源激活。

3. 本书配套的资源可以在手机端使用，也可以在电脑端用刮码激活时绑定的手机号登录使用。

4. 如您的身份是教师，需要对学生使用本书的配套资料情况进行后台数据查看、监督学生学习情况，我们提供配套教师端服务，有需要的老师请登录复旦学前云平台官方网址：www.fudanxueqian.com，进入"教师监控端申请入口"提交相关资料后申请开通。

前　言

　　沟通是人与人之间、人与群体之间进行思想与感情的传递和反馈，以求达成思想一致和感情通畅的过程。语言沟通是沟通的最主要的形式，主要指口头语言沟通，是人与人之间最常见的沟通方式，有效的语言沟通能使人获得准确的信息，满足彼此的需要，达成共识与合作。幼儿教师要掌握语言沟通的技巧，与幼儿、幼儿家长及相关人员进行有效沟通。首先，教师要善于与幼儿进行语言沟通，才能建立良好的师幼关系，提高保教质量；其次，幼儿教师要善于与幼儿家长进行语言沟通、开展家园合作，才能形成教育合力，更好地促进幼儿身心的健康发展；再次，幼儿教师要与同事、社区相关人员进行语言沟通，一方面要与同事分享经验与资源，实现合作交流，另一方面也要成为幼儿园与社区的沟通中介，促进二者建立合作互助的良好关系。幼儿教师语言沟通能力直接关系到幼儿保教质量，因此，幼儿保育专业学生和幼儿教师必须学习与掌握语言沟通的相关知识，掌握语言沟通技巧。

　　本教材针对幼儿特点，结合幼儿园保育工作的相关内容及幼儿教师职责，以学前教育（保育员）相关的教学标准、人才培养方案为指引，坚持科学性与实用性相结合、全面训练与突出重点相结合、理论与实践相结合、训练与评价相结合的原则，建立以训练幼儿教师语言沟通能力为主线的编写体系，力求做到体现职业教育理念，贴合岗位需要，课、岗、证一体化。

　　本教材主要特色有以下三个方面。

　　1.内容完备。本教材包括幼儿教师语言沟通基础、幼儿教师语言沟通的基本技巧、幼儿教师与幼儿语言沟通的技巧、幼儿教师与家长语言沟通技巧四大模块十个项目，对幼儿保育专业学生和幼儿园教师进行语言沟通技巧的训练。首先以发声技巧、普通话语音、语言表达技巧等方面的训练作为幼儿教师语言沟通的基础训练，然后从思维、心理素质、适应语境、即兴表达、交谈等方面进行语言沟通基本技巧的训练，最后着重针对幼儿园教师与幼儿语言沟通的技巧、幼儿教师与家长语言沟通技巧两方面进行训练，每个项目与任务既有理论准备，又强调技能训练，以此提高幼儿教师语言沟通的能力。

2.训练有序。每个项目每个任务技能训练分为三大模块，形成训练梯度。这个梯度既体现递进性，又体现差异性。递进性表现为训练提示从具体到简单，从有到无，训练内容从给材料到不给材料，训练方法从模仿到创造，训练过程从师生共同学习到生生共同学习（强调小组学习），以至自我训练；差异性则是对不同层次的学生进行不同训练。学生既在教中学，又在做中学，既合作探究，又自主学习。每个训练都有要求和步骤，指令清楚，便于完成任务。

3.体例创新。本教材采用任务驱动模式编写，共分四大模块十个项目，每个模块都有模块导读和思维导图，说明本章的编写逻辑，以方便学生形成一定的学习思维，激发学生的学习兴趣，提高学习信心；每个项目都有训练目标，项目最后有一个项目小结，每一个任务按任务介绍和解析(训练要点)—相关知识(案例、理论和方法)—任务实施(技能训练)的结构来编写。

本教材主要作为中等职业学校幼儿保育专业学生的专业教材，也可作为各类院校学前教育专业"幼儿教师口语"课程的教材，既适合职前的基础训练，也适合作为幼儿教师职后口语提高训练用书

本教材由陈雪芸、李晖主编，汤华冬、刘晓红、沈敏珊、张金陵参编。具体分工如下：项目一至项目二由汤华冬编写，项目三、项目五由刘晓红编写，项目四由沈敏珊编写，项目六至项目八由陈雪芸编写，项目九至项目十由张金陵编写。全书由陈雪芸统稿，李晖审稿。

本教材教学时数安排建议如下表（各校可根据具体情况灵活调整）：

学期安排	主要教学内容		讲授课时	实践课时	合　计
第三学期	模块一	幼儿教师语言沟通基础	16	16	32
第四学期	模块二	幼儿教师语言沟通的基本技巧	7	7	14
	模块三	幼儿教师与幼儿语言沟通的技巧	9	9	18
第五学期	模块四	幼儿教师与家长语言沟通的技巧	6	6	12
合　计			38	38	76

本教材在编写过程中，参阅了相关研究成果，在此一并向对教材编写提供帮助和启发的领导与学者表示衷心的感谢。因种种原因，本教材可能存在不足之处，敬请读者指正，我们将继续修订完善。

编　者

目 录

模块 一

幼儿教师语言沟通基础

项目一 → 发声技巧训练

项目二 → 普通话语音训练

项目三 → 幼儿教师口语表达的基本技巧训练

普通话是幼儿教师的职业语言,是幼儿教师语言沟通的基础。幼儿教师是幼儿的第一位正式老师,担负着推广普通话的重要任务,学好普通话语音,将为幼儿的启蒙教育奠定良好的语言基础,也能树立良好的职业形象。

本模块将介绍发音器官和发音原理,通过科学的发声训练方法,学习用气发声技巧,使发声清晰响亮,优美动听;通过重点训练普通话声母、韵母、音节、音变难点音的发音,纠正方言的影响,使发音更加准确、规范。希望通过这一模块的训练,学习者能掌握普通话语音的发音要领,读准每一个音节,在语流中,准确自然地进行音变,把文章读得准确流畅,把话说得规范流利。

» 思维导图

```
                                    ┌─ 了解发音器官和发音原理
                    发声技巧训练 ────┼─ 发声技能训练
                                    └─ 吐字归音训练

                                    ┌─ 声母难点音训练
                                    ├─ 韵母难点音训练
幼儿教师语言 ──── 普通话语音训练 ────┼─ 声调音准训练
沟通基础                            ├─ 音节难点音训练
                                    └─ 音变难点音训练

                    幼儿教师口语表达的  ┌─ 了解幼儿教师口语表达的基本要求
                    基本技巧训练    ────┼─ 幼儿教师常用的语言表达技巧训练
                                      └─ 幼儿教师朗读和讲述技巧训练
```

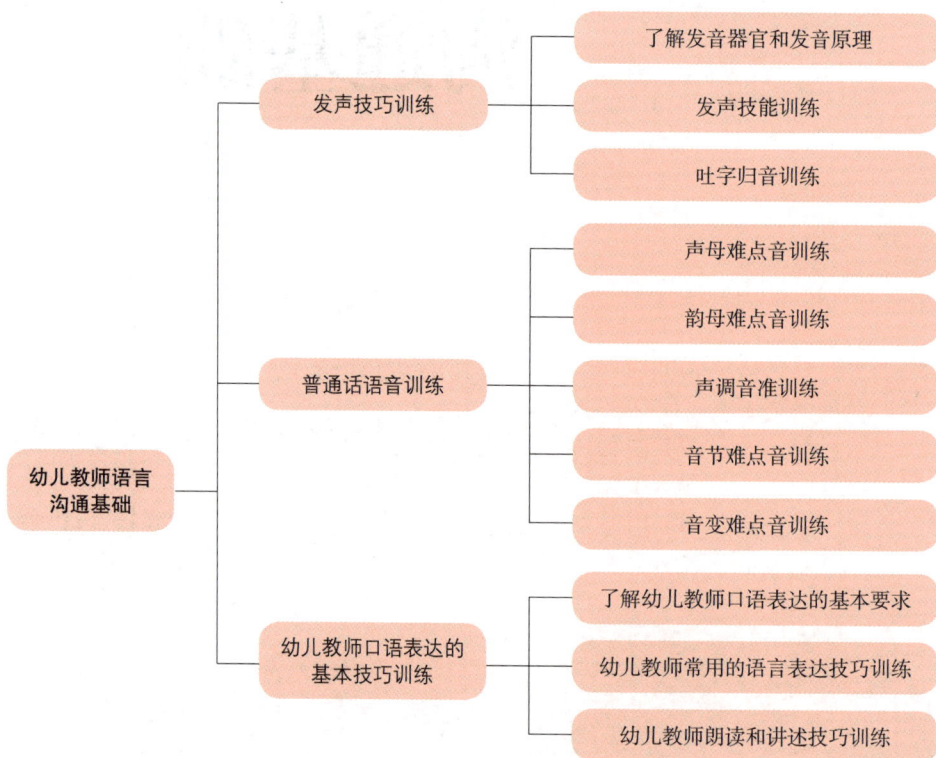

项目一 发声技巧训练

训练目标

1. 了解发音器官、发音原理及发声训练的方法。
2. 掌握科学的发声方法和训练步骤。

3. 通过发声技巧训练，提高发音水平，并在实践中总结规律，塑造良好的声音"形象"。

4. 培养热爱祖国语言的情感，增强学好普通话的责任意识，养成说普通话的习惯。

5. 培养尊重规律、精益求精的责任意识和职业素养。

任务一　了解发音器官和发音原理

训练要点

1. 学习案例，认识到学习普通话需要耐心和毅力，还要掌握系统和科学的训练方法，勤于练习，才能提高发音技能。

2. 学习理论和方法，了解发音器官，掌握科学的发音方法。

3. 训练技能，使咬字器官更加灵活有力，发音更加清晰饱满。

案例

强 子 学 播 音

强子对播音很感兴趣，进了大学，他就毛遂自荐，想担任校内播音的工作。可是强子分不清平舌和卷舌，分不清前鼻音和后鼻音，平时交流还好，去播音，那是要闹笑话的。被拒绝后，强子下决心要练好普通话。他在网上搜索了一些学习的视频，从最基础的气息、咬字、发音和共鸣开始学起，又买了一些播音类的参考书，认真地研究。每到晚上7点钟，强子必看新闻联播，模仿播音员的语速语调。强子的口音从令人捧腹的"怎么肥四"到字正腔圆的"怎么回事儿"，就连平时说话的声音都大不一样，中气十足，自带环绕立体声，终于当上播音员。[1]

从强子身上，我们看到，学习普通话需要耐心和毅力，只要掌握系统和科学的训练方法，并勤于练习，普通话就能得到更大的提高。仅仅佩服强子、羡慕那些带光环的播音员是不够的，应该像强子那样下功夫，才能学好普通话。

理论与方法

语音是由发音器官发出来的，了解发音器官的结构和发音原理，能更好地掌握发声技能。

一、人体的发音器官

人的发音器官可以分为三部分：呼吸器官、声源器官和共鸣器官。呼吸器官主要包括肺、气管、胸腔和横膈膜；声源器官主要包括喉头和声带；共鸣器官包括口腔和鼻腔，口腔是最重要的发音器官。

---

[1]　米芷萍 . 猫姐能量圈 .https://mp.weixin.qq.com/s/wgroaFjZ_ot_nsWKf41hhA.（有修改）

（一）口腔

普通话中不同的语音是由口腔中各个咬字器官的变化和配合发出的（图1-1-1），口腔的开合，舌头的前伸后缩、上抬下降以及唇形的变化等，直接关系到发音的质量。

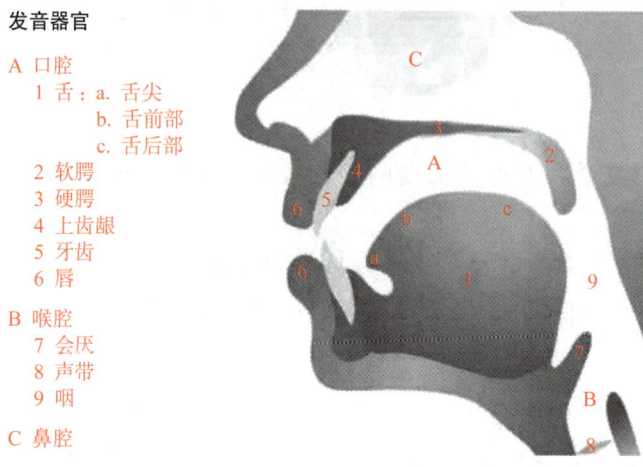

发音器官

A 口腔
　　1 舌：a. 舌尖
　　　　　b. 舌前部
　　　　　c. 舌后部
　　2 软腭
　　3 硬腭
　　4 上齿龈
　　5 牙齿
　　6 唇
B 喉腔
　　7 会厌
　　8 声带
　　9 咽
C 鼻腔

图1-1-1　口腔发音器官图

1. 牙关

牙关，即下颌关节，在人的下颌骨与头盖骨相接的地方，当人张大嘴时将双手放置在两耳下就能摸到两个凹陷，那就是牙关处。

牙关的开度直接影响到口腔开度及口腔容积的大小，在发音过程中起到重要的作用。打开牙关能够增大口腔开度，加强口腔共鸣，避免发成鼻音，使口腔前部的咬字器官更加地灵活有力，使发音更加清晰。

2. 舌头

舌头又分为舌尖、舌叶、舌面和舌根。舌头的升降伸缩都可以改变口腔的形状，对共鸣有重要的影响。同时，舌部的状态决定着字音的准确、清晰、集中、圆润、响亮。

3. 唇

双唇在口腔的前端，是字音的出口，唇的控制对吐字质量影响明显。唇形变化影响音色，发音时如果唇形不好，字音就会含混不清，影响字音的清晰度；唇的收撮力强能使声音集中，反之声音散漫。

4. 腭

腭俗名口盖，分隔口腔和鼻腔，分前后两部分，前三分之二是硬腭，后三分之一是软腭。可以让舌头沿着上齿龈往口腔正上方的方向往后触摸，能触摸到的光滑的曲面是硬腭，不能触摸到的是软腭。硬腭和软腭能调节口腔内部空间。硬腭拱起，有利于口腔共鸣；软腭适当提起，有利于打开后口腔发挥后声腔的共鸣作用，使声音圆润、响亮。软腭作为鼻音的阀门，挺起时能够打开口腔通路，关闭鼻腔通路；软腭下降，关闭口腔通路，打开鼻腔通路。

（二）声道

声道是人类的发声共鸣器官，喉以上有喉腔、咽腔、口腔和鼻腔，喉以下的胸腔也起着积极的作用。

1. 喉腔

喉腔对声音的质量起着不可低估的作用。喉部肌肉韧带得到充分放松，喉头的位置也相对稳定，可以完全保证声音的质量。

2. 咽腔

咽腔是可以调节声音的共鸣腔。作为声波必经之路的咽腔，是人体发音系统的一个重要共鸣交通区，对声音的扩大乃至修饰和美化都起相当大的作用。

3. 鼻腔

鼻腔主要用来发鼻辅音，发鼻辅音常常需要有双唇、舌头、硬腭、软腭等部分参加，鼻腔的作用是气流通过。

二、发音的原理

气流是发音的原动力，由肺呼出的气流通过气管，振动了喉头的声带，发出微弱的声音。这种声波经过口腔、鼻腔、咽腔等腔体共鸣，得到扩大和美化，再经过口腔、唇、齿、舌、牙、腭的协调动作，声音充分地传播开来。

小结

语音是由发音器官发出来的，了解发音器官的结构和发音原理，才能更好地掌握发声技能。口腔是语音的制造场所，口腔内的各个咬字器官的配合情况，将直接影响声音质量。如果想要达到字正腔圆的效果，就需要创造一种有利于吐字的环境，调整口腔内部各个咬字器官的训练与配合。

1-1-1　语音的共鸣

技能训练

训　练　一

【要求】在教师的指导下，完成下面训练，注意训练时坐姿和站姿要端正。

【步骤】

（1）教师示范，集体训练；

（2）小组训练，互相评议；

（3）自己训练，努力改正。

【题目】

1. 对着镜子，找准口腔中的各个发音部位，特别是硬腭、软腭、舌面、舌根、舌叶。

2. 朗读下列音节

双唇音

ba pa ma bo po mo bu pu mu bao pao mao

唇齿音

fa fu fo fei fou fan fen fang feng

舌尖前音

zi ci si zai cai sai zuo cuo suo zuan cuan suan

舌尖中音

de te ne le diao tiao niao liao ding ting ning ling

舌尖后音

zhi chi shi ri zhui chui shui rui zheng cheng sheng reng

舌面音

ji qi xi ju qu xu jia qia xia jiu qiu xiu jiang qiang xiang

舌根音

ge ke he gua kua hua gun kun hun guang kuang huang

训 练 二

【要求】找准发音器官，掌握发声原理。

【步骤】

（1）教师提示，自己训练；

（2）同桌对练，互相指正；

（3）个别汇报，教师指导。

【题目】

朗读下列单音节和双音节词语，体会发音器官的运用。

1-1-1 单音节和双音节词语

b ——播 白 板 白布 标兵 表白

p ——泼 皮 曝 乒乓 铺平 爬坡

m ——摸 毛 满 秘密 门面 明眸

f ——肤 佛 否 方法 风帆 奋发

d ——低 德 等 等待 断定 电灯

t ——他 图 桶 忐忑 吞吐 团体

n ——妮 宁 纽 泥泞 拿捏 能耐

l ——拉 轮 俩 嘹亮 理论 磊落

g ——瓜 格 感 观光 港股 梗概

k ——科 扛 口 刻苦 慷慨 夸口

h ——喝 滑 很 缓和 含糊 绘画

j ——激 绝 假 经济 交界 纠结

q ——期 全 取 亲切 强求 轻巧

x ——需 寻 选 献血 信息 雄心

zh ——只 逐 爪 站长 转折 谆谆

ch ——吃 尘 产 长城 乘车 操持

sh ——师 什 要 双手 顺数 上声

r ——扔 仁 辱 容忍 仍然 软弱

z ——姿 昨 怎 栽赃 祖宗 罪责

c ——粗 词 惨 参差 草丛 层次

s ——思 随 所 诉讼 三思 四散

训　练　三

【要求】自主训练，完成下面绕口令训练，注意由慢到快反复练习，在练习中体会口、舌、唇、腭的重要作用。

【步骤】

（1）自我训练；

（2）同桌对练，指出存在的问题，并试作分析。

【题目】

1. 唇部绕口令练习。

八百标兵奔北坡，北坡炮兵并排跑，炮兵怕把标兵碰，标兵怕碰炮兵炮。

八百标兵奔北坡，北坡八百炮兵炮。标兵怕碰炮兵炮，炮兵怕把标兵碰。

2. 舌部绕口令练习。

天上有个日头，地下有块石头，嘴里有个舌头，手上有五个手指头。不管是天上的热日头，地下的硬石头，嘴里的软舌头，手上的手指头，还是热日头，硬石头，软舌头，手指头，反正都是练舌头。

3. 软腭抬起绕口令练习。

一个胖娃娃，

捉了三个大花活蛤蟆，

三个胖娃娃，

捉了一个大花活蛤蟆，

捉了一个大花活蛤蟆的三个胖娃娃，

真不如捉了三个大花活蛤蟆的一个胖娃娃。

任务二　发声技能训练

训练要点

1. 学习案例，了解科学发声的重要性。
2. 学习理论和方法，掌握呼吸控制、口腔控制等发声技能。
3. 训练技能，学会正确发声，提高吐字的清晰度，美化声音。

理论与方法

幼儿教师在开展教育教学活动中，富有美感、具有表现力的声音会对幼儿产生足够的吸引力，能确保信息传播优质、高效。正在从事和即将从事幼儿教师职业的人应该客观认识自己的声音，并在科学方法的指导下加强训练，不断完善和美化声音，使声音准确清晰、朴实自然，变化丰富。这样既能减轻自己的喉部负担，又能优化课堂传播的效果与质量。

案例

小王老师的苦恼

小王老师最近很苦恼，她刚接手了新的小班，孩子们还不适应幼儿园生活，什么事都要老师提醒，还要不断地重复，小王老师每天不停地说话、"喊话"。这不，开学一个月，她的嗓子就哑了。更让她担心的是，自己的嗓子已经不如从前清脆、响亮了，和幼儿讲绘本的时候，模拟小动物对话，都很难做到绘声绘色。

幼儿一天的生活需要在老师的组织和指导下度过，这一切都离不开幼儿教师用语言和幼儿进行沟通、交流。从事幼教工作，比从事其他职业的用嗓频率都要高。想要拥有一副好嗓子，提高声音的清晰度、辨识度，降低喉部不适的发生频率，需要掌握科学的发声方法，并不断练习使之成为习惯。只有将刻意练习转化为自然习惯，才能从根本上解决"语不成声，力不从心"的问题。

一、呼吸控制

教学活动中的呼吸和生活中的呼吸是不尽相同的，因为声音的强弱、高低、长短与共鸣状况，与呼出的气流速度、流量、压力有直接关系。因此，教学活动中有效地控制呼吸是口语训练的重要一环。掌握正确的呼吸方法，是训练发声的根本。

（一）常见的三种呼吸方式

常见的呼吸方式有胸式呼吸、腹式呼吸、胸腹式联合呼吸。

1. 胸式呼吸

又称浅呼吸，它是以肋骨和胸骨活动为主的呼吸运动。这种呼吸法气息吸入量少、部位浅，声音轻飘没有底气，难以控制。因此会使喉头负担加重，还会损伤声带。吸气时抬肩是这种呼吸方式的标志。

2. 腹式呼吸

又称单纯横膈肌式呼吸，它主要是依靠膈肌的收缩或放松，使腹部一起一落进行活动。这种呼吸方式吸进的气少且弱，不容易控制，声音也弱，缺乏持久性。

3. 胸腹式联合呼吸

又称深呼吸，是胸式呼吸和腹式呼吸的结合。由于胸腹联合呼吸时，全面地扩大了胸腔的体积，所以这种呼吸吸气量最大，也有一定的厚度，能产生坚实、响亮的音色。与前两种呼吸相比，胸腹式联合呼吸有比较明显的优势，我们可以通过科学合理的训练达到比较理想的声音状态，以满足工作的需要。

（二）有控制的胸腹联合呼吸

科学发声所用的呼吸方法是有控制的胸腹联合呼吸。有效地控制呼吸，必须正确地掌握吸气和呼气的要领。

1. 吸气要深

首先应该让身体处于自然放松状态，两肩下垂放松，口角向两侧微微展开，口鼻缓缓进气，将气吸到肺的底部，小腹肌肉向中心部位收缩，横膈膜收缩下降，这就是人们常说的"气沉丹田"。吸气深是练好呼吸的前提。

2. 呼气要均匀而持久

呼气时两肋保持一定的控制，不要放松，速度要慢。小腹保持收缩状态，维持两肋的扩张。慢慢收缩腹部肌肉和横膈膜，产生压力，利用压力将吸入肺部的气息顺咽壁提到口腔慢慢呼出，小腹的肌肉也随之逐渐放松。

二、口腔控制

通过对口腔内发音器官的控制和锻炼，可以提升发声效率。口腔控制主要从打开口腔、集中唇舌力量、明确声音发出的路线和字音着力位置这几个方面的训练来实现。

（一）打开口腔

日常说话，口腔内部开度相对偏小，唇、舌、齿、腭等发音器官的运动空间也较小，所以声音听起来往往是较扁较干、不够圆润响亮。为了使声音清晰响亮，幼儿教师工作用声时口腔内部开度应比生活语言的口腔开度稍大。

打开口腔不等于张大嘴，张大嘴时口腔实际上是"前开后不开"。打开口腔是要求口腔的前后部都应打开，上颚上抬，下颌放松，呈"前开后开"型。具体可以通过"提颧肌、打牙关、挺软腭、松下巴"四个方面的配合，并保持自然说话的开度的唇形来实现。

1. 提颧肌

从上唇到颧骨的肌肉叫颧肌，颧肌用力向上提起时，口腔前上部有展宽感觉，鼻孔也随之有少许张大，同时使上唇贴紧牙齿，这样能对唇的运动起到依托作用，使唇部发力，能提高声音的亮度和字音的清晰度。

2. 打牙关

打牙关主要是加大后牙关的开度，使口腔保持向上提起的感觉。加大后口腔的开度，为舌头提供前后移动的空间。这样不仅可以丰富口腔共鸣，还可以使咬字位置适中、力量稳健。

3. 挺软腭

即软腭部分向上用力，这个动作可以使口腔后部空间加大，并减少灌入鼻腔的气流，避免过多的鼻音色彩。挺软腭可以用"半打哈欠"或"举杯痛饮"的动作来体会。所谓"半打哈欠"，就是嘴不要张那么大，但还是做了一个深吸气的动作，此时口腔直对着的后咽壁有"吸凉气"的感觉；"举杯痛饮"时口腔后部的打开及用力深吸气的动作，同样会在后咽壁有"凉"的感觉，也可以体会挺软腭的动作要求。

4. 松下巴

有的人平时说话就表现出下巴"主动"有力、过度用力的情况，认为只有这样才能做到咬字有力，字音清晰。其实这是一种错误，它会使舌根紧张，咽管变窄，口腔变扁，把字咬"横"、咬"死"。咬的力量主要在口腔上半部，下巴则应处于放松、"从动"的状态。发音时，只有下巴自然内收才能放松。日常牙痛时说话，下巴一般是比较松弛的，不妨模仿一下。

（二）集中唇舌力量

唇舌灵活是语音流畅、自如的前提，在这方面达不到一定标准，就会出现吃字（表现为音节部分或全部含混不清）、滚字（表现为音节之间"粘连"）、走音现象和语言的僵滞。声音要集中，咬字器官的力量就要集中，它主要表现在唇和舌上。

唇的力量分散是造成字音散射的主要原因，发音时，主要是唇中用力，也就是在上唇和下唇中心集中力量。可以通过练习唇力的唇部操，或双唇音为主的绕口令，像"八百标兵奔北坡……"等，就能获得明显的改善。

舌力的集中首先要将力量集中在舌的前后中纵线上，这样声音才会集中。其次，舌在发音过程中要取"收势"，收拢上挺，这样才能保证舌在咬字过程中弹动有力而灵活。可以通过舌部运动练习、字词练习或以声母练习为主的绕口令练习锻炼舌力，如反复发出"ga、ka、ha、jia、qia、xia、da、ta、na、la"，就可以由后至前全面锻炼舌力。

（三）明确声音发出的路线和字音着力位置

在口腔打开的前提下，还应讲究声音发出的路线和字音的着力位置，应把声音沿软腭和硬腭的中纵线推进到硬腭前部。硬腭前部是发音的主要内感区，以此为字音的着力位置，可以明显改善音色，达到声音集中、音色明朗的效果。

🎙 小结

幼儿教师的工作特点决定了日常呼吸的状态是远远不能满足教学工作需求的，应运用胸腹联合呼吸法，保证有足够的气流可供发声的需要，使声音响亮、清晰、持久不衰。同时，要掌握口腔控制的要领，锻炼咬字器官的灵活配合，保证语音明亮而结实，才能使说话声音好听并且传得远。

1-1-2 教师声音美的标准

📝 技能训练

训 练 一

【要求】在教师的指导下，完成下列训练，掌握发声技巧。

【步骤】
（1）教师示范，集体训练；
（2）小组训练，互相评议；
（3）自己训练，努力改正。

【题目】

（一）呼吸控制训练

要求：完成下面训练，注意两肩端平，头、颈、腰三点一线，眼睛平视，全身放松。

1. 吸气练习。

闻花香。取站姿，想象面前有一盆香花，舌头抵住上齿龈，鼻子慢慢吸气，让花香深入肺腑。吸八分满后保持几秒钟，感觉两肋渐开，腰带周围胀满，然后舌尖转移到下齿背，气流从口鼻慢慢呼出。

抬重物。好像准备抬起一件笨重的物体，深吸一口气，憋足一股劲，这时腹部的感觉和有控制的胸腹联合呼吸法吸气最后一刻的感觉相近。

"半打哈欠"。不张大嘴打哈欠，动作最后一刻的感觉和胸腹联合呼吸吸气最后一刻的感觉相近。

2. 呼气训练。

吹蜡烛。吸气八分满后，对准点燃的蜡烛呼气，使火苗保持一定角度晃动，但不能吹灭，以此锻炼控制气息的能力。

吹纸屑。桌上放一些小纸屑，控制好气息，吹着它们慢慢往前移动，注意不能一口气吹跑，努力使呼气慢而匀。

数数字。用有控制的胸腹联合呼吸法呼吸，呼气时出声数数，1、2、3、4……数下去，第一次试着数到40，并逐步增加数目。数出的字音要稳劲而有力，数到一定程度即停，切忌发生面红耳赤或者躬腰弯背等现象。速度可以由慢到快，快时仍要保持字音的清晰，不能因快而含混带过。

（二）口腔控制训练

要求：完成下面训练，注意训练时脊背挺直而舒展。

1. 牙关运动练习。

第一步：对着镜子把嘴张开，使劲点、慢一点、张得充分一点。张嘴时像打哈欠（打开槽牙，挺软腭），闭嘴时如啃苹果（松下巴），练习主要是为了口的开合打基础，要领是开口的动作要柔和，不要像平时真的打哈欠一样，两嘴角尽量向斜上方抬起，上下嘴唇稍放松，舌自然放平。

第二步：在张开嘴的基础上大口嚼东西，充分活动口咬肌，张开嘴咀嚼和闭上嘴咀嚼反复循环进行，口部松弛，舌头自然放平，多次练习。

第三步：快速地嚼东西，嘴很快地动，频率高。

2. 唇部操训练。

第一节　喷：又叫双唇打响。双唇内缘紧闭，唇齿相依（不裹唇、不噘嘴），力量集中于唇中央三分之一处（不要满唇用力），阻住气流，蓄气，在较大压力下，突然喷气出声，发po或pa音。此节可提高双唇闭合的力量。

第二节　咧：双唇紧闭后尽力向前撅起（尽量向中间聚拢），之后嘴角用力向两边伸展（向两边咧开），反复进行。此节可加强唇的圆展变化能力。

第三节　撇：双唇紧闭后尽力向前撅起，之后向左歪，向右歪，向上抬，向下压，交替进行，次数相当。此节可加强唇部力量。

第四节　绕：双唇紧闭后尽力向前撅起，之后顺时针或逆时针做360°的转圈运动，顺时针与逆时针的转圈次数要相当。此节可增强唇的灵活性。

第五节　撮：提颧肌的前提下，发i和ü体会唇的展、撮变化，交替进行，有声无声皆可。此节可强化唇的展撮能力。

3. 舌部运动练习。

第一节　刮：舌尖抵下齿背，舌体用力，用上齿从舌尖到舌根由下往上刮舌面，反复进行。

第二节　弹：先将力量集中于舌尖，抵住上齿龈，阻住气流，然后突然打开，爆发出t音，反复进行。弹舌位置还可由上齿龈变为上齿龈前、硬腭和软硬腭交界处。

第三节　顶：闭唇，用舌尖顶左、右内颊，交替进行。

第四节　绕：闭唇，把舌尖伸到齿前唇后，向顺时针方向环绕360°，再向逆时针方向环绕360°，反复进行。

4.挺起软腭练习。

（1）打开牙关，提起上颚，使软腭有一种撑起的感觉，然后慢慢闭拢。

（2）挺起软腭，发单元音a、o、e、i……然后垂下软腭，发这六个鼻化元音，辨别口音与鼻化音的不同色彩，以加强口音色彩的训练，纠正鼻化音。

（3）保持软腭挺起状态，发gài（盖）、hǎo的延长音，以加强软腭的控制力。注意发声要饱满、不要求快。

训 练 二

【要求】在朗读音节中体会发声技能，注意呼吸，打开口腔，集中唇舌力量，明确声音发出的路线和字音着力位置。

【步骤】

（1）教师提示，自己训练；

（2）同桌对练，互相指正；

（3）个别汇报，教师指导。

1-1-2 发声技能训练

【题目】

1.朗读下列四字音节。

来龙去脉	来日方长	狼狈不堪	浪子回头	牢不可破	老当益壮	老生常谈	雷厉风行
冷嘲热讽	两袖清风	量力而行	燎原烈火	龙腾虎跃	包罗万象	超群绝伦	刀山火海
道貌岸然	调兵遣将	泛滥成灾	防患未然	放虎归山	光明磊落	广开言路	高风亮节

2.拖长声调读下列词语。

山盟海誓	兵强马壮	山穷水尽	山明水秀	千锤百炼	飞檐走壁	心怀叵测	心直口快
心明眼亮	瓜田李下	光明磊落	优柔寡断	刻骨铭心	逆水行舟	妙手回春	热火朝天
驷马难追	信以为真	万古流芳	调虎离山	奋起直追	墨守成规	木已成舟	耀武扬威

3.根据提示，朗读下列长句。按照下面的停顿提示朗读句子，体会在语流中的补气。

（1）这是/虽在北方的风雪的压迫下/却保持倔强挺立的/一种树。

（2）美国的送报员/总是把报纸/从花园篱笆的一个特制的管子里/塞进来。

（3）一个人的一生，只能/经历自己拥有的/那一份欣悦，那一份苦难，也许/再加上/他亲自闻知的/那一些关于自身以外的/经历和经验。

（4）一种血缘情感/开始在全身的血管里/燃烧起来，而且立刻热血沸腾。

训 练 三

【要求】综合练习。注意呼吸控制和口腔控制。

【步骤】

（1）自我训练；

（2）同桌对练，指出存在的问题，并试作分析。

【题目】

1.大声呼唤练习。

以50～80米远的一个目标为假设呼唤对象，向对方呼告一句话或一件事，要求有意识地打开口腔，注意控制气息。

老师，您好！

王老师，等等我！

小朋友，快回来！

2. 绕口令练习，注意停顿。

广场上飘红旗，看你能数多少面旗，一面旗，两面旗，三面旗，四面旗，五面旗，六面旗，七面旗，八面旗，九面旗，十面旗……

3. 绕口令练习，注意打开口腔。

杨家养了一只羊，蒋家修了一堵墙。杨家的羊撞到了蒋家的墙，蒋家的墙压死了杨家的羊。杨家要蒋家赔杨家的羊，蒋家要杨家赔蒋家的墙。

十字路口红绿灯，红黄绿灯分得清。绿灯行，红灯停，绿灯亮时向左行，行停停行看灯明。

4. 诗歌朗读练习。

我 爱 这 土 地
艾 青

假如我是一只鸟，

我也应该用嘶哑的喉咙歌唱：

这被暴风雨所打击着的土地，

这永远汹涌着我们的悲愤的河流，

这无止息地吹刮着的激怒的风，

和那来自林间的无比温柔的黎明……

——然后我死了，

连羽毛也腐烂在土地里面。

为什么我的眼里常含泪水

因为我对这土地爱得深沉……

任务三　吐字归音训练

训练要点

1. 学习案例，理解发音吐字的重要性，激发学习兴趣。

2. 学习理论和方法，掌握吐字归音的要求和要领。

3. 训练技能，提高咬字的准确、有力，使吐字更加清晰、饱满、响亮。

说话要清晰

　　网络中，常见到"酱紫"（这样子）、"表酱紫"（不要这样子）、"你造吗"（你知道吗）、"我宣你"（我喜欢你）这样的词语和句子，虽然很多年轻人感觉新鲜有趣，但其实这些都是发音吐字不规范的典型，也就是我们常说的"吃字""隐字""丢音"现象。

　　生活中，我们也常见到有些人说话很不清晰，唇舌松懒，吐字含混，老百姓贬之为"嘴里含着块热茄子"；也有些人，说话语速很快，放鞭炮式的噼里啪啦一阵，但是别人一句也听不清楚。

理论与方法

　　吐字归音是口语表达的一项重要基本功，是对语音实现口腔控制的重要手段。它根据汉语语音特点，将一个音节的发音过程分为"出字""立字""归音"三个阶段。通过对每一阶段的精心控制，使吐字达到清晰有力、珠圆玉润的境界。

一、汉字音节的特点

　　从音节的角度看，汉字音节通常由声母、韵母、声调三部分构成，韵母又可以分为韵头、韵腹、韵尾三个部分。

　　从吐字归音的角度看，汉字音节一般可以分为字头、字腹、字尾三部分。字头是一个汉字音节的开头部分，一般是组成这个音节的声母，有的还有韵头（介音）；字腹是组成汉字音节的韵腹部分；字尾是组成汉字音节的韵尾部分。

二、吐字归音的要求

　　吐字归音总的要求是"字正腔圆"。"字正"是指字音的正确规整，要求发音清楚、有力；"腔圆"是在"字正"的基础上，行腔饱满圆润，优美动听。这需要唇、舌、齿等发音器官的积极参与和努力协调。吐字应呈"枣核形"，想象每一个汉字的吐字发声过程是一个枣核形状，两头尖中间鼓（两头分别是字头和字尾尖，中间是字腹）。三个部位有不同的要求：

　　字头出字，要求叼住弹出；

　　字腹立字，要求拉开立起；

　　字尾归音，要求到位弱收。

三、吐字归音的训练要领

（一）出字：咬紧字头，弹发有力

　　出字指字头（声母）和字颈（韵头、介音）的发音过程，要求"部位准确，叼住弹出"。

"叼住"的意思是咬字要有力度，要有咬的感觉，要"咬紧"，但也要控制力度。咬得太松，就会有声无字，字音含混不清；咬得过紧，字音又会显得僵滞。出字要使声音"弹出"，使字头的发音弹发有力而轻快，这样才能使声音干净利落、结实有力。

出字要用"巧力"，须集中而富于弹性。在实际发音中，要特别注意声母的发音过程。例如"掉（diào）"字，声母"d"的发音过程应是：先在准确位置（舌尖与上齿背）成阻，蓄积足够气力，然后迅速除去舌尖与上齿背的阻力，打开口腔。

（二）立字：发响字腹，拉开立住

立字的过程是韵腹的发音过程，要求"拉开立起，声饱满起"。幼儿教师的工作用语不同于日常说话，字字都应"立得住"。要把字"立"起来就要保证正确地打开口腔，寻找口腔竖着展开，把字音"挂"在上颚的感觉，这样可以使气流在口腔内形成较丰富的泛音共鸣，结合声束向硬腭前部的流动冲击，形成一种"立"的感觉。同时，要保证韵腹的发音有足够的时间，以突出其圆润、饱满。

成功"立字"的关键是口形、音位准确，口腔开合适度、松紧适宜。

以"掉（diào）"字为例，出字过后就应打开口腔至发a的状态。气要跟上、充实并取得较丰富的泛音共鸣。与头尾比较，韵腹的发音过程最长，应有"竖起"和"立体"展开的感觉。即使是i、u、ü充当韵腹时，口腔也应适当开大些。

（三）归音：发全字尾，到位弱收

归音是指音节发音的收尾过程，归音的过程是力渐松、气渐弱、口渐闭、声渐止的过程，与出字、立字比较，掌握起来难度更大。

归音要求到位、弱收。指的是在恰当的字尾处轻松自然地结束发音，趋向鲜明、干净利落。"到位"是指韵腹向韵尾滑动的过程要清晰、流畅，不能因韵腹取音响亮而任意延长，不能收刹不住留尾巴，也不能唇舌收不到位。"弱收"是指归音的力度不宜过大，归音时口腔由开到闭，声音由强到弱，整个音节发音完整。

成功"归音"的关键是做到轻而准、迅速到位。韵尾一般由i、u、o、n、ng充当，归音时特别要注意口型和舌位的变化。以"掉（diào）"字为例，归音时要有圆唇动作。又如："hǎi guī"（海龟）两个音节归音时都要有展唇动作；"bīng xīn"（冰心）两个音节归音时，前一音节舌根要接触软腭到ng的位置，后一音节舌尖要接触上齿龈（到n的位置）。

（四）"枣核形"：发音吐字的整体效果

吐字归音要求一个音节的发音过程有头有尾，形成一个枣核形（见图1-1-2）。"枣核形"是一种比喻，它是指字头、字腹、字尾俱全的音节吐字的状态。它以声母和韵头为一端，韵尾为一端，韵腹为核心。发音时，韵腹占的时值最长，口腔开度最大，声音最饱满，最响亮，整个音节就像一个两头小、中间大的"枣核"。

以"盼（pàn）"字为例，发这个音节时，要先找准p的发音部位，即咬住字头；而后在一股较强气流的作用下，冲破阻碍，清晰、响亮地吐出字腹；紧接着舌尖要轻轻回抵口的发音部位上牙床，收住字尾，完成归音。发音时，字头、字腹和字尾的发音应形成一个有机的整体。

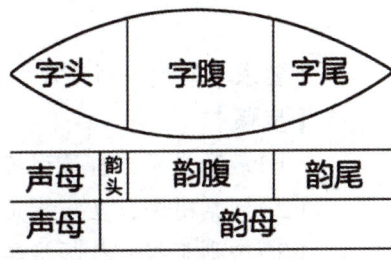

图1-1-2　枣核形发音吐字

"枣核形"不仅是吐字归音的规矩，也体现了清晰集中、圆润饱满的审美要求。但作为技巧训练，它最终是要为表达思想感情服务的，所以在实际运用时，"枣核"的大小、圆扁、长短等，要随内容表达的需要而变化。如果一成不变，字字出于一模，必然会削弱语言的感情色彩，破坏语言节奏，影响内容的表达。

小结

　　吐字归音是气息、发声、共鸣作用的归宿，一个音节的发音要有头有尾，每个音节都圆润饱满，一连的音节自然流畅，才能达到"字正腔圆"的目的，才能达到"大珠小珠落玉盘"的效果。

1-1-3　归音训练要领

技能训练

训　练　一

【要求】在教师的指导下，按照出字、立字和归音的要求进行练习。

【步骤】

（1）教师示范，带读，集体训练；

（2）小组训练，互相评议；

（3）自己训练，努力改正。

【题目】

1. 声母与四呼韵母拼合练习，注意出字要有一定的力度。

开口呼：bo po mo fo de te ne le ga ka ha zhi chi shi ri za ca sa

齐齿呼：bi pi mi di ti ni li ji qi xi

合口呼：bu pu mu fu du tu nu lu gu ku hu zhu chu shu ru zu cu su

撮口呼：nü lü ju qu xu

2. 夸张四声的练习。

（双唇音）巴　拔　把　爸　坡　婆　叵　破　猫　毛　卯　帽

（唇齿音）方　房　访　放

（舌尖前音）作　昨　左　坐　猜　才　采　菜　虽　随　髓　碎

（舌尖中音）低　敌　底　弟　通　同　桶　痛　妞　牛　扭　拗　撩　辽　了　料

（舌尖后音）之　直　纸　制　称　成　逞　秤　身　神　审　慎

（舌面音）居　局　举　句　青　晴　请　庆　香　祥　想　象

（舌根音）姑　骨　古　顾　科　壳　可　克　醋　寒　喊　汗

训　练　二

1-1-3　吐字归音训练

【要求】朗读下列词语，注意吐字归音。

【步骤】

（1）教师提示，自己训练；

（2）同桌对练，互相指正；

（3）个别汇报，教师指导。

【题目】

1. 朗读下列单音节词。

哲　洽　许　滕　缓　昂　翻　容　选　闻

悦　围　波　信　铭　欧　测　敷　闰　巢

字　披　翁　辆　申　按　捐　旗　黑　咬

瞥　贺　失　广　晒　兵　卦　拔　君　仍

2. 朗读下列多音节词。

侨眷　在乎　怀念　关卡　完备　如下　骄傲　钉子

杀害　跳高　穷人　以外　吹牛　妥当　个别　棉花

奔跑　作品　佛寺　安全　财产　扯皮　首尾　折磨

来不及　工程师　望远镜　抑扬顿挫　畅所欲言　赤手空拳

3. 象声词训练。

吧嗒嗒　滴溜溜　轰隆隆　噼啪啪　哗啦啦　淅沥沥　叮叮当

乒乒乒　唰啦啦　扑棱棱　呼噜噜　叫嘎嘎　咣当当　咚咚锵

训　练　三

【要求】综合训练，注意吐字归音。

【步骤】

(1)自我训练；

(2)同桌对练，指出存在的问题，并试作分析。

【题目】

1. 绕口令练习。

(1)吃葡萄不吐葡萄皮儿，不吃葡萄倒吐葡萄皮儿。

(2)调到敌岛打特盗，特盗太刁投短刀，挡推顶打短刀掉，踏盗得刀盗打倒。

(3)粉红墙上画凤凰，凤凰画在粉红墙，红凤凰、粉凤凰，红粉凤凰花凤凰。

(4)哥挎瓜筐过宽沟，赶快过沟看怪狗，光看怪狗瓜筐扣，瓜滚筐空哥怪狗。

2. 古诗朗读训练。

咏　柳

贺知章

碧玉妆成一树高，万条垂下绿丝绦。

不知细叶谁裁出，二月春风似剪刀。

沁园春·长沙

毛泽东

独立寒秋，湘江北去，橘子洲头。看万山红遍，层林尽染；漫江碧透，百舸争流。鹰击长空，鱼翔浅底，万类霜天竞自由。怅寥廓，问苍茫大地，谁主沉浮？

携来百侣曾游，忆往昔峥嵘岁月稠。恰同学少年，风华正茂；书生意气，挥斥方遒。指点江山，激扬文字，粪土当年万户侯。曾记否，到中流击水，浪遏飞舟？

项目小结

本项目从发声技能和吐字归音两大方面进行训练，通过案例引入理论与方法的学习，帮助学习者掌握科学发声的技巧和训练步骤，使学习者能恰当运用各种技巧进行训练，提高普通话语音发音水平。本项目遵循理论学习与实践训练相结合的原则，以理论指导实践，以实践强化理论学习。从科学角度明确发音部位和发音原理，锻炼学习者的逻辑思维；通过选择对应的各项练习，同桌对练，互相指正，充分调动学习者学习的主观能动性。在训练中，由易到难，由字词到句子，形成阶梯式训练，逐步提高发声和归音吐字的能力，培养尊重规律、精益求精的责任意识和职业素养。

项目二　普通话语音训练

训练目标

1. 了解普通话声母、韵母、声调和音节发音的关键点，了解语流音变的规律。
2. 掌握普通话难点音的发音部位和发音技巧，纠正方言对普通话声母、韵母、声调和音节的影响，能够进行方音辨正。
3. 学会运用有关理论纠正幼儿的错误发音。
4. 在实践中培养热爱祖国语言文字的情感，当好普通话的推广者和示范者。
5. 通过反复训练，培养攻坚克难、精益求精的工匠精神。

任务一　声母难点音训练

训练要点

1. 学习案例，从感性上认识声母发音的重要性。
2. 学习理论和方法，了解声母发音的关键点，掌握难点音的辨正方法。
3. 训练技能，能有效区分声母中的难点音，发准难点音。能听辨不同声母，以纠正幼儿的发音。

案例

难色大灰囊

学生们来到幼儿园参加实习活动，小王同学给大班的幼儿讲绘本故事，题目是《蓝色大灰狼》。虽然小王在课前做了不少准备，但讲故事的时候却出了状况，让小王同学很是尴尬。原来，小王总是把"蓝色大灰狼"读成"难色大灰囊"，有的小朋友们听了哈哈大笑，有的开始模仿她的发音，有的大声喊起来："大灰náng来啦，大灰náng来啦！"

　　幼儿时期是学习语言的关键阶段，幼儿在这个阶段特别喜欢跟着周围的人学舌。小王老师在声母的发音方面存在明显的系统性错误，导致了幼儿的错误模仿，影响了教学质量。幼儿教师是幼儿学习的指导者，其普通话水平对幼儿未来语言的发展起着重要的作用，只有认真学好普通话，改变方言的影响，提高职业技能，才能给幼儿创设一个准确、规范的语言交流环境。

理论与方法

一、声母发音概述

　　声母指的是音节开头的辅音，声母发音的关键是找准发音部位和发音的方法。发音部位是指发音时发音器官对气流形成障碍的位置，发音方法是发音时排除气流阻碍的方式，以及气流的强弱、韧带是否颤动等。声母发音错误或缺陷多数在于发音部位的不准确。

　　根据发音部位的不同，声母可以分为七类：双唇音、唇齿音、舌尖前音、舌尖中音、舌尖后音、舌面音、舌根音。

　　根据发音方法的不同，声母可以分为五类，塞音、擦音、塞擦音、鼻音、边音。其中塞音和擦音还有不送气和送气的区别。

　　根据发音时声带是否震动，声母可以分为两类，清音和浊音。

　　根据发音部位和发音方法，可以把普通话21个声母排列成表。

　　普通话声母发音要领如表1-2-1。

表1-2-1　普通话声母发音要领表

声母	发音部位	发音方法						
		塞音		塞擦音		擦音		鼻音	边音
		清音		清音		清音	浊音	浊音	浊音
		不送气音	送气音	不送气音	送气音				
双唇音	上唇下唇	b	p					m	
唇齿音	上齿下唇					f			
舌尖中音	上齿龈舌尖	d	t					n	l
舌根音	软腭舌根	g	k			h			

续表

声母	发音部位	发音方法							
		塞音		塞擦音		擦音		鼻音	边音
		清音		清音					
		不送气音	送气音	不送气音	送气音	清音	浊音	浊音	浊音
舌面音	硬腭前 舌面前			j	q	X			
舌尖后音	硬腭前 舌尖			zh	ch	sh	r		
舌尖前音	上齿背 舌尖			Z	c	s			

二、声母难点音发音技巧与训练

声母的难点音主要是舌尖前音（平舌音）与舌尖后音（翘舌音）、鼻音n与边音l以及唇齿音f与舌根音h。由于发音部位、发音方法不对，这几组音经常发不准，并且容易混淆。因此，学习这几组音时，特别要注意发音部位和发音方法，并做好发音辨正。

（一）舌尖前音（平舌音）与舌尖后音（翘舌音）

舌尖前音（平舌音）z、c、s与舌尖后音（翘舌音）zh、ch、sh、r发音部位不同。

1. 发音技巧

方言区的人学习普通话时，容易把舌尖后音（翘舌音）发成了舌尖前音（平舌音）。因为很多方言没有翘舌音，有的方言虽有翘舌音但发音的位置与普通话的不同，因此，明确两者不同的发音部位是正音的关键。

舌尖前音的发音部位：舌尖与上齿背形成阻碍。发舌尖前音z、c时，舌尖前伸抵住齿背（上齿背和下齿背皆可），阻塞气流，然后舌尖稍稍离开齿背，气流从中摩擦而出。发z时流出的气流比较微弱，而发c时气流比较强烈，发s时舌尖接近齿背，气流从中摩擦而出。

舌尖后音的发音部位：舌尖与硬腭前部形成阻碍。发舌尖后音zh、ch时，舌尖翘起抵住硬腭前部，阻塞气流，然后舌尖稍稍离开硬腭前部，气流从中摩擦而出。发zh时气流比较微弱，发ch时气流比较强烈。发sh、r时，舌尖翘起接近硬腭前部，气流从中摩擦而出。发sh时声带不颤动，发r时声带颤动。

2. 常见问题

（1）发舌尖前音的时候，因舌尖前伸时抬起，舌尖与齿背的接触面过大，使得语音带上翘舌的色彩。另外，在音节中，声母z、c、s受韵母的影响，容易向后缩甚至翘起，最明显的是跟u、o以及由u开头的韵母相拼时，容易带上翘舌色彩。

（2）发舌尖后音的时候，因舌尖翘起过高，抵住硬腭后部接近软腭的部分，变成松弛无力的"卷起"状态，使语音带上卷舌的色彩。

（3）发舌尖后音的时候，发音部位靠前，舌尖翘起只抵住上齿龈位置，没到硬腭前部，发音不到位。

（4）发舌尖后音的时候，把力量放在双唇上，嘴唇突出撮圆，舌头没有翘起，发音错误。

3. 学习方法

根据舌尖前音与舌尖后音的发音部位和发音方法的理论指导，发准声母。

（二）鼻边音

鼻音n和边音l容易混淆，它们的发音方法不同。

1. 发音技巧

发音部位相同：鼻音n和边音l都同属于舌尖中音，发音时都要把舌尖抵住上齿龈。

发音方法不同：发鼻音n时，舌尖平贴上齿龈，还可稍靠前到上齿背，软腭下降，堵住口腔里的气流，让气流从鼻腔出来；同时发鼻音时，整个口腔状态紧张；舌的动作是移动，动作幅度小（发音时舌尖只是稍微离开上齿龈）。

发边音l时，舌尖抵住上齿龈，但不平贴，舌尖略微向上，比发鼻音时更靠后一些；软腭上升，阻住鼻腔的通路，舌头两边留有一定的空隙，气流就从舌头两边透出；同时发边音时，整个口腔状态放松；舌的动作是弹动，动作幅度大。

2. 常见问题

（1）鼻音边音不分。这类失误表现为把鼻音n读成边音l，把边音l读成鼻音n，比如将"狼、蓝"等字读为"囊、南"，将"娘、怒"等字读为"粮、路"，这其中又以把鼻音n读成边音l者居多；或者n、l随意使用，不加区分。

（2）发音含混不清。是指发音模糊、似是而非。一种是鼻音变化，即发n时没有鼻音，发出的音听起来好像是l音，鼻音色彩被冲淡。另一种是鼻化边音，即发l时没有边音，发出的音听上去有鼻化的色彩。

3. 学习方法

通过前字引导正音法。

在n声母字的前面加一个用n作韵母的音节，两字连接；因发音部位相同，方法相近（只是除阻与不除阻的区别），易于发准n声母。例如：kàn na—看哪 xīn nián—新年。

在l声母的前面加一个ge、ke的音节，借g、k发音时的舌根高抬，相对限制了软腭下降，使它不利于发鼻音而发边音，同时发边音时要注意两个音节的密接。例如：gè lèi—各类 kē lì—颗粒

（三）唇齿音f与舌根音h

唇齿音f与舌根音h的发音部位不同。

1. 发音技巧

唇齿音f：发音时，下唇稍微内收，靠近上门齿，形成一条窄缝，软腭上升，关闭鼻腔通道，让气流从缝中挤出来，摩擦成音。

舌根音h：发音时，舌头后缩，舌根抬高，接近软腭，留出窄缝，堵塞鼻腔通路，气流从缝中挤出，摩擦成音。

2. 常见问题

（1）有些方言中没有唇齿音f，把所有的f都发成了h。或者f和h互混，不能准确区别字音。

（2）将普通话的"hu"音节念成"fu"音节的现象，比如"几乎"说成"肌肤"，"大湖"说成"大福"。

（3）发唇齿音f的时候，上下唇接触面太大，不够自然放松，产生杂音。

3. 学习方法

（1）对于方言"没有f音"或"f、h混淆"的情况，应明确哪些字该读"f"，哪些字该读

"h"，要牢记常用的"f、h"字音对照表。

（2）特别注意"胡、忽、乎、狐、虎、户"这几个字以及这几个为偏旁的字，不要误读为f音。

（3）发f音时，是上齿跟下嘴唇接触，在气体流出时再让它们微微分开，不能双唇内抿。

三、声母辨正方法

学习声母，可以利用一些方法进行辨记。

1. 利用声旁类推。汉字大部分是形声字，我们可利用形声字声旁的表音功能类推。如以"中"作声旁的字，绝大多数是翘舌音，以"宗"作声旁的字，绝大多数是平舌音；又如，"宁"的声母是n，就可以记住"拧、柠、狞、泞、咛"等字的声母也是n；记住"列"的声母是l，就可以记住"裂、烈、洌、咧、冽、趔"等字的声母也是l……其他字可以类推，但要注意特例。

2. 记少不记多。如，常用字中，zh作声母的字比z作声母的字约多两倍，只记z作声母的字就省事多了；又如，与韵母in相拼的字中，含l声母的字有13个，含n声母的字仅有1个（您）。

3. 记住普通话声韵配合规律。如，韵母ua、uai、uang只有与舌尖后音相拼，不与舌尖前音相拼，所以断定"庄、揣、创"等字一定是舌尖后音；又如，n不与韵母ia、ou、un相拼，"俩""搂、楼、篓、漏、瘘、露、陋""抡、囵、沦、轮、伦、论"等字都念边音；l不与韵母en相拼，"嫩"是鼻音。

小结

声母位于音节的起始部分，对于发音影响重大。要发准声母，应根据发音部位和发音方法的理论指导进行练习，要特别注意与方言声母发音相近、相似的声母。另外，在发音准确的基础上，练习要循序渐进、反复进行，达到完全熟练的程度。同时，采用更科学有效的记忆方法，记住字词的发音规律，多加练习巩固记忆，才能取得更好的学习效果。

拓展阅读

1-2-1　声母的发音

技能训练

在教师的指导下，从音节到句子再到绕口令，循序渐进地进行下列训练；同时记录发音不准的音，强化练习。

训　练　一

【要求】在教师的指导下，完成下列发音训练，发准声母难点音。

【步骤】

（1）教师示范，带读，集体训练；

（2）小组训练，互相评议；

（3）记录自己发不准的音，为下一个训练做准备。

（4）自己训练，努力改正。

【题目】

1. 舌尖前音（平舌音）与舌尖后音（翘舌音）的发音。

z- 最 尊 择 增 邹 嘴 总 则 罪 责 自尊 藏族 祖宗 栽赃 在座 造作

c- 擦 蚕 策 凑 醋 才 参差 草丛 层次 从此 仓促 摧残 猜测 措辞

s- 梭 嗓 孙 笋 随 塞 琐碎 松散 思索 洒扫 撕碎 搜索 色素 三思

zh- 中 周 抓 赵 郑 知 制止 政治 中转 壮志 茁壮 专职 专制 战争

ch- 车 抽 颤 春 窗 戳 长城 查抄 拆除 铲除 出产 驰骋 出差 出城

sh- 顺 声 栓 省 双 沙 事实 适时 山水 少数 设施 手术 顺手 神圣

2. 鼻边音的发音

n-n- 泥泞 牛奶 恼怒 男女 南宁 农奴 能耐 袅娜 难弄 娘娘

l-l- 冷落 劳力 嘹亮 罗列 理论 流利 来历 力量 辘轳 领路

3. 唇齿音f与舌根音h的发音

f-f- 发放 发奋 翻覆 繁复 反复 犯法 方法 防范 防腐

h-h- 皇后 惶惑 谎话 挥霍 挥毫 徽号 回合 回话 悔恨

f-h- 富含 防护 繁华 反悔 风寒 腐化 分红 防火 符号 返回

h-f- 焕发 花费 恢复 荒废 划分 混放 洪福 汇费 后方 合法

训 练 二

【要求】发准难点音，纠正非普通话的语音习惯。

【步骤】

（1）教师提示，自己训练；

（2）同桌对练，互相指正；

（3）个别汇报，教师指导。

训练范读

1-2-1　声母难点音

【题目】

1. 对比辨音。

zh—z 支柱—自主 摘花—栽花 支援—资源 自学—自学
　　　嘱咐—祖父 主力—阻力 终止—宗旨 负债—负载

ch—c 赤子—次子 初心—粗心 成精—曾经 蝉联—残联
　　　推迟—推辞 鱼翅—鱼刺 城池—呈词 木柴—木材

sh—s 适时—四十 山脚—三角 师长—司长 商业—桑叶
　　　时事—十四 出山—初三 时速—识数 特赦—特色

n—l 千年—牵连 恼怒—老路 允诺—陨落 难住—拦住 年假—廉价

l—n 门内—门类 南部—蓝布 蜗牛—涡流 无奈—无赖 拟物—礼物

f—h 发展—花展 分配—婚配 肩负—监护 防虫—蝗虫 斧头—虎头

h—f 开花—开发 航空—防空 灰鸡—飞机 工会—公费 混战—奋战

2. 容易混淆的声母的交错练习。

z—zh 在职 杂志 栽种 增长 自重 宗旨 组织 资质

zh—z 渣滓 张嘴 种族 长子 沼泽 振作 政策 正宗

c—ch	财产	草场	猜出	采茶	彩绸	餐车	操场	存储	
ch—c	车次	场次	蠢才	纯粹	差错	陈词	陈醋	揣测	
s—sh	四十	丧生	扫射	私塾	诉说	上司	随时	宿舍	
sh—s	哨所	山色	深思	神速	上诉	深邃	世俗	生死	
n-l	农林	年轮	耐劳	哪里	脑力	奴隶	努力	纳凉	鸟类
	奶酪	内涝	暖流	能力	能量	凝练	递流	年龄	女郎
l-n	岭南	辽宁	冷暖	留念	烂泥	连年	来年	老年	凌虐
	烂泥	老娘	林农	落难	历年	流脑	遛鸟	羚牛	利尿

3. 四字词语练习，注意读准舌尖前后音。

自始至终	种种琐事	如坐针毡	沾沾自喜	朝三暮四	抓耳挠腮
综上所述	年岁逐增	自作主张	增长知识	笨嘴拙舌	志大才疏
鳞次栉比	事在人为	似曾相识	众所周知	以身作则	无所适从
风吹草动	视死如归	舒坦自然	山水一色	深思熟虑	出生入死
束手无策	庸人自扰	十载寒窗	粗制滥造	稍纵即逝	日月如梭
斩草除根	矫揉造作	仗义疏财	舍生忘死	挥洒自如	知足常乐
三令五申	博采众长	垂涎三尺	垂头丧气	自知之明	身先士卒

训　练　三

【说明】这个训练有一定难度，语音好的同学可以尝试一下绕口令。

【要求】综合训练，能够发准音节中的声母，能够指出不正确的发音，并进行分析。

【步骤】

（1）自我训练；

（2）同桌对练，指出存在的问题，并试作分析。

【题目】

1. 在以上训练中还存在边鼻音发音混淆的同学，继续做以下训练。

（1）前鼻韵尾n＋鼻音声母n（利用前面音节的韵尾顺势发准后面一个音节开头的鼻音声母）。

困难　温暖　电脑　川南　关内　全年　本能　震怒
男女　胆囊　烦恼　叛逆　感念　搬弄　观念　伴娘

（2）开尾＋边音声母（在不受鼻音干扰的情况下发准后面一个音节开头的边音声母）。

小楼　那里　吃力　地理　堕落　败露　齿轮　制冷
疲劳　法律　打捞　迷路　快乐　确立　迷恋　霹雳

（3）开尾＋鼻音声母（发完前一个字音后，迅速调整发音部位和发音方法，发准后一音节的鼻音声母）。

河内　可能　水牛　大娘　吵闹　悼念　老年　娇嫩
笑纳　捉弄　修女　别扭　逃难　拘泥　贺年　打闹

（4）前鼻韵尾＋边音声母（加大难度，迅速调整发音部位和发音方法）。

锻炼　森林　分类　辛辣　顺利　心理　炎凉　本来
伴侣　旋律　门类　婚礼　军列　天伦　编录　先烈

2.句段练习。朗读下列语段，做到语音准确，流畅连贯。注意难点音的发音。

（1）有一次，苏东坡的朋友张鹗拿着一张宣纸来求他写一幅字，而且希望他写一点儿关于养生方面的内容。苏东坡思索了一会儿，点点头说："我得到了一个养生长寿古方，药只有四味，今天就赠给你吧。"于是，东坡的狼毫在纸上挥洒起来，上面写着："一曰无事以当贵，二曰早寝以当富，三曰安步以当车，四曰晚食以当肉。"

——节选自蒲昭和《赠你四味长寿药》

（2）站在历史的枝头微笑，可以减免许多烦恼。在那里，你可以从众生相所包含的甜酸苦辣、百味人生中寻找你自己；你境遇中的那点苦痛，也许相比之下，再也难以占据一席之地；你会较容易地获得从不悦中解脱灵魂的力量，使之不致变得灰色。

——节选自（美）本杰明·拉什《站在历史的枝头微笑》

（3）年少的时候，我们差不多都在为别人而活，为苦口婆心的父母活，为循循善诱的师长活，为许多观念、许多传统的约束力而活。年岁逐增，渐渐挣脱外在的限制与束缚，开始懂得为自己活，照自己的方式做一些自己喜欢的事，不在乎别人的批评意见，不在乎别人的诋毁流言，只在乎那一份随心所欲的舒坦自然。偶尔，也能够纵容自己放浪一下，并且有一种恶作剧的窃喜。

就让生命顺其自然，水到渠成吧，犹如窗前的乌桕（jiù），自生自落之间，自有一份圆融丰满的喜悦。春雨轻轻落着，没有诗，没有酒，有的只是一分相知相属的自在自得。

——节选自（台湾）杏林子《朋友和其他》

（4）那是力争上游的一种树，笔直的干，笔直的枝。它的干呢，通常是丈把高，像是加以人工似的，一丈以内，绝无旁枝；它所有的丫枝呢，一律向上，而且紧紧靠拢，也像是加以人工似的，成为一束，绝无横斜逸出；它的宽大的叶子也是片片向上，几乎没有斜生的，更不用说倒垂了；它的皮，光滑而有银色的晕圈，微微泛出淡青色。这是虽在北方的风雪的压迫下却保持着倔强挺立的一种树！哪怕只有碗来粗细罢，它却努力向上发展，高到丈许，二丈，参天耸立，不折不挠，对抗着西北风。

——节选自茅盾《白杨礼赞》

（5）一群朋友郊游，我领头在狭窄的阡陌上走，怎料迎面来了几只耕牛，狭道容不下人和牛，终有一方要让路。它们还没有走近，我们已经预计斗不过畜牲，恐怕难免踩到稻田泥水里，弄得鞋袜又泥又湿了。正在踟蹰的时候，带头的一只牛，在离我们不远的地方停下来，抬起头看看，稍迟疑一下，就自动走下田去。一队耕牛，全跟着它离开阡陌，从我们身边经过。

我们都呆了，回过头来，看着深褐色的牛队，在路的尽头消失，忽然觉得自己受了很大的恩惠。

——节选自小思《中国的牛》

（6）这里除了光彩，还有淡淡的芳香。香气似乎也是浅紫色的，梦幻一般轻轻地笼罩着我。忽然记起十多年前，家门外也曾有过一大株紫藤萝，它依傍一株枯槐爬得很高，但花朵从来都稀落，东一穗西一串伶仃地挂在树梢，好像在察颜观色，试探什么。后来索性连那稀零的花串也没有了。园中别的紫藤花架也都拆掉，改种了果树。那时的说法是，花和生活腐化有什么必然关系。我曾遗憾地想：这里再看不见藤萝花了。

过了这么多年，藤萝又开花了，而且开得这样盛，这样密，紫色的瀑布遮住了粗壮的盘虬卧龙般的枝干，不断地流着，流着，流向人的心底。

——节选自宗璞《紫藤萝瀑布》

3.绕口令练习，分清平翘舌音，由慢到快反复练习。

（1）早晨早早起，早起做早操，人人做早操，做操身体好。

（2）杂志社，出杂志，杂志出在杂志社，有政治常识、历史常识、写作指导、诗词注释，还有那植树造林、治理沼泽、栽种花草、生产手册，各种杂志数十册。

（3）公园有四排石狮子，每排是十四只大石狮子，每只大石狮子背上是一只小石狮子，每只大石狮子脚边是四只小石狮子，施老师领四十四个学生去数石狮子，你说共数出多少只大石狮子和多少只小石狮子？

（4）门口有四辆四轮大马车，你爱拉哪两辆就拉哪两辆。小罗要拉前两辆，小梁不要后两辆。小梁偏要抢小罗的前两辆，小罗只好拉小梁的后两辆。

（5）盘里放着一个梨，桌上放块橡皮泥，小丽小齐学捏梨，眼看梨，手捏泥，一会儿捏成一个梨。比一比，真梨假梨差不离。

（6）贝贝飞纸飞机，菲菲要贝贝的纸飞机，贝贝不给菲菲自己的纸飞机，贝贝教菲菲自己做能飞的纸飞机。

任务二　韵母难点音训练

训练要点

1.学习案例，认识韵母发音的重要性。

2.学习理论和方法，了解韵母发音的关键点，掌握难点音的辨正方法。

3.训练技能，能有效区分韵母中的难点音，发准难点音。能听辨不同韵母，能纠正幼儿错误的发音。

案例

小林读《鸟的天堂》

小林同学最近正紧锣密鼓地准备参加普通话水平测试，她天天捧着书在宿舍苦练。但宿舍的同学们发现，小林在读"小桥""逍遥"这些字的时候，发音总是不标准，比如在朗读巴金的作品《鸟的天堂》，小林总是把"小鸟"读成了"朽扭"。小林很着急，同学们也想了很多办法帮她纠正错误，但她却怎么也改不了。大家都陷入了困境，不知道如何是好。

小林发音出现的问题，其实就是韵母发音错误：复韵母iao中的高元音韵腹a开口度太小，发音不到位，从而产生错误。其实只要掌握韵母正确的发音方法，小林这个发音问题是完全可以克服的。

📝 理论与方法

一、韵母发音概述

普通话一共有39个韵母，韵母指的是音节中除了声母以外的部分，主要是由元音组成，可以分为韵头、韵腹和韵尾三个部分。一个韵母可以是完整的三部分，也可以是韵头、韵腹或韵腹、韵尾两部分，也可以只有韵腹没有韵头、韵尾。也就是说，韵腹是韵母的主干，任何韵母都不能没能韵腹。

根据韵母音素构成的不同情况，韵母可以分为单韵母、复韵母和鼻韵母。单韵母共10个，根据发音时舌头的不同作用，可以分为舌面单韵母、舌尖单韵母、卷舌单韵母；复韵母共13个，根据韵腹位置不同，可以分为前响复韵母、中响复韵母、后响复韵母；鼻韵母共16个，根据韵尾不同可分为前鼻音韵母和后鼻音韵母。

根据韵母开头的发音口型不同，也就是传统音韵学的"四呼"，可分为：开口呼韵母、齐齿呼韵母、合口呼韵母、撮口呼韵母。

根据内部结构及发音口型，普通话韵母可排成下表（见表1-2-1）。

表1-2-1　普通话韵母发音要领表

结　　　构		口　　型			
		开口呼	齐齿呼	合口呼	撮口呼
单韵母		-i（前）	i	u	ü
		-i（后）			
		a			
		o			
		e			
		ê			
		er			
复韵母	前响复韵母	ai			
		ei			
		ao			
		ou			
	中响复韵母			uai	
				uei	
			iao		
			iou		
	后响复韵母		ia	ua	
				uo	
			ie		üe

结　　构		口　　　　型			
		开口呼	齐齿呼	合口呼	撮口呼
鼻韵母	前鼻韵母	an	ian	uan	üan
		en	in	uen	ün
	后鼻韵母	ang	iang	uang	
		eng	ing	ueng	iong
				ong	

二、韵母难点音发音技巧与训练

韵母的难点音主要是前后鼻韵母、齐齿呼与撮口呼韵母、宽窄复韵母以及e与er等几组韵母。这几组韵母发音时受方音及发音习惯影响，容易出现错误或缺陷，并且容易混淆。因此，学习这几组音时，特别要注意发音方法、发音部位的变化，并做好辨正。

（一）前后鼻韵母

鼻韵母以所带的韵尾的不同可分成两类：一类是元音加上鼻辅音-n的，叫前鼻韵母，包括an、en、in、ün、ian、uan、uen、üan；一类是元音加上鼻辅音-ng的，叫后鼻韵母，包括ang、eng、ing、ong、iang、uang、ueng、iong。

1. 发音方法

前鼻韵母发音：发前鼻韵母an、en、in、ün、ian、uan、uen、üan时，由元音向鼻辅音-n滑动，受韵尾-n的影响，元音前移，舌尖抵住下齿背，口腔最后处于闭合状态。

后鼻韵母发音：发后鼻韵母ang、eng、ing、ong、iang、uang、ueng、iong时，由元音向鼻辅音-ng滑动，受韵尾-ng的影响，元音后移，舌头后缩抵住软腭，口腔最后处于张开状态。

2. 常见问题

（1）有的方言区中部分没有鼻尾音，有的两个鼻尾音没有区别出来，经常把前鼻韵母发成后鼻韵母，或者把后鼻韵母发成前鼻韵母。

（2）发音不到位。发前鼻音时，口腔开太大，气流往后进入了后鼻腔；发后鼻音时，元音a、e发音太靠前，原本应发后a的变成了前a，导致发音有缺陷。

（3）归音不到位。在发前鼻韵母的时候，缺少最后的归音动作，舌尖没有抵住上齿龈；在发后鼻韵母的时候，口腔打开不够，舌根没能高抬，也就无法把气流送入鼻腔，导致发音不到位。

3. 学习方法

采用对镜练习的方法。可以对着镜子，打开口腔找准前后鼻发音不同的部位。舌尖上抵上齿龈发-n，镜子中可以看到舌头的底部；舌头后缩发-ng，可看到舌面。

（二）齐齿呼与撮口呼韵母

齐齿呼与撮口呼韵母开头元音不同，开口呼是i和以i开头的韵母，撮口呼是ü和以ü开头的韵母。这两组韵母发音口型不同。

1. 发音方法

齐齿呼韵母是不圆唇元音，主要元音为i和韵头为i的韵母，分别是i、ia、ie、iao、iou、

ian、in、iang、ing。发齐齿呼韵母时，下巴是不自觉地往前伸的，以达到上下门齿并齐的目的，使韵母发音好听、完整。

撮口呼韵母是圆唇元音，主要元音为ü和韵头为ü的韵母，分别是ü、üe、üan、ün、iong。发撮口呼韵母时，嘴唇需要从四周往中间聚拢，口型要撮圆。

2. 常见问题

部分方言没有撮口呼韵母，发音时把撮口呼韵母ü、üe、ün、üan发成了i、ie、in、ian。

3. 学习方法

注意发撮口呼只撮嘴角，不要往前噘，否则声音发闷；发齐齿呼的音，扁唇稍圆，但不能太扁，否则影响效果。

（三）宽窄复韵母的发音与辨正

对于复韵母来说，宽窄是指舌位动程的大小，主要表现在韵腹元音的舌位高低，即口腔开度的大小。复韵母的宽窄韵母有6对：ai—ei、ao—ou、ia—ie、ua—uo、iao—iou、uai—uei；鼻韵母的有7对：an—en、ang—eng、ian—in，iang—ing、uan—uen、uang—ueng、üan—ün。

1. 发音方法

宽窄韵母发音的关键是舌位高低与口腔开度的大小。宽音发音时口腔舌位动程要发够，口腔开度要大；窄音发音时口腔舌位不能过度，应适当减小开度。比如“iao”的发音过程是从齐齿呼“i”到央元音“a”再到撮口“o”，开口很大；而“iou”是从齐齿呼“i”到圆唇元音“o”再到撮口呼“u”，开口度小。

2. 常见问题

（1）发音出现混淆，错误主要表现为“宽音发窄”或“窄音发宽”。

（2）复韵母发音时舌位动程不明显、不到位、不自然，如iao、uai、ao、iao等发音舌位偏前。

3. 学习方法

（1）注意宽窄复韵母不同韵腹开口度的大小，要控制好口腔开度。同时，韵腹发音要清晰响亮，时值长，韵头发音轻短，韵尾发音轻短模糊。

（2）复韵母的发音过程是一个“动程”，发音时由一个元音到另一个元音的舌位，是滑动的，自然连贯的；整个发音过程中，口型和唇型是渐变的，不能分解。

（四）e和er的发音与辨正

e是舌面单韵母，发音时主要是舌面起作用；er是卷舌单韵母，发音时舌面、舌尖同时起作用。

1. 发音方法

发e时，口腔半闭，舌面后缩抬至半高处，嘴角向两边稍展开；发er时，舌面和舌尖同时起作用，在发e的同时，舌尖快速卷起，靠近硬腭前部。受卷舌影响，er中的e比单发靠后。

2. 常见问题

（1）南方方言没有卷舌韵母，经常把卷舌韵母er发成舌面韵母e；或卷舌动作不到位，舌头没有力量，听不出卷舌。

（2）卷舌韵母er虽有卷舌色彩，但不到位、生硬，相当不自然。

3. 学习方法

发er时，e与卷舌动作是同时进行的，舌尖一定要同时快速卷起，要注意发音的动程。

三、韵母辨正方法

学习韵母，可以利用一些方法进行辨记。

1. 类推法

根据形声字声旁表音功能的一般规律，类推识记汉字的读音，如"旁"字为后鼻音，推断出与其相同声旁的一类字"榜、磅、谤"等都为后鼻音。

2. 记住声韵配合规律

d、t、n、l大多是拼后鼻音eng，如"登、滕、能、棱"等，但"嫩（nèn）"字除外；z、c、s大都拼后鼻音eng韵母，大多是"曾"字旁字，除"怎""参"（差）、"森"三个常用字外。

3. 记少不记多

如声母同撮口呼韵母相拼的只有j、q、x、n、l，记清读音并熟读，可以减少错误的发生；又如，普通话er的音不多，分辨这些字词的标准读音。

🎙 小结

韵母是音节的主体部分，由于韵母的数量较多，发音错误的频率远高于声母，它的发音正确与否非常重要。训练时应特别注意与方言韵母发音相近、相似的韵母，根据发音部位和发音方法的理论指导，纠正方言对韵母发音的影响。另外，韵母的学习一定要注意唇形和舌位，发好单韵母；把握好动程，发准复韵母；练习好后鼻韵母的发音，发好鼻韵母。要以双音节词为基础，在发音准确的基础上循序渐进地进行学习，达到完全熟练的程度。

拓展阅读

1-2-2　"声母诗"和"韵母诗"

📝 技能训练

在教师的指导下，从音节到句子再到绕口令，循序渐进地进行下列训练；同时记录发音不准的音，强化练习。

训　练　一

【要求】在教师的指导下，完成下列发音训练，发准韵母难点音。

【步骤】

（1）教师示范，带读，集体训练；

（2）小组训练，互相评议；

（3）记录自己发不准的音，为下一个训练做准备；

（4）自己训练，努力改正。

【题目】

1. 前后鼻韵母练习。

（1）前鼻音练习。

-an　三 版　谈判　烂漫　泛滥

-en　真 分　粉尘　愤恨　妊娠

-in	紧	林	濒临	贫民	辛勤
-ün	晕	军	军训	均匀	芸芸
-ian	烟	甜	检验	简便	连绵
-uan	完	算	贯穿	婉转	酸软
-uen	吨	春	昆仑	温顺	春笋
-üan	全	选	全权	轩辕	渊源

（2）后鼻音练习。

-ang	昂	胖	沧桑	厂房	刚刚
-eng	泵	征	更正	逞能	征程
-ing	英	令	英名	命令	清醒
-ong	懂	中	隆重	总统	从容
-iang	羊	讲	响亮	洋枪	想象
-uang	王	装	状况	狂妄	装潢
-ueng	翁	瓮	嗡嗡	蓊郁	蕹菜
-iong	用	雄	炯炯	熊熊	穷凶

（3）利用顺同化作用发准下列前后鼻韵母。

晚年	今年	男女	电脑	烦恼	亲昵	温暖	患难	板凳	传达	安定
奋斗	论点	本体	传统	春天	难题	神态	蓝图	认同	电脑	烦恼
经过	警告	灵感	性格	习惯	情况	应该	惊恐	饼干	领口	名贵
明快	凭空	订货	请客	听课	灵魂	幸亏	灵活	领会	盈亏	平衡

2. 齐齿呼与撮口呼韵母练习。

-i-ü	抑郁	比喻	必须	地区	急剧	给予
-ü-i	具体	距离	聚集	与其	语气	预期
-ie-üe	节约	解决	灭绝	协约	谢绝	借阅
-üe-ie	确切	血液	决裂	学界	学业	月夜
-in-ün	进军	嶙峋	阴云	音讯	音韵	因循
-ün-in	军民	云锦	寻亲	云鬓	君临	寻衅
-ian-üan	边缘	电源	健全	演员	边远	厌倦
-üan-ian	全面	宣言	原先	悬念	远见	怨言

3. 宽窄复韵母练习。

-ai-ei	白费	败北	百倍	白费	海内	排雷
-ei-ai	擂台	内在	佩戴	内海	胚胎	悲哀
-ao-ou	矛头	报仇	保守	逃走	遭受	高手
-ou-ao	口号	周到	手套	厚道	报考	头脑
-ia-ie	佳节	押解	下列	下跌	家业	假借
-ie-ia	液压	节假	叶芽	叠加	接洽	野鸭
-ua-uo	话说	华佗	抓获	跨国	瓜果	花朵
-uo-ua	国画	火花	活化	多寡	说话	国花
-iao-iou	漂流	校友	交流	调酒	郊游	要求
-iou-iao	牛角	邮票	柳条	遛鸟	丢掉	幼小
-uai-uei	衰退	怪罪	外汇	怪味	衰微	快嘴
-uei-uai	对外	鬼怪	毁坏	腿快	罪魁	溃坏

4. e和er练习。

e 额 鹅 饿 恶 鄂 鳄 隔阂 色泽 特色 这个 客车 合格 可乐 折射
er 而 儿 尔 耳 贰 二 而今 儿歌 然而 耳环 二胡 鱼饵 尔后 洱海

训 练 二

【要求】自主训练，发准难点音，纠正非普通话的语音习惯。

【步骤】

（1）教师提示，自己训练；
（2）同桌对练，互相指正；
（3）个别汇报，教师指导。

1-2-2 韵母难点音

【题目】

1. 对比辨音。

-an-ang

反问—访问 开饭—开放 担心—当心 干净—刚劲 心烦—心房 弹簧—堂皇
赞颂—葬送 产地—场地 参天—苍天 会谈—会堂 铲子—厂子 寒天—航天

-en-eng

陈旧—成就 审视—省事 深耕—生根 门牙—萌芽 伸张—声张 诊治—整治
伸展—生长 瓜分—刮风 木盆—木棚 人参—人生 终身—钟声 春分—春风

-in-ing

信服—幸福 印象—映象 亲近—清静 金鱼—鲸鱼 临时—零食 禁地—境地
弹琴—谈情 红心—红星 行进—行径 海滨—海兵 人民—人名 驾临—驾龄

-ian-iang

潜力—强力 前后—墙后 仙人—乡人 闲谈—详谈 先头—相投 鲜甜—香甜
坚持—僵持 简化—讲话 路线—录像 新年—新娘 发言—发扬 显现—想象

-uan-uang

玩味—王位 关照—光照 专制—装置 专员—庄园 晚年—往年 机关—激光
感官—感光 手腕—守望 船头—床头 穿孔—窗孔

-uen-ueng（ong）

吞并—通病 存钱—从前 轮子—笼子 依存—依从

-ün-iong

运费—用费 勋章—胸章 晕车—用车 勋章—胸章 因循—英雄

-i-ü

意见—遇见 季节—拒绝 系列—序列 理由—旅游 忌讳—聚会 仪式—于是
容易—荣誉 比翼—比喻 经济—京剧 联系—连续 分期—分区 得意—德育

-ie-üe

列表—略表 猎取—掠取 切实—确实 节食—绝食 协作—学做 截取—攫取
竹叶—逐月 午夜—五岳 洗液—喜悦 大写—大雪 穿鞋—穿靴 总结—总觉

-in-ün

金银—均匀 金钱—君权 晋级—峻急 进攻—竣工 信誉—训喻 心机—熏鸡
白银—白云 餐巾—参军 攻心—功勋 通信—通讯 平津—平均 真金—真菌

-ian-üan

碱面—卷面 前程—全程 潜力—权力 闲了—悬了 颜色—原色 盐分—缘分

| 庄严—庄园 | 化验—画院 | 发炎—发源 | 工钱—公权 | 批件—批卷 | 太严—泰元 |

ai-ei

| 来电—雷电 | 埋头—眉头 | 买米—每米 | 大麦—大妹 | 分派—分配 | 安排—安培 |

ao-ou

| 稻花—豆花 | 考量—口粮 | 高洁—勾结 | 栈道—战斗 | 口哨—口授 | 告白—够白 |

ia-ie

| 加价—接驾 | 掐断—切断 | 大家—大街 | 出嫁—出界 |

ua-uo

| 跨步—阔步 | 抓住—捉住 | 滑动—活动 | 胯骨—扩股 | 鞋袜—斜卧 |
| 升华—生活 | 通话—通货 | 融化—荣获 | 异化—抑或 | 国画—国货 |

iao-iou

| 消停—休庭 | 窑洞—游动 | 药片—诱骗 | 油盐—谣言 |
| 求教—求救 | 撕咬—私有 | 生效—生锈 | 铁桥—铁球 |

uai-uei

| 外来—未来 | 歪风—威风 | 怀想—回想 | 甩手—水手 |

e-er

恶化—二话　　蛾子—儿子

2. 四字词语练习，注意读准前后鼻韵。

天真烂漫	谨小慎微	全心全意	振奋人心	蜿蜒盘旋	穿针引线	辗转反侧
惨不忍睹	扪心自问	过眼烟云	言传身教	全神贯注	循序渐进	漫山遍野
冰清玉洁	瓮中捉鳖	汹涌澎湃	诚惶诚恐	曾经沧海	英勇冲锋	声名狼藉
昂首挺胸	相辅相成	正大光明	纵横驰骋	乘风破浪	大相径庭	黄粱美梦
成人之美	语重心长	安然无恙	愤愤不平	满目琳琅	枪林弹雨	扬长避短
娇生惯养	良辰美景	难以忘怀	立竿见影	黯然神伤	针锋相对	勇往直前

训　练　三

【说明】这个训练有一定难度，语音好的同学可以尝试一下绕口令。

【要求】综合训练，能够发准音节中的声母，能够指出不正确的发音，并进行分析。

【步骤】

（1）自我训练；

（2）同桌对练，指出存在的问题，并试作分析。

【题目】

1. 句段练习。朗读下列语段，做到语音准确，流畅连贯。注意难点音的发音。

（1）台湾岛形状狭长，从东到西，最宽处只有一百四十多公里；由南到北，最长的地方约有三百九十多公里。地形像一个纺织用的梭子。

台湾岛上的山脉纵贯南北，中间的中央山脉犹如全岛的脊梁。西部为海拔近四千米的玉山山脉，是中国东部的最高峰。全岛约有三分之一的地方是平地，其余为山地。岛内有缎带般的、蓝宝石似的湖泊，四季常青的森林和果园，十分优美。西南部的阿里山和日月潭，台北市郊的大屯山风景区，都是闻名世界的浏览胜地。

——节选自《中国的宝岛——台湾》

（2）小学的时候，有一次我们去海边远足，妈妈没有做便饭，给了我十块钱买午餐。好像走了很久，很久，终于到海边，大家坐下来便吃饭，荒凉的海边没有商店，我一个人跑到防风林外面去，级任老师要大家把吃剩的饭菜分给我一点儿。有两三个男生留下一点儿给我，还有一个女生，她的米饭拌了酱油，很香。我吃完的时候，她笑眯眯地看着我，短头发，脸圆圆的。

她的名字叫翁香玉。

——节选自苦伶《永远的记忆》

（3）我常想读书人是世间幸福人，因为他除了拥有现实的世界之外，还拥有另一个更为浩瀚也更为丰富的世界。现实的世界是人人都有的，而后一个世界却为读书人所独有。由此我想，那些失去或不能阅读的人是多么的不幸，他们的丧失是不可补偿的。世间有诸多的不平等，财富的不平等，权力的不平等，而阅读能力的拥有或丧失却体现为精神的不平等。

——节选自谢冕《读书人是幸福的人》

（4）然而，我爱这一行的真正原因，是爱我的学生。学生们在我的眼前成长变化。当教师意味着亲历"创造"过程的发生——恰似亲手赋予一团泥土以生命，没有什么比目睹它开始呼吸更激动人心的了。

——节选自（美）贝得勒《我为什么当教师》

（5）所以在这阴冷的四月里，奇迹不会发生。任凭游人扫兴和诅咒，牡丹依然安之若素。它不苟且、不俯就、不妥协、不媚俗，甘愿自己冷落自己。它遵循自己的花期自己的规律，它有权利为自己选择每年一度的盛大节日。它为什么不拒绝寒冷？

——节选自张抗抗《牡丹的拒绝》

（6）西部地区又是少数民族及其文化的集萃地，几乎包括了我国所有的少数民族。在一些偏远的少数民族地区，仍保留了一些久远时代的艺术品种，成为珍贵的"活化石"，如纳西古乐、戏曲、剪纸、刺绣、岩画等民间艺术和宗教艺术。特色鲜明、丰富多彩，犹如一个巨大的民族民间文化艺术宝库。

——节选自《西部文化和西部开发》

2.绕口令练习，在力求发准每个音的基础上加快速度练习。

（1）学习就怕满、懒、难，心里有了满、懒、难，不看不钻就不前，永不自满，边学边干，蚂蚁也能搬泰山。

（2）墙上一根钉，钉上挂条绳，滑落绳下瓶，打碎瓶下灯，砸破灯下盆。瓶打灯，灯打盆，盆骂灯，灯骂瓶，瓶骂绳，绳骂钉，钉怪绳，绳怪瓶，瓶怪灯，灯怪盆。叮叮当当当当叮，乒乒乓乓乒乒乓。

（3）山前有个严圆眼，山后有个严眼圆；二人山前来比眼，不知是严圆眼比严眼圆的眼圆；还是严眼圆比严圆眼的眼圆？

（4）花猫跳，小鸟叫。花猫听小鸟叫，小鸟瞧花猫跳。花猫跳起抓小鸟，小鸟掉头逃。花猫追小鸟，你说小鸟能不能逃掉？

（5）老槐摔坏外踝怪乖乖，乖乖扶起老槐去拐角拿拐棍儿给老槐，老槐甩开乖乖挂着拐棍儿出门外。

（6）二叔儿子拉二胡，二姨女儿练儿歌，儿歌练了十二天，二胡拉了二十年，二舅听了二胡拍拍手，二姑听了儿歌点点头，也不知道是儿歌练了二十天好听，还是二胡拉了二十年悦耳？

任务三 声调音准训练

训练要点

1.阅读案例，认识到在普通话发音中发准声调的重要性。

2.学习理论和方法，了解普通话声调的发音要点，掌握声调的辨正方法。

3.训练技能，能发准四个声调，能读准词语、句子、语段中的声调。能听辨不同声调，能更好地纠正幼儿的发音。

案例

小林的"方言腔"

小林同学经过一段时间的普通话学习，自我感觉发音已经有了明显的进步，但同学们总觉得她一开口还是有那么一股"味儿"，比如"想方设法"四个字，别人的发音是"xiǎng fāng shè fǎ"，小林同学的发音却是"xiáng fáng shè fá"；"百看不厌"则说成了"白看不厌"，一不小心还把"作业"说成了"昨夜"。和陌生人用普通话交流时，人家也总能很快猜到她是哪个方言区的人。小林同学声母韵母都发对了，为什么总还有"方言腔"呢？

外国人学普通话出现的"洋腔洋调"，方言区的人学普通话的"方言腔"，大多是因为发音时声调音准出现了偏误。普通话与方言的最主要区别之一就是声调，吴方言、闽方言一般有七八个调类，粤方言可以有八九个调类。如果从小就习惯了方言的声调和发音，并将这种习惯带到普通话中，那么发音肯定与标准的普通话存在一定的差异。因此，学好声调是克服方言口音的基础，也是使普通话语音面貌得到更大提升的难点。

理论与方法

一、声调及普通话的调值、调类

声调是音节的重要组成部分，它的主要作用是区别词义，它能提高汉语区别同音词的能力，同时以其高低错落、富有变化，使普通话有了旋律感。

（一）声调的性质

声调是音节的高低变化，具有区别字义和词义的作用。声调是音节中必不可少的部分，一个音节中声母、韵母都相同，但如果声调不同，就会产生不同的词义。如"很香""很想""很像"，就是因为xiang的声调不同，意义也不同。

声调主要取决于音高，当然音高是相对的，不同个体、同一个体在不同情绪下的音高也不尽相同。正因为有了抑扬顿挫的声调变化，音韵美才得以体现和发挥，人们才能充分地用声音表达情感。

（二）调值及调类

调值是声调的实际读法，主要是用来标记音节的高低升降、曲直长短的变化。

我们一般用"五度标记法"来标记声调的调值。

按"五度标记法"，普通话的字音有［55］、［35］、［214］、［51］四种基本的调值。普通话里的轻声音节都不标调，因为轻声不属于普通话的一个调类，是一种语流音变的现象。

调类是指声调的种类，是根据声调的基本调值归纳出来的。普通话里有阴平、阳平、上声、去声，分别称为第一声、第二声、第三声、第四声，简称"四声"。调号"ˉˊˇˋ"表示四声，是调值描述的缩略形式。

二、声调发音的常见问题

声调是学习语音的难点。在普通话学习中，声调发音错误或缺陷很常见。

（一）调类错误

调类错误主要有三种情况。一是将四个调类的字归类弄错，把甲类字读成乙类字。二是受方言影响，将方言中跟普通话相近的声调代替普通话的声调，导致声调出错。三是形声字读错，有的形象字的声母韵母与声旁相同，而声调不同，这些形声字往往容易读错。如把"汾"读成"分"，把"妮"读成"尼"，"渲"读成"宣"。

（二）调值错误或缺陷

1. 调值错误

有的方言调形与普通话一致，但调值高低不同。如普通话的阴平调值是55值，但有的人高平调的发音没有达到55值，而是33值甚至11值，虽然发音都是平调，但调值明显错误。

2. 调值缺陷

调值缺陷的情况出现很多，主要有四种：一是阴平不够高，二是阳平不到位，三是上声没有曲折或出现两次曲折，四是去声不到位。

3. 调值不一致

声调的相对音高不稳定，同一个声调前面和后面读的调值不一致。

三、声调音准的辨正

声调的学习应从读准四个声调开始，读准词语中的声调，纠正方言对声调发音的影响。

1. 阴平

阴平：调值［55］，是高平调，发音时起音要高，又高又平，始终保持不变。

（1）可先读出单韵母ɑ、o、e高、中、低三种不同的平调，体会发高音时声带始终拉紧、高而平的感觉以及发低音时声带放松的感觉。通过练习掌握控制声带的技能，体会［55］调值的发音要点。

（2）在阴平音节前面加一个阳平音节，先将声调升上去，接着阳平的尾音发准阴平。如练习"房间""农村""航空"等。

（3）多练习"阴平+阴平"的词语，保持高平的状态。

2. 阳平

阳平：调值［35］，是中升调，发音时从中到高，呈上升的状态。

（1）先读一个去声，使声带放松，紧接着再读阳平，解决起点太高或上升不够的问题。如多练习"内容""树林""视察"等"去声+阳平"的词语。

（2）发音时刚开始声带不松不紧，后逐渐拉紧，声音由不高不低升到最高。

（3）可多练习"阳平+阳平"的词语，注意第一个阳平的发音要紧凑，一气呵成，不要拖泥带水，避免把第一个阳平发成335调值。

3. 上声

上声：调值［214］，是降升调，发音时先降后升，呈曲折状态。

（1）记住上声的调值是214，发音时声音由较低慢慢到最低，再快速升高。注意把声带放松，使声调的起点降低，并尽量把低音部分拖长。

（2）先读一个去声，如"历史、跳舞、向往"等词，帮助放松声带和增加前半段的长度，这时气流不中断，紧接着读出升调，就能较好地发出上声。

（3）通过动作来强化发音。可以在练习的时候，用手势画出上声"ˇ"的调号，以此来强化先降后升的意识，达到更好的效果。

当然，在朗读和谈话中，上声的基本调值很少出现，经常出现的是变化之后的调值，最常见的是变调读为半上21调值。但是万变不离其宗，基本调值是变化的基础，只有读准上声的本调、掌握好基本调值才能掌握好它的变化。

4. 去声

去声：调值［51］，是全降调，发音时高起，从高到低，呈下降状态。

（1）通过调节声带的松紧来改变音高，先拉紧声带，后放松声带，声音从最高降到最低。

（2）注意去声的起点要高，下降时不要太急促而快收。可以在入声音节的前面加上一个阳平进行练习，如练习"如玉、人物、成立"等词语。

🎤 小结

声调的发音正确与否非常重要，是学习语音的难点。要借助"五度制标记法"发准普通话中四个声调的调值，要学会辨别方言声调与普通话声调中相近、相似的声调，平时要多进行各种声调组合的词语训练，对容易出现的声调组合，要有针对性地进行强化训练，努力纠正方言声调的影响，不断提高听音、辨音、正音的能力。

拓展阅读

1-2-3　施氏食狮史

📝 技能训练

训　练　一

【要求】在教师的指导下完成下列声调训练，学习声调的正确发音，重点区分好普通话与方言中相近或相似的声调，发准声调。

【步骤】

（1）教师示范带读，集体训练；

（2）小组训练，互相评议；

（3）记录自己发不准的声调，为下一个训练做准备；

（4）自己训练，努力改正。

【题目】

1. 借助"五度制标记法"，发准普通话的四个声调。

埃 āi　　　皑 ái　　　矮 ǎi　　　爱 ài

叭 bā	跋 bá	靶 bǎ	坝 bà
滴 dī	敌 dí	抵 dǐ	帝 dì
翻 fān	凡 fán	返 fǎn	范 fàn
欢 huān	环 huán	缓 huǎn	换 huàn
家 jiā	颊 jiá	钾 jiǎ	嫁 jià
溜 liū	刘 liú	柳 liǔ	六 liù
锹 qiāo	瞧 qiáo	巧 qiǎo	俏 qiào
危 wēi	韦 wéi	纬 wěi	喂 wèi
猩 xīng	形 xíng	醒 xǐng	姓 xìng

2. 双音节词语声调训练。

阴平+阴平：颁发　参观　春耕　出差　青春　司机
阳平+阳平：人才　白描　排球　黄鹂　同学　来临
上声+上声：老板　请帖　起码　稿纸　鼓掌　脸谱
去声+去声：电话　宴会　照耀　建造　伴奏　倡议
阴平+阳平：收藏　发言　加强　奔忙　鲜明　新闻
阴平+上声：商场　终点　思想　中午　声母　争取
阴平+去声：听众　膝盖　加入　方面　登记　风暴
阳平+阴平：名家　国家　茶花　明天　泥沙　雄姿
阳平+上声：食品　营养　调理　节选　宏伟　游览
阳平+去声：文化　学校　国策　雄壮　排练　情愿
上声+阴平：指标　语音　统一　感激　北京　每天
上声+阳平：普及　起航　审核　脸庞　旅途　紧急
上声+去声：舞剧　主要　妥善　考试　土地　险要
去声+阴平：汽车　大约　乐观　健康　幸亏　创刊
去声+阳平：测量　适合　数学　暂时　大学　动人
去声+上声：号码　会场　大海　木偶　父母　矿产

训 练 二

【要求】在教师的指导下，有针对性地完成下列声调训练，
　　　　发准词语声调。

【步骤】
（1）教师示范带读，集体训练；
（2）小组训练，互相评议；
（3）个人有针对性地训练易错声调组合，努力改正。

【题目】
1. 双音节词语声调练习。
（1）阳平+阴平，注意阴平的调值要发到位。

鲜花　童心　山歌　珍惜　霞光　河山　曾经　今天　读书　丰收　波涛　研究

（2）阳平+去声，注意阳平的调值要到位。

无故　文静　疲惫　提案　贫血　结业　回味　革命　童话　群众　财富　崇拜

（3）去声+阳平，注意去声的调值下降要到位。

自然　共同　化学　事实　措辞　善良　特别　治疗　热情　电台　地图　会谈

（4）去声+上声，注意上声的起点不要太高。

剧本　记者　戏曲　外语　特写　上海　鉴赏　会场　确保　字母　地址　信仰

（5）阴平+上声，阳平+上声，去声+上声，注意降后要再升，可以手势加以强化。

发展　编写　标本　钢铁　歌舞　艰苦　争取　山水　光彩　温暖　增长　欣赏
全体　明显　成果　读者　平等　原理　良好　南北　儿女　食品　迷惘　节省
翅膀　剧本　历史　个体　教养　系统　赞美　误解　外语　用品　看法　信仰

（6）在入声字前面加入阳平，注意不要受方言入声的影响。

容积　船只　衔接　游击　摩擦　学说　节约　研发　盟约　熟悉　寒湿　提出
学识　垂直　文学　时节　博学　明洁　逻辑　其实　团结　培植　人格　环节
手笔　磁铁　峡谷　额角　检索　独角　滑雪　魔法　直属　涂抹　违法　排骨
仪式　隔壁　长忆　红叶　成立　职业　回复　凭借　白色　人物　合作　明确

2.四音节词语声调练习。

（1）四声同调练习。

春天花开　江山多娇　珍惜光阴　人民团结　豪情昂扬　轮船直达
稳妥处理　理想美好　请你指导　变幻莫测　创造记录　运动大会

（2）四声顺序练习。

山河锦绣　花红柳绿　千锤百炼　深谋远虑　三足鼎立　雕虫小技
飞檐走壁　瓜田李下　风调雨顺　中流砥柱　虚情假意　精神百倍

（3）四声递序练习。

袖手旁观　弄巧成拙　破釜沉舟　易守难攻　墨守成规　镂骨铭心
兔死狐悲　异口同声　字里行间　覆水难收　万古流芳　四海为家

（4）四声交错练习。

心领神会　言简意赅　轻描淡写　和风细雨　耳聪目明　举足轻重
瑞雪丰年　班门弄斧　杳无音讯　小试牛刀　如虎添翼　柳暗花明

训　练　三

【说明】这个训练有一定难度，语音好的同学可以尝试一下绕口令。

【要求】综合训练，能够发准音节中的声调，能够指出不正确的发音，并进行分析。

【步骤】

（1）自我训练；

（2）同桌对练，指出存在的问题，并试作分析。

【题目】

1.声调组合难点练习，注意找准调值。

阴平+阳平：青年　欢迎　心得　生活　安全　公平　经常　规模　周围　星球
阴平+上声：黑板　操场　中等　宾语　真理　思考　标准　风雨　污染　方法
阳平+上声：平等　博览　烦恼　哲理　情感　长久　传统　寒冷　联想　读者
上声+阴平：感激　火车　老师　补充　海滩　可惜　打通　雪花　手工　许多
去声+阴平：电压　认真　信心　唱歌　夏天　教师　汽车　上班　放松　四周

2.句段练习。朗读下列语段，做到声调准确、流畅连贯。

（1）对于一个在北平住惯的人，像我，冬天要是不刮风，便觉得是奇迹；济南的冬天是没有风声的。对于一个刚由伦敦回来的人，像我，冬天要能看得见日光，便觉得是怪事；济南的冬天是响晴的。自然，在热带的地方，日光是永远那么毒，响亮的天气，反有点叫人害怕。可是，在北中国的冬天，而能有温晴的天气，济南真得算个宝地。

——节选自老舍《济南的冬天》

（2）我们知道，水是生物的重要组成部分，许多动物组织的含水量在百分之八十以上，而一些海洋生物的含水量高达百分之九十五。水是新陈代谢的重要媒介，没有它，体内的一系列生理和生物化学反应就无法进行，生命也就停止。因此，在长时期内动物缺水要比缺少食物更加危险。水对今天的生命是如此重要，它对脆弱的原始生命，更是举足轻重了。生命在海洋里诞生，就不会有缺水之忧。

——节选自童裳亮《海洋与生命

3.古诗词练习，注意控制速度，读准声调。

黄鹤楼送孟浩然之广陵

李 白

故人西辞黄鹤楼，烟花三月下扬州。

孤帆远影碧空尽，唯见长江天际流。

村 居

高 鼎

草长莺飞二月天，拂堤杨柳醉春烟。

儿童散学归来早，忙趁东风放纸鸢。

4.绕口令练习。要求在发准声调的前提下加快速度，读得又快又准。

（1）妈妈骑马，马慢，妈妈骂马。舅舅搬鸠，鸠飞，舅舅揪鸠。

姥姥喝酪，烙酪，姥姥捞酪。妞妞哄牛，牛拗，妞妞扭牛。

（2）堂堂端糖汤，要去堂上堂。汤烫糖又淌，汤淌糖又烫，堂堂躺堂上。

（3）任命是任命，人名是人名，任不能认人，人不能认任。

（4）小石与小史，两人来争执，小石说"正直"应该读"政治"，小史说"整治"应该读"整枝"。两人争得面红耳赤，谁也没有读准"正直"、整治"、"政治"和"整枝"。

任务四 音节难点音训练

训练要点

1.学习案例，认识到音节发音的重要性。

2.学习理论和方法，了解普通话音节的发音要点，掌握音节的辨正方法。

3.训练技能，能够发准普通话400个基本音节及1 250多个带调音节。能听辨音节，以纠正幼儿的发音。

案例

小石的导游梦

　　实习导游小石同学带团出门，他和游客们说："大家好，我姓shé，大家叫我小shé就好了。今天是我第一次带团，心情非常激动！一直以来，当一名出事的导游就是我的梦想。这两天，我一定会让大家车得放心，玩得开心，睡得舒心，请大家放心！"

　　小石梦想当一名"出色"的导游，但他这番话实在让人无法放心，因为音节中的"e"与"-i"发音混淆，再加上平翘舌分不清楚，导致闹了笑话，也让人怀疑他的职业能力。

理论与方法

一、普通话音节及声韵调的配合关系

音节是语音的基本单位，是听觉上能自然感到的最小的语音片段。

（一）音节的特点

　　音节可以分为声母、韵母、声调三个部分，韵母内部又分为韵头（介音）、韵腹（主要元音）、韵尾（尾音）三部分。总的来说，音节中韵腹和声调必不可少。

（二）普通话声韵调间的配合主要规律

　　（1）开口呼韵母除了不与舌面音 j、q、x 相拼外，能与其他各类声母相拼。
　　（2）齐齿呼韵母不与唇齿音、舌根音、舌尖前音、舌尖后音相拼。
　　（3）合口呼韵母不与舌面音 j、q、x 相拼，可以与其他各类声母相拼，但与双唇音和唇齿音相拼时，只限于单韵母 u。
　　（4）撮口呼韵母只与舌尖中音 n、l 和舌面音 j、q、x 相拼，不与其他各类声母相拼。
　　普通话声韵拼合如表 1-2-2 所示。

表 1-2-2　普通话声韵拼合表

发音部位	四　　　　呼			
	开口呼	齐齿呼	合口呼	撮口呼
双唇音 b、p、m	+	+	（只拼 u 韵母）	－
唇齿音 f	+	－	（只拼 u 韵母）	－
舌尖中音 d、t	+	+	（只拼 u 韵母）	－
舌尖中音 n、l	+	+	+	+
舌根音（舌面后音）g、k、h	+	－	+	－

续表

发音部位	四　　呼			
	开口呼	齐齿呼	合口呼	撮口呼
舌尖前音 z、c、s	+	−	+	−
舌尖后音				
zh、ch、sh、r	+		+	−
舌面音（舌面前音）				
j、q、x	−	+	−	+

二、音节的发音

音节的发音可以把一个音节直接读出，也可以按照音节的构成规律，将音节的声、韵、调依次读出来。常见的拼读方法有三种。

（一）两拼法

拼读要领是"前音（指声母）轻短后音（指韵母）重，两音相连猛一碰"。

通常是音节中只有声母和韵母的，采用两拼法。比如：m-èi→mèi，t-āng→tāng。

（二）三拼连读法

拼读要领是"声短介快韵母响，三音连读很顺当"。通常是音节中有声母、介音和韵母三段的，采用三拼法。比如：x-i-à→xià。b-i-āo→biāo。三拼法只适用于有韵头的音节，但ie、üe、ian、üan除外。

（三）直呼法

声韵调直接读出音节的整体认读方法。拼读逐渐熟练后，可以直接呼读出整个音节，减少了边想、边拼、边读的过程。

三、音节的发音辨正

常见汉字有3 755个，要掌握每个字的标准发音，应该正确认读普通话的音节；对于词语发音而言，各个音节的轻重程度并不完全相同，会有相对稳定的轻重读音差别，发音时要有轻重音格式的意识。

（一）常见问题

（1）音节发音中，容易出现问题的除了易混声母音节和易混韵母音节，还有一组音节：zhi、chi、shi、ri、zi、ci、si和zhe、che、she、re、ze、ce、se。不少人发这组音节的时候，没办法很好地区分，e与-i发音混淆。如把"吃"发成了"车"，把"职"发成了"折"。把"出色"读成"出事"，就是同时出现了易混声母音节平翘舌不分及e与-i发音混淆。

（2）双音节、多音节的发音一字一顿不连贯，没有轻重音格式的意识，语调显得生硬而不自然，话语听起来带有方音语调。

（二）解决办法

（1）掌握音节的发音部位和发音方法是辨音的基本。对于容易混淆的音节，发音的要点就是正确掌握发音部位和发音方法，例如zhi、chi、shi、ri、zi、ci、si发音时，舌尖翘起，一直在保持原来的位置和状态，让气流摩擦通过，与跟单独发zh、ch、sh、r、z、c、s是一样的；而zhe、che、she、re、ze、ce、se发音时，口腔要半闭，舌尖应从原来的部位放下，并稍微后缩。

（2）通过形象字的方法进行辨记。可以利用形声字的声旁类推，并且记少不记多。例如：

只 zhi　织职帜枳……

折 zhe　哲蜇浙……

se 色涩瑟塞啬（少）

si 思司丝私斯撕嘶厮死四肆饲伺寺……（多）

（3）要把词语当作一个整体来读，要有词语的轻重格式的意识。双音节词语有"中重格式、重中格式、重轻格式"三种格式；三音节词语同样有"中中重、中重轻、重轻轻"三种格式；四音节词语有"中重中重、重中中重"两种格式。

🎤 小结

音节是声母、韵母、声调学习的总结，也是音变学习的基础。训练时可以以音节为单位，从拼读到直呼，从单音节、双音节到多音节，从一般音节到难点音节，有层次地进行训练，循序渐进地进行学习，从而熟悉掌握普通话400个基本音节。同时，也可以通过熟记汉字难点字、异读词，避免错误发音。

1-2-4　声旁相同而读音不同的易错字

📝 技能训练

训 练 一

【要求】通过普通话声韵拼合规律理论的指导，读准词语。

【步骤】

（1）教师示范，带读，集体训练；

（2）小组训练，互相评议。

【题目】

1. 根据普通话声韵拼合的规律，读准音节。

（1）普通话声母b、p、m、f只与o拼，不与e拼，注意读准下列音节。

拔弄　播送　波涛　博览　剥落　帛画　跛子　渤海　柏林　湖泊　坡度　偏颇
泼墨　婆娑　叵测　婆婆　破除　体魄　磨炼　摩托　魔力　摸黑　茉莉　陌生
漠视　默许　没收　佛教

（2）普通话声母b、p、m、f不跟ong相拼，注意读准下列音节。

崩塌　绷带　蹦跶　崩裂　水泵　蚌埠　澎湃　膨胀　蓬松　篷车　朋友　捧腹

蒙骗 朦胧 萌芽 盟友 懵懂 梦乡 丰硕 封面 锋利 风趣 枫树 缝补

（3）普通话声母f不跟i相拼，注意读准下列音节。

非常 扉页 肥壮 诽谤 废除 沸腾 咖啡 飞翔 费解

（4）普通话的g、k、h不跟齐齿呼韵母、撮口呼韵母相拼，不要把ji、qi、ci读成gi、ki、hi。注意读准下列音节。

检验 经济 杰作 剧本 觉悟 杜鹃 巧合 请求 桥梁

朽木 歇息 显著 拂晓 许多 功勋 缺点 歌曲 劝告

2. 读准《普通话水平测试大纲》词表中易错读单音节字词。

b 掰 bāi 瓣 bàn 蹦 bèng 憋 biē 埠 bù 绷 bēng（绷带）
绷 běng（绷着脸） 蚌 bàng（蚌壳） 蚌 bèng（蚌埠）

c 蹭 cèng 叉 chā 搀 chān 疮 chuāng 捶 chuí
锤 chuí 雌 cí 葱 cōng 搓 cuō 踹 chuài
喘 chuǎn 揣 chuāi（怀揣） 揣 chuǎi（揣测）

d 蹬 dēng 瞪 dèng 堤 dī 兜 dōu 蹲 dūn
跺 duò 裆 dāng 沓 dá（一沓） 沓 tà（杂沓）
逮 dǎi（逮住） 逮 dài（逮捕）

f 帆 fān

g 搁 gē 梗 gěng 汞 gǒng 拱 gǒng 拐 guǎi

h 咳 hāi 咳 ké 晃 huǎng（晃眼睛） 晃 huàng（晃悠）

j 茧 jiǎn 菌 jūn 给 jǐ（给予） 给 gěi（给以）
嚼 jiáo（嚼舌头） 嚼 jué（咀嚼）

k 磕 kē 瞌 kē 嗑 kē（唠嗑） 嗑 kè
抠 kōu 跨 kuà 框 kuàng 槛 kǎn

l 涝 lào

m 瞒 mán

n 酿 niàng 挪 nuó 捺 nà 蝻 nǎn 攘 nǎng 拈 niān 蔫 niān
黏 nián 碾 niǎn 撵 niǎn 啮 niè 镍 niè 孽 niè 挠 náo
倪 ní 霓 ní 溺 nì 腻 nì 拗 niù（执拗） 拗 ào（拗口）
拧 níng（拧他） 拧 nǐng（拧螺丝） 拧 nìng（脾气拧）
囊 nāng（囊揣 chuài） 囊 náng（药囊）

p 畔 pàn 刨 páo 坯 pī 胚 pēi 癖 pǐ
瞟 piǎo 嘭 pēng 漂 piāo（漂流） 漂 piǎo（漂白粉） 朴 piáo（姓朴）
瞥 piē 撇 piě（撇嘴） 撇 piē（撇开）
便 pián（便宜） 便 biàn（方便）

q 砌 qì 迄 qì 扦 qiān 黔 qián 噙 qín 擒 qín
擎 qín 呛 qiāng 跷 qiāo 锹 qiāo 瘸 qué 撬 qiào
鞘 qiào 怯 qiè 惬 qiè 磬 qìng 裘 qiú
祛 qū 蛆 qū 蜷 quán 阙 què 翘 qiào（翘舌） 翘 qiáo（翘首）
圈 quān（圆圈） 圈 juàn（猪圈）

r 褥 rù 蕊 ruǐ

s　亻三 sā　卅 sà　骚 sāo　搔 sāo　缫 sāo　漱 shù

栓 shuān　涮 shuàn　晌 shǎng　倏 shū（倏然）　舜 shùn

赎 shú　恃 shì　嗜 shì（嗜酒）　噬 shì　舐 shì　螫 shì

臊 sāo（腥臊）　臊 sào（害臊）　禅 shàn（禅让）　禅 chán（禅房）

t　榻 tà　佟 tóng　褪 tuì（褪去冬衣）　褪 tùn（褪去）　拓 tuò（开拓）　拓 tà（拓片）

x　衔 xián　穴 xué　癣 xuǎn　薛 xuē

y　倚 yǐ　晕（yūn）　晕（yùn）　腌 yān　殷 yān（殷红）　殷 yīn（殷勤）

　　轧 yà（轧道机）　轧 zhá（轧钢）

w　剜 wān　毋 wú　捂 wǔ（捂住）　捂 wú（枝捂）

3.读准《普通话水平测试大纲》词表一中难读、易误读双音节词语。

刹那 chànà	伺候 cìhou	淀粉 diànfěn	犯浑 fànhún	辐射 fúshè
贿赂 huìlù	浑身 húnshēn	寂寞 jìmò	家畜 jiāchù	践踏 jiàntà
窟窿 kūlong	没辙 méizhé	捏造 niēzào	乞求 qǐqiú	请帖 qǐngtiě
牲畜 shēngchù	投掷 tóuzhì	豌豆 wāndòu	污蔑 wūmiè	侮辱 wǔrǔ
狭隘 xiáài	携带 xiédài	酗酒 xùjiǔ	絮叨 xùdao	沼泽 zhǎozé
针灸 zhēnjiǔ	琢磨 zuómo			

训　练　二

【要求】根据自己发音难点音，有针对性地进行练习，读准词语。

【步骤】

（1）自我训练；

（2）同桌对练，指出存在的问题，并试作分析。

1-2-4　多音节词语

【题目】

1.读准下列音节的发音。

-e-i-　撤资　撤职　色纸　设施　设置　奢侈　摄氏

-i-e-　炙热　指责　炽热　施舍　失策　失色　实测

这里—治理　骨折—估值　小车—小吃　舌头—石头

设想—试想　热诚—日程　侧耳—刺耳　社稷—世纪

2.多音节词语朗读训练，注意轻重音格式。

（1）"中·重"格式，注意后一个音节比前一个音节要读得稍重和稍长一些。

日常　交通　领域　当代　小诗　出路　黄金　碧绿　时代　容颜　假如　晶莹　自然减色

宝贵　人生　本身　阅读　当时　信奉　理论　飞沙　麦浪　波纹　演化　妥协　演变词汇

（2）"中·中·重"格式，注意最后一个音节要比其他音节读得稍重和稍长一些。

播音员　收音机　呼吸道　东方红　天安门　展览馆　居委会　共青团

常委会　国际歌　科学院　招待会　唯物论　井冈山　辩证法　滑翔机

（3）"中·中·中·重"格式，注意最后一个音节要比其他音节读得稍重和稍长一些。

无可奈何　因地制宜　自力更生　包罗万象　别出心裁　不动声色　肆无忌惮

情不自禁　畅所欲言　持之以恒　出其不意　此起彼伏　错综复杂　大同小异

训 练 三

【要求】综合训练，根据自己发音难点音，有针对性进行练习，读准词语。

【步骤】

（1）教师示范，带读，集体训练；

（2）小组训练，互相评议；

（3）反复练习，改正错误。

【题目】

1. 朗读下面四音节词语，注意轻重格式的不同。

断断续续	慌里慌张	嘻嘻哈哈	大大方方	化学工业	奥林匹克	社会主义
乌鲁木齐	义不容辞	敬而远之	惨不忍睹	诸如此类	花红柳绿	炙手可热
浅尝辄止	风驰电掣	十恶不赦	之乎者也	始作俑者	惹是生非	锲而舍之
曲折有致	近朱者赤	适者生存	前车之鉴	下车伊始	穷奢极侈	涉世未深
舍生忘死	大惊失色	尽职尽责	光芒四射	如此这般	侧目而视	清者自清

2. 古诗朗读，注意读准声韵调。

观 书 有 感

朱 熹

半亩方塘一鉴开，天光云影共徘徊。

问渠哪得清如许？为有源头活水来。

凉 州 词

王 瀚

葡萄美酒夜光杯，欲饮琵琶马上催。

醉卧沙场君莫笑，古来征战几人回。

墨 梅

王 冕

吾家洗砚池头树，朵朵花开淡墨痕。

不要人夸好颜色，只留清气满乾坤。

江 南 春

杜 牧

千里莺啼绿映红，水村山郭酒旗风。

南朝四百八十寺，多少楼台烟雨中。

相 思

王 维

红豆生南国，春来发几枝？

愿君多采撷，此物最相思。

小 儿 垂 钓

胡令能

蓬头稚子学垂纶，侧坐莓苔草映身。

路人借问遥招手，怕得鱼惊不应人。

3.绕口令练习，在准确发音的基础上加快速度。

（1）大车拉小车，小车拉小石头，石头掉下来，砸了小脚趾头。

（2）石小四，史肖石，一同来到阅览室。石小四年十四，史肖石年四十。年十四的石小四爱看诗词，年四十的史肖石爱看报纸。年四十的史肖石发现了好诗词，忙递给年十四的石小四，年十四的石小四见了好报纸，忙递给年四十的史肖石。

（3）树上结了四十四个涩柿子，树下蹲着四十四头石狮子；树下四十四头石狮子要吃树上四十四个涩柿子；树上四十四个涩柿子，不让树下四十四头石狮子吃；树下四十四头石狮子，偏要吃树上四十四个涩柿子。

任务五　音变难点音训练

训练要点

1.学习案例，从感性上认识语流音变的重要性。

2.学习理论和方法，了解轻声、儿化的音变关键点，掌握音变难点音。

3.训练技能，能掌握音变中的难点音，发准难点音。能听辨音变中出现的问题，以纠正幼儿的发音。

案例

网上有个笑话，说逼疯北京人最简单的办法，就是在他们意想不到的地方加儿化音，打他们个措手不及花容失色。这也不能怪北京人太严格，因为有的词加了儿化音和不加儿化音，完全是天差地别的两个意思。比如：这是格格——这是格儿格儿，这是挑刺——这是挑刺儿，我的头——我的头儿，这是眼——这是眼儿。同学们能听出这两组词意思的区别并准确地发音吗？[1]

在普通话中，儿化是语流音变的重要内容，也是很多南方人学习的难点，但和其他的音变现象一样，只要掌握了规律和发音方法，多加练习就能提升普通话的语流语感。

---

[1]　Milo，烤鸭，小王，等．逼疯北京人最简单的办法，就是……［EB/OL］.（2019-11-07）［2022-03-01］. https://mp.weixin.qq.com/s/zZmBspGIw_JzG-syH0PA1g.（有修改）

理论与方法

人们在说话或者朗读的时候，并不是一个字一个字孤立地发音，而是连续性地说出来，形成语流。在连续的语流中，相邻的音节有时会出现相互影响，语音上发生了变化，这种语音变化就是音变。普通话的语流音变中，最重要的有几种：轻声、变调、儿化和语气词"啊"的音变，其中轻声、儿化是难点。

一、轻声

轻声是一种特殊的变调，在句子或词里，有的音节失去它原来的调，变成较轻较短的调子。轻声对某些词语有区别词义、确定词性的作用。比如"老子"（lǎozǐ）和"老子"（lǎozi）词义不同，"地道"（dìdào）和"地道"（dìdao）词性不同，意义也不同。

（一）轻声的发音特点

轻声音节发音时的主要表现为音长变短、音强变弱，音色有一定的变化，音高的形式不固定。音高主要取决于它前面那个音节的声调，一般而言，在上声之后的轻声音节调值最高，是短促的半高平调，约为4度；在非上声之后的轻声，调值是短促的低降调，约为1度。

阴平+轻声：窗户　姑娘　家伙　风筝
阳平+轻声：白净　柴火　儿子　糊涂
去声+轻声：困难　认识　疟疾　豆腐
上声+轻声：马虎　老婆　我们　喜欢

（二）轻声变读的规律

轻声有两种类型，一种是规律性轻声，指的是句子中的某些成分固定读轻声；一种是习惯性轻声，有一部分常用的双音节词的第二个音节读轻声，但只是习惯性的轻声，并没有区别词义或词性的作用。

规律性轻声主要下面几类：

1. "吧、吗、呢、哪、啦、呀、哇"等语气词常轻读。如：走吧、吃了吗、怎么办呢、怎么啦、说呀、好哇。

2. "的、地、得、着、了、过"等助词常轻读。如：我的、拼命地跑、坏得很、跳着、太好了、听说过。

3. 名词的后缀（虚词素）"子、头、们、儿"等常轻读。如：村子、拳头、朋友们、女儿。

4. 表示趋向的动词常轻读。如：进来、出去、收起来、走过来、搬下来、跑回去、跳过去。

5. 方位词或词素常轻读。如：锅里面、书上面、外面、楼上、屋里、东边。

6. 重叠名词及动词的末一个音节以及夹在重叠动词中间的"一"或"不"等，常轻读。如：爸爸、姐姐、看看、走走、去不去、来不来、看一看、走一走。

7. 量词"个"常轻读。如：三个人、一个。

8. 以"当、糊、快、匠、量、气、实"等词结尾的部分双音节词常轻读。如：行当、稳当、模糊、迷糊、痛快、畅快、石匠、木匠、打量、商量、脾气、福气、老实、扎实。

（三）轻声发音的主要问题

在轻声的学习中，主要存在的问题有两种：一是轻声词识别不清，没有很好掌握有规律的轻声词，没能熟记习惯性轻声词；二是轻声词的发音不标准，把轻声读成原来的声调，或者发音生硬不自然。

（四）轻声的辨正

可通过几种方法更好地进行辨正训练。一是分类识别法，记住有规律的轻声，熟读没有规律的500多个轻声词语。二是音节辅助法，轻声轻而短，发音的时候注意音长上的长短，大概是正常音节的三分之一的音长。三是对比训练法，通过轻声与正常声调的对比，掌握音节的强弱。

二、儿化

儿化，是音节带上卷舌动作后韵母发生音变的现象。儿化能增加普通话的和谐美和韵律美，在词汇意义、语法意义和感情色彩上也起着很重要的作用。如"头儿"指的是领导，"头"指的是脑袋；"眼"指的是眼睛，"眼儿"指的是小孔小洞。

（一）儿化的音变规律

儿化会使韵母发生不同的变化，如直接卷舌、增音、丢音、鼻化等，具体的规律如表1-2-3。

表1-2-3　儿化音变规律一览表

原韵母的类型	儿化的方式	儿化后的实际读音
音节末尾音素是 a、o、e、ê、u	原韵母不变，加r	号码儿（hàomǎr）　花儿（huār） 粉末儿（fěnmòr）　书桌儿（shūzhuōr） 草帽儿（cǎomàor）　麦苗儿（màimiáor） 唱歌儿（chànggēr）　眼珠儿（yǎnzhūr） 小猴儿（xiǎohóur）　打球儿（dǎqiúr）
韵尾音素是i或n	原韵母去i或n，加r	盖儿（gàr）　一块儿（yíkuàr） 刀背儿（dāobèr）　味儿（wèr） 眼儿（yǎr）　玩儿（wár） 花园儿（huāyuár）　窍门儿（qiàomér）
韵尾音素是ng	原韵母去ng，主要元音鼻化，加r	电影儿（diànyǐr）　帮忙儿（bāngmár）
韵母是i、ü	原韵母不变，加er	玩意儿（wányìer）　毛驴儿（máolüer）
韵母是-i（前、后）	原韵母去-i，加er	词儿（cér）　丝儿（sér）　事儿（shèr）　纸儿（zhěr）
韵母是in、ün	原韵母去n，加er	干劲儿（gànjier）　合群儿（héqúer）

（二）儿化发音的主要问题

南方方言中较少有儿化，因此儿化的发音是难点。最常见的问题有两个，一种把儿化的"er"单独拆开，发成了一个单独的音节；一种是卷舌动作生硬，与韵母结合得不够紧密，音色扁平，缺少圆润流畅的感觉。

（三）儿化的辨正

儿化是普通话里不可缺少的组成部分，一定要下足功夫认真学好。特别要注意儿化是一个卷舌动作，不是独立成音节的"儿"，不能把儿化韵读成两个音节。另外，加上儿化的音节卷舌时舌头要到位，开口度要大，才不会有扁平晦涩感。

🎙 小结

音变中的轻声、儿化是普通话学习的难点，因为除了发音要准确之外，还要求在语流音变中流畅自然，使普通话说得更加地道。在学习中，应根据理论指导，发准音变的各种难点音。另外，要以双音节词为基础，循序渐进地学习，对于自身常出现的错误，要有针对性地进行训练，不断提高听音、辨音的能力。

1-2-5 儿化词和含"儿"而不读儿化的词语

📝 技能训练

训　练　一

【要求】在教师的指导下进行音变难点音训练，注意循序渐进，并结合自身实际情况，有针对性地练习。

【步骤】

（1）教师示范带读，学生集体训练；

（2）小组训练，互相评议；

（3）记录错误，训练改正。

【题目】

1. 读准下列词语，注意轻声的发音。

（1）比较各词语，感受轻声的读法。

原子——园子　　粒子——栗子　　电子——垫子　　莲子——帘子
把守——把手　　标志——标致　　剥离——玻璃　　报仇——报酬
服饰——服侍　　工服——功夫　　行礼——行李　　地理——地里
堤防——提防　　包含——包涵　　服气——福气　　近来——进来

（2）读准下列双音节词、三音节词中的轻声音节。

烧吧　走吗　开了　跟头　穿上　睡呢　他们　椅子　口里　收下　谢谢
起来　砍去　红的　坐着　性子　这么　懂得　朋友　嘴巴　点心　本事
暖和　扎实　秧歌　故事　跳蚤　相声　妥当　尾巴　师傅　思量　疏忽
晌午　上司　扫帚　牲口　亲家　眯缝　便宜　模糊　娘家　铺盖　厉害
口袋　马虎　累赘　先生　念叨　盘算　头发　世故　唾沫　认识　学生
收起来　拿出来　走过来　去不去　是不是　练一练　看一看
锅里面　舍不得　孩子们　先生们　朋友们　同学们　有没有

2. 读准下列词语，注意儿化的发音。

（1）比较下列音节，明确儿化的作用。

头——头儿　信——信儿　眼——眼儿　后门——后门儿　小人——小人儿
尖——尖儿　画——画儿　盖——盖儿　破烂——破烂儿　活——活儿

花——花儿　脸蛋——脸蛋儿　雪人——雪人儿　芝麻官——芝麻官儿

（2）读准下列儿化音节。

鲜花儿　油画儿　刀把儿　纸匣儿　豆芽儿　山歌儿　高个儿　风车儿　细末儿　符号儿　壶盖儿　女孩儿　一块儿　好玩儿　一会儿　针尖儿

一点儿　拉链儿　圆圈儿　旁边儿　名单儿　瓜子儿　没词儿　记事儿　墨汁儿　门缝儿　头绳儿　板凳儿　麻绳儿　电影儿　小虫儿　小熊儿

（3）读准普通话水平测试朗读篇目中的儿化音。

一阵儿　一会儿　雪球儿　银条儿　雪末儿　赶趟儿　有点儿　厚点儿

一份儿　香味儿　老头儿　一会儿　这点儿　下点儿　山尖儿　银边儿

一道儿　水纹儿　一点儿　那点儿　男孩儿　女孩儿　小孩儿　一髻儿

这儿　风儿　点儿　味儿　丝儿　圈儿　口儿

一丁点儿　聊起天儿来　日子的影儿　刚起头儿　青草味儿

训　练　二

【要求】在教师的指导下完成训练，对个人常出现的错误，有针对性地强化练习。

【步骤】

(1)教师提示，自己有针对性地进行训练；

(2)小组训练，互相评议；

(3)个别汇报，教师指导。

1-2-5　轻声词语和儿化词语

【题目】

1.读准下列词语的轻声音节，注意在不同的声调后面轻声的发音调值。

阴平+轻声：包涵　多么　提防　舒服　出息　衣裳　妈妈　家伙　跟头

阳平+轻声：人们　柴火　活泼　核桃　牌楼　咳嗽　合同　萝卜　儿子

去声+轻声：大夫　扇子　簸箕　意思　别扭　爸爸　在乎　利落　骆驼

上声+轻声：脊梁　耳朵　使唤　脑袋　主意　稳当　委屈　点心　爽快

2.发准下列儿化音，注意流畅圆润。

碎步儿　没谱儿　梨核儿　泪珠儿　有数儿　衣兜儿　媳妇儿　年头儿

小偷儿　门口儿　小丑儿　顶牛儿　抓阄儿　棉球儿　火星儿　眼镜儿

打鸣儿　图钉儿　门洞儿　胡同儿　抽空儿　酒盅儿　小葱儿　果冻儿

训　练　三

【要求】综合训练，对难点音进行强化练习。

【步骤】

(1)教师提示，自己训练；

(2)小组训练，互相评议；

(3)个别汇报，教师指导。

【题目】

1.文段练习，注意读准音变难点音。

(1)最妙的是下点小雪呀。看吧，山上的矮松越发的青黑，树尖上顶着一髻儿白花，好像日本看护妇。山尖全白了，给蓝天镶上一道银边。山坡上，有的地方雪厚点，有的地方草色还露着；这样，一道儿白，一道儿暗黄，给山们穿上一件带水纹的花衣；看着看着，这件花衣好像被风儿吹动，叫你希望看见一点更美的山的肌肤。等到快日落的时候，微黄的阳光斜射在山腰上，那点薄雪好像忽然害羞，微微露出点粉色。就是下小雪吧，济南是受不住大雪的，那些小山太秀气。

——节选自老舍《济南的冬天》

（2）大雪整整下了一夜。今天早晨，天放晴了，太阳出来了。推开门一看，嗬！好大的雪啊！山川、河流、树木、房屋，全都罩上了一层厚厚的雪，万里江山，变成了粉妆玉砌的世界。落光了叶子的柳树上挂满了毛茸茸亮晶晶的银条儿；而那些冬夏常青的松树和柏树上，则挂满了蓬松松沉甸甸的雪球儿。一阵风吹来，树枝轻轻地摇晃，美丽的银条儿和雪球儿簌簌地落下来，玉屑似的雪末儿随风飘扬，映着清晨的阳光，显出一道道五光十色的彩虹。

——节选自峻青《第一场雪》

（3）喜悦，它是一种带有形而上的修养的境界。与其说它是一种情绪，不如说它是一种智慧、一种超拔、一种悲天悯人的宽容和理解，一种饱经沧桑的充裕和自信，一种光明的理性，一种坚定的成熟，一种战胜了烦恼和庸俗的清明澄澈。它是一潭浅水，它是一抹朝霞，它是无边的平原，它是沉默的地平线。多一点儿、再多一点儿喜悦吧，它是翅膀，也是归巢。它是一杯美酒，也是一朵永远开不败的莲花。

——节选自王蒙《喜悦》

（4）所以在这阴冷的四月里，奇迹不会发生。任凭游人扫兴和诅咒，牡丹依然安之若素。它不苟且、不俯就、不妥协、不媚俗，甘愿自己冷落自己。它遵循自己的花期自己的规律，它有权利为自己选择每年一度的盛大节日。它为什么不拒绝寒冷？

——节选自张抗抗《牡丹的拒绝》

（5）小鸟给远航生活蒙上了一层浪漫色调，返航时，人们爱不释手，恋恋不舍地想把它带到异乡。可小鸟憔悴了，给水，不喝！喂肉，不吃！油亮的羽毛失去了光泽。是啊，我们有自己的祖国，小鸟也有它的归宿，人和动物都是一样啊，哪儿也不如故乡好！

——节选自王文杰《可爱的小鸟》

2.绕口令练习，不要单纯追求速度，注意发准每一个音。

（1）天上有个日头，地下有块石头，嘴里有个舌头，手上有五个手指头。不管是天上的热日头，地下的硬石头，嘴里的软舌头，手上的手指头，还是热日头，硬石头，软舌头，手指头，反正都是练舌头。

（2）小哥俩儿，红脸蛋儿，手拉手儿，一块儿玩儿。小哥俩儿，一个班儿，一路上学唱着歌儿。学造句一串串儿，唱新歌儿，一段段儿，学画画儿，不贪玩儿。画小猫儿，钻圆圈儿，画小狗儿，蹲庙台儿，画只小鸡儿吃小米儿，画条小鱼儿吐水泡儿。小哥俩，对脾气儿，上学念书不费劲儿，真是父母的好宝贝儿。

项目小结

本项目重点从普通话声母、韵母、音节、音变的难点音进行发音技巧训练，通过案例引入理论与方法的学习，帮助学习者掌握各类难点音发音的要领，指导学习者按照正确的方法练习，从而纠正方言的错误影响，使发音更加准确、规范，提高普通话语音水平。本项目遵循理论学习与实践训练相结合的原则，以理论指导实践，以实践强化理论学习。在训练中，由易到难，由字词到句子，形成阶梯式训练，使学习者能力逐步提高。通过听辨练习，学习者相互寻找发音问题，发现错误和缺陷，提高学习者缘事析理、明辨是非的能力；通过选择优美散文进行朗读训练，使学习者从中获得审美感受、培养审美能力，正确树立审美需要。在反复训练中，培养攻坚克难、精益求精的工匠精神。

项目三　幼儿教师口语表达的基本技巧训练

训练目标

1. 了解幼儿教师口语表达的基本要求。
2. 掌握语音、态势语和幼儿文学作品表达的相关技巧。
3. 学会运用各种技巧进行口语表达，为更好地与幼儿沟通打好基础。
4. 培养热爱幼儿、热爱幼教事业的职业情感。
5. 学习优秀教师正确的语言表达，培养良好的职业道德和敬业精神。

任务一　了解幼儿教师口语表达的基本要求

训练要点

1. 学习案例，从感性上了解幼儿教师口语表达的基本要求。
2. 学习理论和方法，掌握幼儿教师口语表达的基本要求。
3. 训练技能，使口语表达做到规范准确、流利连贯，并注意富有情感和区分对象。

1-3-1　布置主题墙

案例

布 置 主 题 墙

在开学初的环境布置中，两位老师对主题墙的布置有异议，教师乙注重环境的美观，教师甲注重环境的功能、教育价值，下面是两位老师的谈话：

教师甲：你说我们为孩子们设计怎样的主题墙好呢？这样吧，我们都把各自的设想说出来，看怎样创设主题墙更好。（教师甲语速缓慢，面带微笑）

教师乙：孩子们都很喜欢卡通形象，所以我找了很多可爱的卡通图案。你看看，行吗？

教师甲：真可爱！孩子们一定喜欢。可是怎样体现主题与孩子的对话功能，怎样让孩子也参与到我们的环境呢？如果我们把那些可爱的卡通图案作为分隔或背景，再对主题墙做一个布局，我们的主题墙肯定很棒！你觉得呢？

教师乙听了教师甲的话觉得很有道理，于是两人商量主题墙的创设。[1]

在以上的案例中，教师甲和教师乙口语表达连贯流畅，将各自的观点准确、恰当地表述了出来，特别是在彼此意见相左的情况下，能以诚恳的情感表达达成共识，共商对策。

理论与方法

口语，是指人们运用语音传情达意，通过口耳进行交际的语言形式。所谓幼儿教师口语表达就是指幼儿教师在特定的语境里，为了特定的目的，凭借口头语言手段，选择适当的内容和方式，传递信息、交流思想感情的重要手段，也是一种基本的语言技能。

幼儿教师口语表达能力的高低与幼儿教师的工作和生活息息相关。幼儿教师在幼儿园的教学教育工作中扮演着重要的角色，他们是幼儿学习的支持者、合作者和引导者，因此，幼儿教师口语表达能力直接关系到幼儿的活动、学习、情感的发展，关系到幼儿与教师的关系。在工作生活中幼儿教师除了与幼儿接触外，还会与家长、同事等等相关对象接触，面对不同的交际对象，教师良好的口语表达能力，可以提高沟通能力，与人建立友好和谐的关系。

幼儿教师口语表达应达到以下基本要求。

一、准确规范

准确规范是指幼儿教师在日常工作中能运用标准的普通话、规范的用语进行口语表达。

（一）语音准确

语音准确就是要求幼儿教师首先能发音准确，发准声韵调，懂得语流音变；其次，吐字清晰，注意轻重格式，重音，归音，等等。语音的准确既是给幼儿以正确的语音示范，又是与人交流顺畅的一个重要条件。

（二）词汇、语法规范

词汇、语法规范即要求幼儿教师做到用词确切，语句符合语法规则，语句通顺，不用方言词、生造词等不规范的语词，使得口语表达恰当、准确、得体。

二、流利连贯

流利连贯是指口语表达顺畅、自然，也就是说幼儿教师进行口语表达时前后连贯，表达过程要流利，不磕巴，不生硬，不做作，不过多重复。既要注意口语表达的逻辑，又要注意口语表达的衔接；既要注意内容的连贯，又要注意表达得流利、自然。

---

[1]　钱维亚．幼儿教师口语［M］．北京：高等教育出版社，2008：316.

例如：李老师想组织一次亲子活动，怎么让家长更好地参与呢？李老师这样对雯雯妈妈说："雯雯妈妈，最近忙吗？孩子马上就要毕业了，我们想让孩子们留下深刻印象，班里准备组织'友好小组'串门活动。雯雯平时很安静，多参加集体活动，会变得更开朗。"李老师的这段话结合法雯雯的个性特点，从孩子的发展需要出发，将活动的目的说得很清楚，在流利自然的表达中让雯雯妈妈爽快地接受了这次亲子活动的任务，愉快地邀请小客人们到她家做客。

三、富有情感

富有情感是指幼儿教师的口语表达是应赋予不同的情感，这些富有情感的语言应是真挚的、能被听者接受的。幼儿教师与孩子、家长、同事相处时，会遇到很多问题，当运用真挚的语言正确表达情感时，可以化解矛盾，可以给人以鼓舞，可以传达爱。

（一）感情真挚、自然

富有情感的口语表达要求表达者情感要真挚，无论是高兴的、还是生气的、失望的，都通过语言自然地传递出来，不造作，不作假。语言是情感的载体，幼儿教师的语言尤其如此。对幼儿的一句夸奖，对同事简单的劝慰，对家长的答疑，等等，这些口语表达都要感情真挚、自然，才能被听者接受。

例如，一个幼儿爬到攀登架的最高处，骑在横杠上下不来，这时，老师走了过来，说："这是哪位小朋友呀？爬这么高，真勇敢。不过我们仰着脖子看，脖子很酸哦，我们想看看这位小朋友是怎么下来的。上去不容易，下来也不容易呀，我们相信这位勇敢的小朋友不但能爬上去，还会稳稳当当地爬下来。你们看，他爬下来了，他的手抓得很紧，慢慢地，一步一步地下来，很好……"老师的这段话让爬在高处的孩子听起来很容易接受，赞许孩子的情感表达真诚，满足了孩子的好强心理，用不知不觉的语言指导孩子爬下来，自然而有说服力。[1]

（二）语气、语调、态势语恰当

富有情感的口语表达是贯穿在幼儿教师整个工作和生活中的，恰当的语气、语调和态势语表达出的情绪，有助于情感传递更到位，取得更好的表达效果。上述例子中，老师正是用了恰当的语气、语调对幼儿的危险行为进行疏导，才使得幼儿安全地爬下攀登架，若老师用责备、批评的语气和语调对待孩子的话，那么将会吓着孩子，可能会产生不良的表达效果。

四、区分对象

幼儿教师口语表达中的对象是会变换的，面对不同的表达对象，会有不同的口语表达，因而，口语表达要区分对象。

（一）口语表达内容要区分对象

对于不同对象，要善于选择听者能接受的口语表达的内容。对于幼儿，幼儿教师要寻找贴近幼儿生活的口语表达的有趣内容，有趣的内容是指内容富有幼儿情趣，内容能够对接幼儿兴趣的点。对于成人，幼儿教师要寻找能与对象共鸣的内容，能获得共情的内容可以取得好的表达效果。

---

[1] 人民教育出版社中学语文室.听话和说话（第二册）[M].北京：人民教育出版社，2006：148.

（二）口语表达方式要区分对象

对于不同的对象，口语表达有不同的方式。幼儿可接受幼儿教师较直接的口语表达方式，比如对幼儿亲昵的称呼，用较夸张的语气与幼儿对话，等等。成人则更能接受幼儿教师有分寸感的情感口语表达方式。

在词句上，幼儿是以形象思维为主，对于一些概念的词汇和复杂的句式无法理解和掌握，因而幼儿教师的口语表达就要多用名词、动词，多用短句、顺序句，多用拟人、比喻、反复等修辞手法，让口语表达形象、具体；成人理解能力强，可以用抽象的词语，可以用复句、倒装句等。在语气上，针对不同性格、不同年龄的幼儿，或针对不同的成人、不同的事件，采用不同的语气进行口语表达。

小结

准确规范、流利连贯、富有情感和区分对象是幼儿教师口语表达的基本要求，这可以帮助幼儿教师走进幼儿的心理，培养热爱幼儿的情感；同时帮助幼儿教师在日常生活和工作中，进一步提高自身的口语表达能力，更好地进行口语交际，为提高幼儿教师的语言修养打好基础。

1-3-1　幼儿教师口语常用的修辞手法

技能训练

训 练 一

【要求】通过案例分析，了解幼儿教师口语表达的基本要求。

【步骤】

（1）先自己想一想，再自己说一说；

（2）案例在小组中讨论，补充修改；

（3）在小组中发言，用准确连贯的一段话说出自己的意见；

（4）每组派一个同学代表小组发言；

（5）师生共同讨论。

【题目】

1. 下列案例中，教师对幼儿说的话是否符合幼儿教师口语表达的基本要求，为什么？

（1）"小朋友闭上眼睛，听听窗外的雨声像什么？哗哗哗哗，像小河在流。嘀嘀嗒嗒，像钟表响。睁开眼看看雨像什么？像梳子一样密，像针一样细，一串一串的像串起来的珍珠；远远望去，还像一道门帘儿。"

（2）有一天，教师给小班幼儿上课的时候，看到一个叫明明的小朋友听了一会儿就坐不住了，还把椅子倒过来，把头转向后面的小朋友，佳佳和丽丽看见了，也学着明明的样儿，把椅子转过来坐。这时，老师亲切地笑着说："我要批评明明、佳佳和丽丽小朋友。"谁知刚说完，班里新来的诺诺小朋友笑着对老师说："老师，你也批评我吧！"

2. 下列案例中，哪位教师口语表达得好，为什么？

老师了解到佳佳小朋友在家不能自己吃饭，还爱发脾气，而佳佳妈妈却没有办法，于是老师找来佳佳妈妈交谈。

（1）佳佳妈妈，你知道教育孩子的方法吗？像你这样娇惯孩子是不行的！我希望你能对佳佳严格要求！

（2）佳佳妈妈，最近佳佳在幼儿园不能好好吃饭，一问，她说在家都是妈妈喂的。你看我们能不能一起想想办法，让佳佳在家和在幼儿园都能自己吃饭？

3. 下面这段家长与老师的对话好吗？为什么？

家长：你们幼儿园怎么不教识字？

教师？我们不主张把识字作为幼儿园的教学内容，我们园的工作重点是前学习能力的培养。

家长：（不解地自言自语）学习能力怎么还分前后？

训　练　二

【要求】根据以下情境，依据幼儿教师口语表达的基本要求，说一段话。

【步骤】

（1）先阅读情境，进入情境；

（2）自己想一想，再自己说一说；

（3）小组训练，看谁说得好；

（4）补充修改。

（5）个人汇报，学生点评。

【题目】

1. 佳佳生病几天没来幼儿园了，老师到佳佳家探望，了解佳佳在家的情况，知道她不愿吃饭，也不愿打针，这时老师该对家长和佳佳说什么？怎么说？

训练提示：

（1）了解佳佳不愿吃饭和打针的缘由后进行开导；

（2）注意家长和佳佳这两个不同的对象；

（3）注意表达的效果。

2. 小班的张老师向大班的李老师反映，李老师班的几个男孩子总是到小班捣乱。作为李老师，你该怎么跟张老师说？又怎么跟班里捣乱的孩子说呢？

训练提示：

（1）了解男孩子到小班捣乱的缘由后进行批评开导，并把结果与张老师沟通。

（2）注意不同对象的口语表达。

训　练　三

【要求】能根据以下不同情境，讲一段符合幼儿教师口语表达的基本要求的话。

【步骤】

（1）先预设情境，进入情境；

（2）设计一段话，说一说；

（3）在小组中展示。

【题目】
1. 你第一天到幼儿园上班，请在幼儿园的园长、同事面前做自我介绍。
2. 新学期你接了一个大班，请你在开学第一天在小朋友面前做自我介绍。
3. 第一次开家长会，请你在家长面前自我介绍。

任务二　幼儿教师常用表达技巧训练

训练要点

1. 学习案例，了解幼儿教师口语表达的语音技巧和态势语技巧。
2. 学习理论和方法，掌握幼儿教师口语表达的语音技巧和态势语技巧。
3. 通过训练技能，学会运用恰当的语音技巧和态势技巧进行表达，提升口语表达能力。

1-3-2　离园接待

案例

离 园 接 待

强强年龄比同伴小几个月，各方面显得比较稚嫩，家长有点不放心，接强强离园时向老师了解情况。

家长：老师，强强今天表现怎么样，有没有哭？

教师：强强是个**很活泼**的孩子，这些天进步了，他在幼儿园能和小朋友一起做游戏、玩玩具，像个**开心果**。

家长：我怕他比别人小，会不会有些事情做得不好？

教师：您放心，我们会多照顾他一些的。要有什么情况，我们会及时与您联系的。

家长听了，满意地离去。

以上这个案例中，教师用上扬的语调，表达对强强的肯定和鼓励。重音的运用突出强强的优点和进步，让家长明晰孩子的表现和在老师心目中的印象。教师亲切的语调舒缓了家长的担忧情绪，让家长放心地把孩子交给教师。说这段话时，老师的目光、笑容等都透露出对强强的关爱。由此可见，幼儿教师准确地运用语音技巧、态势语技巧，可以准确地传递情感，更好地与人沟通。

理论与方法

幼儿教师想要在口语表达上达到语音圆润饱满、语气语调准确自然，就必须掌握正确的语音技巧，同时还应运用相应的态势语，以增强语言的表现力。

一、语音技巧

在口语表达中，首先要掌握语音的技巧，注意语调、重音、停连、节奏等语音技巧的运用，才能使表达更加准确、清晰。

（一）语调技巧

语调技巧是口语表达的一种重要的技巧，它可以使口语表达更加准确地传情达意，更好地发挥口语表达的作用。

什么是语调？语调从广义上讲是语气外在的快慢、高低、长短、强弱、虚实等各种声音形式的总和。从狭义上讲，语调就是指一个句子的句调。因此，口语表达时，只有语气的千变万化，才有语调的丰富多彩。我们这里讲的语调是狭义的理解，就是句调。

每个句子都有一个基本句调，这就是有声语言中语句的趋向和态势，叫"语势"。在口语表达中，"语势"大致有四种：平直调、高升调、降抑调、曲折调。

1. 平直调（→）

平直调是指语势平直舒缓、没有明显的高低升降变化的调子。多用于陈述句，用来说明意见，叙述事实。例：

（1）我想跟你们说说孩子们明天春游要注意的几点问题。

（2）太阳晒得厉害，你要是不舒服，就躲到树底下。

2. 高升调（↗）

高升调是指语势先低后高，句末音节语音明显上升。多用于疑问句，或表示愤怒、警告、号召等语气。例：

（1）啊？小猫呢？它躲起来了？

（2）小明，你为什么走这么慢？

3. 降抑调（↘）

降抑调是指语势先高后低，逐渐降低，句末说得低而短促。多用于感叹句和一部分祈使句。例：

（1）你的裙子真漂亮！

（2）请安静！不要说话！

4. 曲折调（～）

曲折调是指句子语势有"低—高—低"的曲折变化。例：

（1）会不会是他已经表达了，而我却未能察觉？

（2）小明呀，你胆子真小，轰隆隆的雷声就把你吓坏了。

一般来说，陈述句常采用平直调，疑问句、感叹句常采用高升调，但并不是绝对的，应根据具体的内容确定表达的语势。在语言实践中，句子的语调在其平、升、降的总趋势下必有复杂细微的变化，这个变化就是"曲折性"。把握好语调，可以让口语表达得更加准确。

（二）重音技巧

口语表达时为了表达感情，突出重点，有些地方要说得重些，有些地方要说得轻些，这就需要重音来帮助表情达意。重音是指口语表达时为了实现表达目的，特别强调、突出的短语、词，甚至某个音节。

重音有以下两种类型：

1. 语法重音（用符号"．"表示）

语法重音是根据句子语法结构对某个句子成分所读的重音。这种重音往往是自然读出，并不表示什么特殊的含义。语法重音的位置比较固定，一般来说，句中的谓语、定语、状语、补语等习惯上该作重音处理。例：

（1）奶奶把小女孩抱起来，搂在怀里。这时候，火柴灭了，她面前只有一堵又厚又冷的墙。

（2）小丽轻轻地摆好椅子，端端正正地坐下来。

（3）他说话的声音很大，很大。

2. 强调重音（用符号"。"表示）

强调重音又叫逻辑重音或感情重音，是为了有意突出某种特殊的思想感情而把句子里的某些词语作重音处理。强调重音在语句中出现并没有固定的规律。朗读时可以根据所要强调的语意而自觉地安排重音。例：

（1）我不能去（你去）。

（2）我不能去（谁说我能去）。

（3）我不能去（我不是不肯去）。

（4）我不能去（让他来吧）。

重音在运用时要注意其语势的变化自然，不能大起大落。一般来说，表示坚定、果敢、庄重、粗暴、愤怒、激动的重音，可以顺着语势加重；表示幸福、温暖、体贴、平和、沉静的重音，可以顺着语势变弱，或拉长。

（三）停顿技巧

停顿指的是语流中声音的短暂顿歇。停顿是说话时生理呼吸的需要，也是揭示话语的结构层次，理清前后话语间关系的重要手段。常用的话语停顿有以下三个类型：

1. 换气停顿

人的正常呼吸是4～5秒钟一次，口语表达时为了满足呼吸和表达感情的需要，作必要的换气呼吸，这种停顿就是换气停顿。

2. 语法停顿（用符号"⌣"表示）

语法顿歇是反映话语中的层次结构和语法关系的停顿。停顿时间的长短，应根据具体的语言环境而定。在一般情况下，停顿时间的长短一般是：段落>层次>句子；句号、问号、叹号>分号、冒号>逗号>顿号。

3. 强调停顿（用符号"∧"表示）

强调停顿是话语中特殊的间歇，是为了强调某一事物，突出某个语意或某种感情，或者为了加强语气，而在不是语法停顿的地方作适当停顿，或在语法停顿的基础上变动停顿时间，这样的停顿可以称为强调停顿，也可称为逻辑停顿或感情停顿。例：

（1）这个人∧我不认识，你认识吗？——强调我不认识这个人。

（2）这个人我不认识，你∧认识吗？——强调不知道你是否认识。

（3）这个人我∧不认识，你认识吗？——强调这个人我是不认识的。

在口语表达中，停顿往往和连接密不可分，有时为了表达的需要，在一些本该有语法停顿的地方不仅不按规律停顿，反而要连读（用符号"⌢"表示），做到停中有连，词断情牵。例：

小鸣着急地跑到老师身边问："李老师，李老师，您看见我的妈妈了吗？请您告诉我∧她在哪里？"

这句话为了表达小鸣找妈妈的焦急心情，在两个李老师中间不仅不按逗号停顿时间停顿，而是将其有意地连读。"请您告诉我"处停中有连，延续找妈妈的着急心情。

（四）语速技巧

语速是指语流的快慢急徐。不同的语速可以表达不同的情感，形成语言的独特节奏。一般来说，情绪平静用中速；情绪激昂、活泼、兴奋、惊恐时，语速稍快；情绪失望、沉郁时，语速稍慢；情绪哀伤时，语速更慢。

口语表达中，要根据表达的需要控制语速，语速的快慢徐疾需要缓冲和过渡，不能急快急慢。语速变化时，仍要保持吐字的清晰干脆。语速应随感情而变化，不能机械地通过拉长或缩短普遍的音长值来控制语速。

二、态势语技巧

态势语是口语活动中，运用身姿、表情、手势等帮助表达情感、传递信息的一种形式。

态势语在口语活动中，可以拓宽信息传播的渠道，补充和强化有声语言；可以让情感得到更好地沟通、交流；还可以起到暗示的作用，调节口语活动的气氛。

不同的口语活动，有着不同的态势语运用，态势语自然、大方、分寸得当的运用，可以使幼儿教师口语表达更加生动。

（一）身姿语的技巧

身姿语包括行姿、站姿、坐姿等。行姿要稳健，不要摇晃和拖沓。站姿的重心要稳，身子不要摇晃，两脚不要抖动。坐姿应端正而自然，目光平视，位子不要坐太满，忌跷二郎腿和晃腿。幼儿教师为了更好地与幼儿交流，身姿可稍倾，和幼儿拉近距离。

（二）手势语的技巧

手势语表达的情感相当丰富，运用时要与有声语言协调，做到心到手到。手势要根据内容、对象来选用，手势要适度，即手势的幅度、角度、速度、频度都要适度。幼儿教师应随不同的交际内容适度运用手势语，借助手势语进行及交流。

（三）表情语的技巧

表情语就是通过面部肌肉、眉、唇、目光等的变化来表达情感。在进行口语表达时表情语应真挚、有分寸。幼儿教师与幼儿、家长、同事等进行交流时，表情要自然，变化要适度。

🎤 小结

有针对性地进行语音技巧训练，运用好态势语，可以为口语表达打下良好的基础，让幼儿教师对幼儿的情感准确自然地流露；此外，只有持之以恒地训练，才能养成良好的口语表达习惯，给幼儿树立良好的语言榜样。

1-3-2　手势语的表现意图

训 练 一

【要求】在老师的指导下，准确运用语调、停顿、重音、语速等技巧，完成练习。

【步骤】

（1）教师指导，提示，示范；

（2）学生课堂训练，教师指正。

【题目】

1.念以下绕口令，进行呼吸训练。

出东门，过大桥，大桥底下一树枣儿，拿着杆子去打枣，青的多，红的少。一个枣儿，两个枣儿，三个枣儿，四个枣儿，五个枣儿，六个枣儿，七个枣儿，八个枣儿，九个枣儿，十个枣儿……

2.读古诗词，注意吐字归音和共鸣。

绝 句

杜 甫

两个黄鹂鸣翠柳，一行白鹭上青天。

窗含西岭千秋雪，门泊东吴万里船。

3.以下几句话应该用什么语调？请说一说，准确把握语调。

（1）我是小班的林老师，今后小朋友们在幼儿园里将和我一起生活。

（2）你是叫点点，对吧？我是林老师，我们做个好朋友，好吗？

（3）林老师说："小朋友吃饭之前一定要洗手！"

（4）天冷极了，下着雨，又快黑了。

4.以下老师说的话应该怎么停顿？请说一说，注意停顿的运用。

我们这次家访主要想了解一下您的孩子的一些基本情况，这样可以让我们更好地照顾、教育孩子。

5.朗读以下句子，注意停顿的运用。

二年级时，我进了老师伦纳德夫人的班级。伦纳德夫人很胖，很美，温馨可爱，她有着金光闪闪的头发和一双黑黑的、笑眯眯的眼睛。每个孩子都喜欢她，敬慕她。但是没有一个人比我更爱她。

6.下列句子可以做几种重音处理，不同的处理方式意思一样吗？根据不同的语境，把句子重音表现出来。

（1）这是我的书。

（2）这件事很容易处理。

7.下列案例中，教师说话可以有什么样的态势语，语速可以有什么变化？请结合态势语说一说，注意把握语速。

（佳佳生病几天没来幼儿园，老师到佳佳家里探望。佳佳妈妈很感激老师的关心，将最近佳佳的生活与老师交流了一下："孩子几天没上幼儿园有点变懒了，饭也吃得少了，但输液时没有哭，我觉得孩子是长大了。"）老师对佳佳说："佳佳真勇敢，回幼儿园老师一定跟小朋友们说，让大家向你学习，好吗？你想早点上幼儿园吗？那饭菜要多吃点，身体才会好得快，身体好了就可以上幼儿园了。"

训　练　二

【要求】按照下列训练提示，运用语音技巧，把老师说的话说出来。

【步骤】

（1）按提示处理语调、重音和停顿；

（2）按提示处理态势语；

（3）小组训练，互相评议。

满足的笑容

有一次，莹莹不小心把同桌的饭菜给洒了，我本来想大声说她，后转念一想，也许她不是故意的，我为什么要在她吃饭的时候惹她不高兴呢？于是我灵机一动，说："莹莹，我看你不是故意的，你是想帮小朋友往里边推一推碗，不小心给洒了是吗？没关系，以后小心点就是了。"莹莹听了使劲儿点了点头，又去吃饭了。在她转身的一刹那，我看到她脸上满足的笑容。

训练提示：

刚开始是谈体会，语气由平缓渐渐高扬。注意通过停顿将叙述语言和"我"的话区分开来，"我"与莹莹说话的气应是真诚的、亲切的，并面带微笑，下蹲。

晨　接

朵朵已经连续一个星期早上很晚到幼儿园了，林老师晨接的时候问家长："这段是时间是不是家里有什么事？还是孩子的原因，怎么一直来迟呢？"家长解释说是家里有点事。林老师又说："我们的早餐时间是八点，来迟了孩子吃不上热乎的早餐，对孩子身体不好，也会错过一些活动，比如，早读、礼仪接待、与他人交流等等，最主要的是对孩子行为习惯形成潜在的影响，久而久之养成做事拖拉、对人对事不在乎的习惯。总之弊端多多，所以希望你们家长能克服困难，尽量按时送孩子来园。"[1]

训练提示：

林老师的问话应亲切，对家长的开导语气真诚，并通过停顿显出话语的层次，重音"也""最主要""久而久之"的运用以突出语意的重点，最后一句总结的话语速应慢。说这段话时表情既亲切又不失严肃。

---

[1]　马宏.幼儿教师口语［M］.北京：北京师范大学出版社，2012：276.（有删改）

训 练 三

【要求】准确运用语音技巧和态势语技巧进行对话。

【步骤】

（1）给这段话划出语音技巧相关符号，自己进行训练；

（2）小组训练，每组推选两位同学在全班进行对话。

接待新生讨论

（某小班教师讨论接待新幼儿入园第一天的活动安排）

教师甲：开学那天咱们先给幼儿演一个木偶剧吧。

教师乙：行，你看演哪个合适？

教师甲：就演咱们新编的那个《小白兔爱上幼儿园》。

教师乙：好吧，咱们明天把木偶台借来。

教师甲：看完木偶剧，让幼儿到小小动物园看看兔子，怎么样？

教师乙：最好咱们先准备一些小桶，小桶里放好菜叶子，这样幼儿可以顺便喂喂小兔子，在草地上也能多玩一会儿。

教师甲：在草地上玩儿的时候，可以让他们互相接触、认识一下。

教师乙：咱们准备一些小兔子头饰，让他们戴上。回班的时候他们一边走，一边还可以跳几下，学学小兔子。[1]

任务三 幼儿教师朗读和讲述技巧训练

训练要点

1. 学习案例，了解幼儿教师朗读和讲述技巧训练对口语表达的作用。
2. 学习理论和方法，掌握幼儿教师朗读和讲述幼儿文学作品的技巧。
3. 通过训练技能，学会朗读和讲述幼儿文学作品，提升口语表达能力。

1-3-3 椅子是会疼的

案例

椅子是会疼的

吃完午饭，小朋友把椅子拿到走廊，坐在椅子上看图书，可是小旭一会儿爬到小椅子上，一会儿从椅子上跳下来，一会儿坐在椅子上咯咯咯地摇……

---

[1] 人民教育出版社中学语文室.听话和说话（第二册）[M].北京：人民教育出版社，2017：171.

今天，吃完午饭，小旭又是拖着椅子来到走廊，在椅子上扭着玩，我走到他身边，满脸疼惜地说："哎呀，好可怜啊！"小旭看着我："老师，你怎么了？"我指了指他的小椅子说："刚才我听到小椅子在说：'好疼啊，疼死我了，我要离开小旭啦，他一会儿拖着我走，把我的腿都拖疼啦；一会儿拽着我，把我身上碰得青一块紫一块的，我难受极了。'现在小椅子伤着了，不喜欢小旭做他的主人，怎么办？"旁边的思思听了，也跟着说："小椅子不喜欢小旭的。"我发现小旭的头低下了，他轻轻地问："小椅子也会疼吗？""对呀！""那我以后不会搞疼小椅子了，我想和小椅子做朋友。"就这样，小旭渐渐地改正了自己的不良行为。[1]

以上案例中的老师对幼儿的教育方式很值得赞赏，而这成功的教育背后，是教师讲述功底的深厚，正是教师生动地将幼儿的错误行为与触动幼儿的故事结合后的巧妙讲述，才使得教师成功地与幼儿沟通，让小旭顺理成章地接受教育。可见，讲述技巧的运用，能有效助力幼儿教育教学活动。

理论与方法

朗读和讲述是幼儿教师的基本功，朗读训练是讲述训练的基础；讲述训练是朗读训练的继续和延伸。幼儿教师的朗读和讲述技巧的提高主要是通过幼儿文学作品的朗读和讲述训练。通过训练，一方面，可以让幼儿教师投入情感，让自己尽快地走进真实情境，感受童趣，与幼儿的情感状态和认知能力相契合；另一方面，可以让朗读和讲述成为幼儿教师口语表达训练的媒介，为想与说的交互传递训练打好基础。幼儿教师在掌握朗读和讲述技巧的同时，也为与幼儿的有效沟通奠定基础。

一、幼儿文学作品朗读技巧训练

幼儿文学作品朗读可以让我们将在前面学习到的普通话的语音知识运用到训练中，还可以从中学习童趣的语言，熟悉语调、语气的变化，让口语表达更加生动活泼，富于情感。

（一）幼儿文学作品朗读的基本要求

幼儿文学作品朗读的基本要求是：准确、流利、有感情。

朗读幼儿文学作品时要用准确、流利的普通话确切地表达幼儿文学作品的内容，朗读时字音正确，读得连贯自然，感情真挚，有童趣。

（二）幼儿文学作品朗读的步骤

1. 把握作品

要把握幼儿文学作品，首先要熟悉作品，对作品认真阅读，明确作品的主题，剖析作品的结构，了解作品的背景，等等；其次，确定朗读的基调，即作品的总的态度和情感，对作品有

---

[1]　陈怡莺.幼师口语沟通技巧［M］.北京：高等教育出版社，2009：31.（有删改）

一种整体感；最后，根据朗读对象确定朗读目标。

2. 感受作品

感受作品是在把握作品和表达作品之间架起了桥梁，让朗读者可以用自己丰富的感受去充实作品、理解作品、表达作品。

（1）形象感受作品。形象感受是通过幼儿文学作品的文字引起朗读者对客观事物的感知、体会、思考的一种心理过程。例如，谢武彰的《矮矮的鸭子》：

一排鸭子，/个子矮矮，/走起路来，/屁股歪歪。/翅膀拍拍，/太阳晒晒，/伸长脖子，/吃吃青菜。

1-3-1 《矮矮的鸭子》

透过这些文字，朗读者眼前浮现了一排鸭子走路一扭一扭的可爱样儿，还有鸭子们晒太阳的悠然舒畅，这就是形象感受。朗读者可以将作品的文字与朗读者已有的知识、记忆、经历等结合起来，展开联想和想象，从而获得形象感受。

（2）逻辑感受。逻辑感受是要感受作品语句、层次、段落之间的内在联系，把握好作品的脉络，将作品中的主次、并列、总分、对比、递进等文脉转化成朗读者的思路，形成朗读者内在的语流。例如，望安的《夏天》：

夏天的雨是金色的。不信，你看：

场院里，脱粒机场洒着麦粒，千颗，万颗，连成金色的雨。

夏天的风是喷香的。不信，你闻：

村子里，家家户户磨了面，在蒸甜糕，飘出一阵阵香味。

夏天的路爱唱歌。不信，你听：

小路"吐吐吐"，大路"嘀嘀嘀"，拖拉机、大卡车，一辆接一辆，忙着去卖粮。

1-3-2 《夏天》

这篇幼儿散文三个部分是并列的，通过三个画面的更替，写出孩子眼中山村夏天生机勃勃的景象。每个层次的总起句带出了孩子们对乡村的特有观察和感受。把握好整个作品的脉络，将欢快的情调、丰收的喜悦心情传达出来。

3. 表达作品

语言表达技巧的准确运用，是实现幼儿文学作品朗读目的的重要手段。幼儿文学作品朗读中语言表达技巧常见的有以下四种：顿连、重音、语气、节奏，这四种语言表达技巧在朗读中根据不同的类型作品的综合运用，可以使幼儿文学作品的内容转化为生动的有声语言，给听者带来直观的感受。

准确运用表达技巧朗读幼儿文学作品应注意以下四点：

（1）恰当停连。朗读幼儿文学作品时，常常运用停顿和连接的技巧，控制朗读的节奏，显示作品的脉络，准确地表达情感。例如，楼飞甫的《春雨的色彩》：

小黄莺说："不对，不对，春雨是黄色的。你们看，春雨落在油菜地里，油菜花黄了。春雨落在蒲公英上，蒲公英花也黄了。"

春雨听了大家的争论，下得更欢了，沙沙沙，沙沙沙……

1-3-3 《春雨的色彩》

在这一段中，小黄莺为了表达自己对春雨的认识与别人不同，很是着急，两个"不对"的连接，就可以将她的心情表现出来。春雨听了大家的争论后的表现是对全文的总结，因而，段落停顿应该稍长，结尾处的"沙沙沙"，在停连中让春雨欢畅的情绪表达得恰当而有意蕴。

（2）突出重音。朗读幼儿文学作品时，为了更准确地表情达意，要对某个词、句子、音节着重强调，确定重音。一般来说，一个完整独立的句子只能有一个主要重音，其他为次要重音。

在幼儿文学作品的朗读中，重音的处理要结合内容，用不同方式进行处理。

第一，重音重读。把需要强调的字、词等加强音量，读得饱满有力。例如，柯岩的《小弟和小猫》：

弟弟伸出小黑手，/小猫连忙往后跳。/胡子一撅头一摇：/"**不妙，不妙，太脏太脏我不要！**"

为了表现小猫对脏弟弟的嫌弃，朗读"不妙，不妙"时重音要重读，"我不要！"不仅要重读还要一字一顿地，以强调小猫对弟弟的态度。

1-3-4 《小弟和小猫》

第二，重音轻读。为了细腻地表达出不同的情感，朗读幼儿文学作品时要控制好气息，把要强调的字、词作轻弱处理。例如，任海蓓的《天空》：

月亮，多像一个**可亲**的小姐姐，/**笑着**看我进入梦乡。

要表达对月亮的喜爱，朗读时将"可亲的""笑着"作轻读处理。

1-3-5 《天空》

第三，重音拉长。为了将情感表达得深挚、感人，朗读幼儿文学作品时故意放慢语速，拖长重音，以突出要表达的词义。例如，冯幽君的《老师蹲班了》：

新学期的第一天，/力力背着新书包，/乐得直蹦高：/我是中班孩子了，/再也不是小班的"**小豆包**"。

力力高兴地告诉妈妈：/我们全班都升中班了，/王老师还把小班教。/老师蹲班了，/你说**糟糕不糟糕**？

为了表现孩子升班的开心，同时强调老师蹲班了孩子的担心，在朗读时特意将"小豆包"和"糟糕不糟糕"，语速比正常速度慢，运用重音慢读拖长的技巧表达孩子稚气的想法和对老师的爱。

1-3-6 《老师蹲班了》

重音除了以上几种表现方法，还可以快中显慢、虚实结合、高低相间等等，可以在朗读幼儿文学作品时根据作品的内容不同而灵活运用。

（3）把握语气。气息和声音又是表达情感的关键，朗读时要正确把握语气，用恰当的语气传达和再现幼儿文学作品的思想感情。不同的思想感情要通过不同的气息和声音来表现：表达爱的情感，气息徐缓，声音轻柔；表达憎的感情，气息饱满，声音粗硬；表达悲的感情，气息低沉，声音缓慢；表达喜的感情，气息饱满，声音高昂；表达惧的感情，气息上提，声音凝滞；表达急的情感，气息短浅，声音急促；表达怒的感情，气息粗放，声音沉重；表达疑的感情，气息上扬，声音粘连。例如，彭文席的《小马过河》：

突然，一只小松鼠跳到小马跟前，大叫道："小马，别过河，别过河，河水会淹死你的！"小马奇怪地问："水很深吗？"松鼠认真地说："当然！昨天，我的一个伙伴就是掉在这条河里淹死的呀！"小马连忙收住脚步，不知道怎样做才好。"唉！还是回家问问妈妈吧！"

1-3-7 《小马过河》

在以上这段文字中，松鼠很着急地叫小马别过河，运用高升调，气息短促，声音急促；小马听了很疑惑，运用曲折调，气息徐缓，声音细黏，表现小马温顺的性格；松鼠认真的、肯定的回答略带夸张，可以运用降抑调、高升调，气息可以上提，声音尖脆；小马要问妈妈的迟疑无措，用平直调，气息徐缓，声音轻柔，表现小马的没主见。

朗读幼儿文学作品时，语气与情感、声音、气息是融为一体的，应做到以情运气、以气托声、以声传情。

（4）控制节奏。朗读幼儿文学作品时，节奏的变化来自作品思想感情的变化。节奏的运用应在感受作品的具体思想感情基础上，进行整体的把握，再作细处的变化，才能准确表达作品的思想内涵。如，在幼儿童话作品《去年的树》中，小鸟寻找树的过程带着淡淡的忧伤，作品节奏舒缓，表现了小鸟与树感人的深厚情谊；再如，幼儿散文《春雨的色彩》，鸟儿对春雨的颜色的有趣讨论，充满了欢快和喜悦的情绪，作品整体节奏稍快，而不同小鸟的节奏又有细微的变化，有的节奏急，有的节奏缓，有的节奏不徐不疾，等等，这些细处节奏的变化生动地展示春雨给大地带来勃勃生机的美好景象。

（三）不同体裁幼儿文学作品的朗读训练

幼儿文学作品童趣盎然，可以给读者不一样的艺术感受，幼儿教师如果能根据不同体裁的作品的特点，准确地运用表达技巧表现幼儿文学作品，可以将作品呈现得更为生动、有趣。

1. 念儿歌和诵读幼儿诗的训练

（1）念儿歌和诵读幼儿诗的共同特点就是音韵美，都要做到以下三点。

① 分好音步。音步，即节拍，通常由一个或几个音节构成。如，"走/不稳，站/不牢，走到/桥上/心乱跳"。为了更好地处理音步与儿歌内容表达的关系，念儿歌和诵读幼儿诗时不能机械地按音步作停顿，而是应根据儿歌和幼儿诗的内容作恰当的处理。例如《会叫的鞋子》中，为了表现小孩穿起鞋子的得意样儿，"走起路来叽叽叫"的"起"与"来"就应该连起来，让音步与儿歌的内容、情感融合起来。要体现儿歌和幼儿诗的韵律美，应恰当运用表达技巧，通过韵脚的归音，轻重的变化，虚实的穿插，停连的交替……，表现儿歌和幼儿诗特有的韵律，突出其音韵美。确定音步要从儿歌和幼儿诗的内容和情感表达出发，音步的多少没有固定的格式。

② 表现童趣。童趣是幼儿文学作品的灵魂，念儿歌和诵读幼儿诗时，只有要真切感受作品的情感，才能生动地表现出作品的童真童趣。

③ 运用态势语。念儿歌和诵读幼儿诗可以通过态势语的辅助，生动、活泼地表现作品，增强作品的表现力。

（2）念儿歌和诵读幼儿诗时有以下不同之处。

① 儿歌的特点是节奏明快、韵律精致、适合诵唱，即要有节奏地念儿歌；幼儿诗追求充满幼儿情趣的意境，感情内涵丰富，让幼儿在听赏中得到审美愉悦和情感熏陶，幼儿诗适合诵读。

② 儿歌句式整齐、押韵，念儿歌时要念好韵脚，要注意"显韵"，也就是要把韵脚念得明显些，注意归音，"显韵"时要自然，不能唐突，要让孩子在朗朗上口的韵律中，感受更多的游戏的快乐。诵读幼儿诗要把握内在的节奏和韵律，展开丰富的想象，声情并茂地表现幼儿诗的意趣。

2. 朗读幼儿散文的训练

幼儿散文具有"散文化"和"幼儿化"特征，"幼儿化"使得幼儿散文富于幼儿情趣；"散文化"使得幼儿散文抒情写意，语言明丽清纯。朗读幼儿散文时，就要结合幼儿散文的特征，做到以下三点：

一是要用幼儿的心灵去感受作品，表现作品的意趣。

二是根据不同的散文作品，恰当运用朗读技巧，去展现幼儿散文优美的情致和意境，比如，朗读叙述的文字应舒展，声音明朗；朗读抒情的文字要真挚，声音轻柔；朗读描写的文字要生动，声音要自然；等等。

三是朗读幼儿散文时，可以借助画面、配乐等方式先入境，继而动情，将作品的真情表达出来。

二、幼儿故事讲述训练

幼儿故事讲述就是把我们看到的、听到的和自己编的幼儿故事，用口语绘声绘色地讲述给别人听。在幼儿园，讲述幼儿故事是孩子们非常喜欢的教育形式，它寓教于乐，可以让幼儿潜移默化地受到启发和教育。

（一）幼儿故事讲述的要求

讲述幼儿故事要明确以下四点：第一，了解讲述对象；第二，明确讲述目的；第三，掌握讲述内容；第四，把握讲述技巧。讲述幼儿故事应紧扣"讲"字，要口语化，通俗易懂，同时还要生动，让听者如临其境，如见其人，从而受到感染。

（二）幼儿故事讲述的步骤

讲述幼儿故事为了达到以上的要求，可以按照以下的步骤进行讲述：

1.精选幼儿故事

为了让故事吸引听众，给听众以启迪和收获，讲述故事之前要根据以下几方面精心挑选幼儿故事：

（1）根据内容挑选幼儿故事。应挑选内容积极向上、富有趣味的幼儿故事。新颖的内容，引人入胜的情节，鲜明的人物性格，可以更加有利于讲述者表现作品，增强幼儿故事的趣味性。

（2）根据不同听众挑选幼儿故事。给幼儿讲故事，要符合幼儿的认知特点和年龄特点，比如，对于小班的幼儿，可以挑选篇幅短小，情节简单的故事；对于中班的幼儿，可以挑选情节稍微复杂的故事；对于大班的幼儿，可以挑选有人物心理活动描写、篇幅稍长的故事；等等。

（3）根据不同的目的挑选幼儿故事。讲述幼儿故事有时是为了针对孩子的某些行为进行提醒教育，有时是为了带给孩子笑声，有时是为了给予孩子知识，有时是为了给予孩子爱的温暖……根据不同的目的来挑选幼儿故事，可以激发孩子听故事的兴趣，更好地发挥讲述故事寓教于乐的作用。

2.熟悉幼儿故事

讲述故事之前，一定要熟悉故事，对故事的熟悉先是要了解故事的大概，找准故事的基调；再认真研读故事，从故事的线索的梳理，到故事高潮的凸显，再到人物性格的展现，都要细细揣摩；最后要默记故事，为讲述时的生动、流畅做好准备。

3.加工幼儿故事

为了使幼儿故事符合幼儿的认知水平，心理特点，所用的故事不能照搬现成的材料，要对材料进行合理加工。加工主要有两个方面：

（1）对故事的内容进行加工。① 巧设开头和结尾，使故事的开头能吸引幼儿的注意力，结尾能揭示主题或让幼儿有所思索；② 对情节、人物进行加工，可以增加一些细节，使人物、情节更加生动；③ 调整叙述内容的顺序和角度，使听众听起来更加清晰。

（2）对故事的语言进行加工。一方面将书面语言改为口头语言，多用动词、拟声词，多短句，多顺序句，运用童趣的口语，使语言更为生动活泼，易于幼儿理解和模仿；另一方面是在讲述过程中加入插入语，可以与听众互动，也可以设置悬念，增强故事的吸引力。

4.讲述幼儿故事

生动地讲述幼儿故事，需要注意以下的技巧：

（1）表达技巧。就是通过语气、语速、重音、顿连等表达技巧表现人物性格，推动故事情节发展。叙述语言节奏平稳，用声自然。人物语言要抓住人物的言行和心理，着力表现其人物性格和思想感情。如，盛气凌人的人物说话声音上扬，语气骄傲；自卑的人说话声音无力，语速缓慢；谦虚的人说话平稳，语气诚恳；等等。另外，还可以运用一些拟声的声音技巧，运用不同声音代表不同的人物，让人物形象更加鲜明。

（2）态势语技巧。讲述幼儿故事时，恰当地运用态势语可以增加效果。讲到开心时眉开眼笑，讲到气愤时，怒容满面，讲到悲伤时，眉头紧蹙，这样的动容，可以以情动人。态势语的运用要根据故事的内容需要，不能故作姿态，要自然大方，恰到好处。

讲述故事可以根据不同的场合和对象，采用不同的讲述方式。对于年龄较大的听众，或是在睡前时段，讲述故事时动作幅度可以小一些，表情较含蓄些，语调起伏不要太大；对于年龄较小的听众，或是在听众多的场合，讲述故事时表情、动作可以适度夸张，语气变化可以大些。

幼儿教师通过幼儿故事的讲述训练，可以学习运用故事讲述的各种技巧处理临场的各种情况，并提高幼儿教师的口语水平。

拓展阅读

1-3-3　讲述故事教学具运用技巧

小结

　　幼儿教师掌握了幼儿文学作品的朗读和讲述技巧后，对幼儿的语言特点有了更具体、清晰的认识，更具童心童趣，也为保教工作中语言沟通能力的训练打下基础。

技能训练

训　练　一

　　【要求】在教师指导下进行念儿歌、朗读散文和讲述故事训练，掌握幼儿文学作品朗读和讲述方法。

　　【步骤】

　　（1）教师示范，提示，指导；

　　（2）学生训练，师生评议。

　　【题目】

　　1. 朗读下列儿歌《小雨点》，从整体上把握儿歌的内容和感情，掌握念儿歌的方法。

小 雨 点

唐邑丰

小雨点，沙沙沙， 落在花池里， 花儿乐得张嘴巴。	"沙沙沙"以拉长连音表现春雨的绵绵。 "落""张"作重音处理。 情绪欢快。
小雨点，沙沙沙， 落在鱼池里， 鱼儿乐得摇尾巴。	"沙沙沙"以跳跃的顿音表现欢快的情绪。 "落""摇"作重音处理。
小雨点，沙沙沙， 落在田野里， 苗儿乐得向上拔。	"沙沙沙"有意拉长，并作停连，以表现春雨给万物带来的生机。 语调上扬。

　　训练提示：念《小雨点》时，应注意儿歌重复部分节奏上的变化，三句重复的"小雨点，沙沙沙"作不同的处理，可以避免念儿歌时的单调，同时可以更好地表现万物对春雨到来的喜悦心情。动词的重音处理使儿歌更富动感。

　　2. 朗读幼儿诗《我只能是一个小孩子吗》，从整体上把握幼儿诗的内容和感情，掌握幼儿诗的诵读方法。

我只能是一个小孩子吗

杜　虹

妈妈，我只能是一个小孩子吗？	以质疑的语气表现孩子的天真想法。

我要是一只小鸟， 就从海面飞到雪山， 捧一朵浪花送给你， 捧一片雪花送给你。	"要是"一词要突出孩子渴望成为小鸟的愿望，通过两个"捧"字表达对妈妈的爱意。
我要是一棵小树， 就呼呼呼地长到天上， 摘一缕彩霞送给你， 摘一颗星星送给你。	以下两节承接上一节的情感，两个"要是"进一步表达孩子的愿望，"摘"与"留"将对妈妈的爱表达得更为深挚。
我要是一朵金盏菊， 就一年四季开在你的书桌， 留一束阳光送给你， 留一个春天送给你。	以上三个诗节的情感是逐层加深的，从而为最后一节做好铺垫。
可是，我只能是一个孩子呀， 我只能每天对你说： 妈妈，我爱你。	最后孩子委屈无奈的语气，将爱妈妈的情感强烈地表达出来。最后一句直接表达爱语气轻柔，深情而感人。

3. 朗读幼儿散文《春天的小精灵》，从整体上把握幼儿散文的内容和感情，掌握幼儿散文的朗读方法。

春天的小精灵
野　军

一列春的列车，穿过丛林，越过田野，送来了无数活泼泼的小精灵。 　　听，山坡下的小溪"哗哗"地响着，卷起清凉凉、晶莹莹的水花。这是春天的小精灵们在嬉水游泳。 　　瞧，青青的麦田里，麦苗儿在摇啊摇。这是小精灵在和麦苗打闹，麦苗最怕挠痒痒，笑得直不起腰。 　　听，翠绿的竹林里"噼啪噼啪"响。这是小精灵们在放鞭炮，闹醒了睡在泥里的笋娃娃，一个个钻出尖尖的头。 　　瞧，小精灵们变成蝴蝶、蜜蜂，在花丛里唱歌、跳舞；小精灵们变成小鱼、蝌蚪，在池塘里摇尾串游！ 　　小朋友，快来吧！和春天的小精灵们一起玩耍，一起快乐！	以明朗的基调、轻快的语气，将春天生机勃勃的气息传递出来。 "哗哗""清凉凉、晶莹莹"的重音处理，表现小溪嬉水的开心；"摇啊摇"读出麦苗儿的活泼；一个"钻"字，带来了春意；两个"变成"带出动物们在春天到来后的欢畅情绪。 结尾处欢乐，情绪高涨。

4. 讲述以下故事片段，运用不同的表达技巧表现不同人物的性格特点，掌握幼儿故事讲述的方法。

（1）农场里的鸡呀、鹅呀，都会生蛋，可鸭妈妈生的蛋最好看，光溜溜、亮晶晶的，漂亮极了，大家都说："鸭妈妈长得好看，生的蛋也这么漂亮!"鸭妈妈听了别提有多高兴了，嘎嘎嘎地叫了起来。

（2）有一天，当王后再问魔镜同样的问题时，魔镜却回答说："现在白雪公主比你美丽。"王后听了非常生气。"可恶，怎么可以有人比我更美丽，我一定要把她除掉。"

（3）妈妈问："小马，你少玩一会儿，能帮妈妈做点事吗?""怎么不能呢?"小马放下玩具说，"妈妈，我很愿意帮您做事。你看，我都长这么高了!"

（4）大灰狼来到草房前，叫小黑猪开门，小黑猪不肯开。大灰狼用力撞一下，草房就倒了。小黑猪急忙逃出草房，边跑边喊："大灰狼来了! 大灰狼来了!"木房里的小灰猪听见了，连忙打开门，让小黑猪进来，又把门紧紧地关上。

训 练 二

【要求】在训练提示指导下，按照正确的方法念儿歌、读幼儿诗和幼儿散文，讲述幼儿故事。

【步骤】

（1）自己先练一遍;

（2）小组训练，找出问题，互相修正。

【题目】

1.念儿歌。

楼 梯

董恒波

上楼梯，上楼梯，

1234567，

1234567，

下楼梯，下楼梯，

7654321，

7654321，

楼房是台大钢琴，

弹得曲儿真好听。

训练提示:

儿歌巧妙地将上下楼梯和弹钢琴联系在一起，想象独具匠心，念儿歌时要处理好"1234567"和"7654321"的重复，让儿歌凸显节奏感。

2.读幼儿诗。

小 海 螺

黎焕颐

海妈妈有许多娃娃——

小鱼、小蟹、小虾……

只有小海螺最喜欢

跑到沙滩来玩耍。

金灿灿的阳光，
湿润润的沙……
小海螺玩得痛快，
忘了早点儿回家。

海妈妈请来风姨，
在耳边提醒他，
可是小海螺
不听风姨的话，
在海滩上爬呀爬……

最后，海妈妈着急了，
鼓起雪白的浪花，
一声一声 呼唤：
"哗啦啦！哗啦啦！
我的小海螺
快回家！快回家！"

训练提示：
（1）第一节中如何用重音表现出小海螺爱玩耍的特点？
（2）第二节如何通过气息处理表现沙滩的迷人？
（3）第三该如何朗读才能读出小海螺的贪玩和顽皮？
（4）最后一节该如何表现海妈妈着急的心情？
（5）注出诗歌的重音和停顿。
3.读幼儿散文。

项　链
夏辇生

大海，蓝蓝的，又宽又远。沙滩，黄黄的，又长又软。雪白雪白的浪花，哗哗笑着，涌向沙滩，悄悄撒下小小的海螺和贝壳。

小娃娃嘻嘻笑着，迎上去，捡起小小的海螺和贝壳，串成彩色的项链，挂在自己的胸前。快活的脚印落在沙滩，串成金色的项链，挂在大海的胸前。

训练提示：
（1）这篇幼儿散文的基调是什么？整体节奏如何？
（2）第一段三句话如何通过重音和节奏的变化读出区别？
（3）第二段朗读时应如何读出小娃娃的动作连贯性，生动表现娃娃和美丽的大海？

4.讲述幼儿故事。

东东西西打电话
梅子涵

东东和西西同时从家里跑出来。东东是去找西西的，西西是去找东东的，他们在路上碰见了。

东东说："西西，我告诉你，我家装电话了。"

西西说："东东，我也告诉你，我家也装电话了。"

"我现在就给你打电话。"

"好！我也给你打电话。"

东东和西西跑回家，同时拿起了电话。

咳！忘记问电话号码了！他们就奔出来，又在路上碰到了，你问我，我问你，"你家的电话号码是多少？"然后，又记着号码往家里奔去。

东东念叨着西西的号码，按着电话钮，听见的是"嘟－嘟－嘟"的声音，没有听见西西问："喂，你是东东吗？"

西西也一样，听见的只是"嘟－嘟－嘟"的声音，没有听见东东问："喂，你是西西吗？"

他们打了好久，全是"嘟－嘟－嘟"。东东想：他家的电话怎么一直是嘟嘟嘟的？西西想：他家的电话怎么一直是嘟嘟嘟的？忽然，他们都明白了，这是忙音。

"西西在打给我，所以，我打过去要嘟嘟嘟了。"东东心里说。

"东东在打给我，所以，我打过去要嘟嘟嘟了。"西西心里说。

于是，他们又都聪明起来，谁也不先打了。东东想：让西西先打过来吧；西西想：让东东先打过来吧。他们就这样趴在桌子上等着……

训练提示：

（1）运用不同的发声技巧，从语调、语速等方面表现不同的人物；

（2）揣摩东东和西西的心理，准确表达他们喜悦和期盼的心情；

（3）把握故事的整体节奏，注意叙述语言与人物语言的区别。

训 练 三

【要求】自主训练，掌握幼儿文学作品朗读和讲述的方法。

【步骤】

（1）自己训练，指出要点；

（2）小组训练，互相交流。

【题目】

1.说说念好下列儿歌的要点，能生动形象地念儿歌。

蛤蟆大姐穿新衣
张秋生

蛤蟆大姐真高兴，

穿条花裙新又新。

小兔见了把头摇，
"不如田鼠花花袄。"

花裙改成花花袄，
蛤蟆大姐眯眯笑。

青蛙肚子鼓啊鼓，
"不如小鹿花花裤。"

花袄改成花花裤，
蛤蟆大姐跳起舞。
小狗眼睛斜一斜，
不如花猫蝴蝶结。

花裤改成蝴蝶结，
蛤蟆乐得像过节。

蛤蟆大姐伸出手，
摸摸头顶光溜溜，
蝴蝶结，没法戴，
哭得眼泪流啊流。

2. 说说诵读下列幼儿诗的要点，能声情并茂地诵读幼儿诗。

你 几 岁

林　良

你几岁？
不知道。
你姓什么？
不知道。
你住在哪里？
不知道。
你的名字叫什么？
妈妈叫我乖宝宝。

你家住几楼？
在七楼。
怎么上去？
坐电梯。

怎么下来?

坐电梯。

怎么找你?

请按电铃滴滴滴。

你家的人多不多?

很多。

一共有几个?

七个。

3.说说朗读下列幼儿散文的要点,能声情并茂地朗读幼儿散文。

三张红色的落叶
张秋生

大树妈妈的脚下,有三张红色的树叶。它们聚在一起,讲着悄悄话。

一张落叶说:"我想到小溪里去,做一艘渡船,一艘小小的、好看的渡船。"

一张落叶说:"我也想到小溪里去,我想我是一把红色的小伞,说不定哪一条小鱼会顶着我到处走走呢!"

第三张落叶呢,它说:"我还没想好我能干什么。"

这时,一阵秋风吹来,三张落叶都掉进溪水里了。

正巧,有只小蚂蚱想渡过小溪,第一张落叶真成了渡船。第二张落叶呢,被一条调皮的小鱼儿顶走了,鱼儿说:"哈,我找到了一把多么美丽的小伞。"

第三张落叶急了,它不知道干什么好。

正巧,有只蓝色的蜻蜓飞累了,它在溪中的落叶上歇歇脚。这张小落叶乐了,它说:"没想到,我是一只红色的小板凳呢……"

4.说说讲述下列幼儿故事的要点,能生动地讲述幼儿故事。

门铃和梯子
周 锐

野猪家离长颈鹿家挺远的。但为了见到好朋友,野猪不怕路远。

到了。"咚咚咚!"野猪去敲长颈鹿的门。

敲了好一会儿,没人来开门。

野猪大声问:"长颈鹿大哥不在家吗?"

"在家呢。"长颈鹿在里面答应。

"咦,在家为什么不开门?"

"野猪兄弟,你往上瞧,我新装了一个门铃。有谁来找我,要先按门铃。我听见铃响以后,就会来开门。"

野猪抬起头来,看见了那个门铃。"长颈鹿大哥,我很愿意按铃的,但你把它装得太高,我够不着。所以我还是像以前那样敲门吧。"——咚咚!

可是长颈鹿仍然不开门。"对不起，野猪兄弟，我知道你真的够不着。但你就不能想想办法吗？要是大家都像你这样，图省事，敲敲门算了，那我的门铃不是白装了吗？"

野猪没话说了，但又怎么也想不出能按到门铃的办法，只好嘟嘟囔囔回家去了。

过了一些日子，野猪又来看长颈鹿。这回他"哼哧哼哧"地扛来了一架梯子。

野猪把梯子架在长颈鹿门外，爬上去，一伸手，够着了那个门铃。

可是，怎么按也不响。急得野猪哇哇叫。

"对不起，野猪兄弟，"长颈鹿在里面解释说，"门铃坏了。只好麻烦你敲几下门了。"

"这怎么行！"野猪叫起来，"只敲几下门？那我这梯子这下是白扛来了！"

项目小结

　　本项目从案例分析入手，通过理论与方法的学习，探讨幼儿教师口语表达的基本技巧。通过案例分析和模拟情境训练，使训练者能掌握幼儿教师口语表达的基本要求和幼儿教师常用表达技巧，并具备朗读和讲述的能力。同时，在案例分析和模拟情境训练中，以优秀教师为榜样，学习正确的语言表达，培养良好的职业道德和敬业精神。大量的技能训练，有利于学习者掌握、巩固口语表达的技能技巧，从而有效提高口语表达能力，进而为进一步幼儿教师沟通口语训练做好准备。本项目充分体现理论与实践相结合的原则，在训练中，由易到难，由案例的分析学习到自主地表达，形成阶梯式训练，使学习者能力逐步提高。

模块 二

幼儿教师语言沟通的基本技巧

项目一 ➡ 幼儿教师语言沟通的基本技巧训练

项目二 ➡ 幼儿教师不同形式的语言沟通技巧训练

模块导读

模块二在幼儿教师语言沟通的基础上，提出幼儿教师一般口语沟通的基本原则与要求，并从思维的重要性入手，教会学习者掌握提高思维能力的方法。同时关注幼儿教师在语言沟通中可能出现的心理障碍，给予克服心理障碍和强化心理素质训练方法的指引。除此之外，本项目特别重视幼儿教师语言沟通中语境的限制和补充作用，提供了多元的方法和丰富的训练场景，使学习者在适应语境的沟通训练中学会正确把握语境进行表达，实现高效沟通。

思维导图

		了解幼儿教师的语言沟通的基本要求
	幼儿教师语言沟通的基本技巧训练	语言沟通中的思维训练
幼儿教师语言沟通的基本技巧		语言沟通中的心理素质训练
		语言沟通中的适应语境训练
	幼儿教师不同形式的语言沟通技巧训练	即兴表达训练
		交谈训练

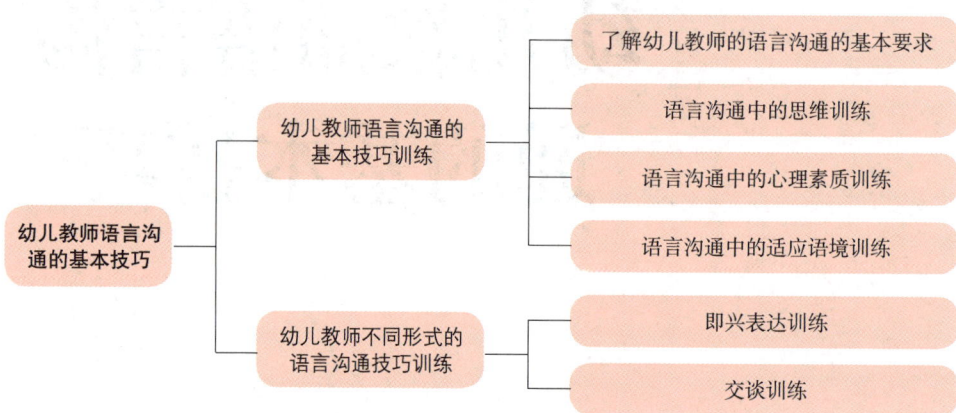

项目一　幼儿教师语言沟通的基本技巧训练

训练目标

1. 了解幼儿教师一般口语沟通的基本原则与要求。
2. 掌握提高思维能力的方法。
3. 掌握口语沟通中克服心理障碍的方法，尝试在沟通实践中克服自身心理障碍。
4. 在适应语境的沟通训练中学会正确把握语境进行表达，实现高效沟通。
5. 在语言沟通和训练中培养敢于表达、乐于沟通的品质，提高自尊自信的意识，培养积极的人际沟通心态。

任务一　了解幼儿教师语言沟通的基本要求

训练要点

1. 学习案例，认识幼儿教师语言沟通的重要性。

2.学习理论和方法，了解幼儿教师语言沟通的基本原则和要求。

3.训练技能，学会将语言沟通的基本原则和要求运用于日常的人际交往中，实现高效沟通。

2-1-1　原来说的是我

案例

原来说的是我

　　有个人请了甲、乙、丙、丁四个人吃饭，临近吃饭的时间了，丁迟迟未来。这个人着急了，一句话就顺口而出："该来的怎么还不来？"甲听到这话，不高兴了："看来我是不该来的。"于是就告辞了。这个人很后悔自己说错了话，连忙对乙、丙解释说："不该走的怎么走了？"乙心想："原来该走的是我。"于是也走了。这时候，丙对他说："你真不会说话，把客人都气走了。"这人辩解说："我说的又不是他们。"丙一听，心想："这里只剩我一个人了，原来是说我啊！"也生气地走了。

　　虽然是一则故事，但日常生活中因语言沟通不畅失去朋友的案例比比皆是。大家是否也曾有这样的经历？你当时是什么心情？这个故事告诉我们有效的语言沟通是构建和谐人际关系的关键，沟通的效果与人际关系的好坏息息相关。语言沟通是一门需要很多时间精力去研究的学问，语言沟通能力也将是我们人生一笔无形而宝贵的财富。

理论与方法

　　沟通无处不在，无刻不见。小到个人与家庭，大到国家、世界都离不开它，沟通的力量和作用都是不可否认与忽视的。当国家之间出现争端时，需要沟通谈判来达成共识；当企业与员工之间出现矛盾时，需要沟通来赢得合作；当朋友之间发生误会时，需要沟通来取得谅解；当夫妻之间出现分歧时，需要沟通来修补裂痕；当父母、师长与孩子产生"代沟"时，需要沟通来表达关爱和理解。

　　沟通分为语言沟通和非语言沟通。语言沟通主要指的是口头语言沟通，是人与人之间最常见的沟通方式，口头语言是人类运用得最多的沟通工具，也是人际交往最直接的方式，它可以在短时间内传送与回馈。非语言沟通是一种无声沟通，它会从心理的各个层面影响我们对一个人的印象和判断，辅助沟通者流露真情，并进行深层次意义的表达。

　　幼儿教师的工作对象主要是幼儿和家长，幼儿教师既要做到善于倾听并与幼儿进行有效的语言沟通，同时还要与家长进行语言沟通，开展家园合作，形成教育合力。不仅如此，幼儿教师岗位的合作性和工作内容的开放性也对幼儿教师与同事、社区的语言沟通提出了一定要求。一方面要求幼儿教师做到与同事分享经验与资源，实现合作交流，另一方面也要成为幼儿园与社区的沟通中介，促进二者建立合作互助的良好关系。

一、幼儿教师语言沟通的基本原则

　　有效的语言沟通能使人获得准确的信息，满足彼此的需要，使人们能够达成共识与合作。善于沟通的人更懂得如何改善和维系人际关系，最终赢得成功的事业与良好的人际关系。人与人之间的沟通要建立在真诚与理解的基础上，遵循尊重、准确、理解与及时的原则，达到沟通的预期目标。

1. 尊重原则

尊重原则指的是在沟通的过程中充分尊重他人的生活习惯、兴趣爱好、人格和价值。在人际沟通中，有时候只需要一个微笑、一句问候、一声敬语、一个欣赏的眼神，就会给人带来受到尊重的美好感受。除此以外，在语言沟通中，我们要注意以下细节：（1）学会倾听——倾听是比演讲更需要学会的技能，也是尊重他人的最基本表现；（2）不打断别人的谈话——打断别人不仅阻断了沟通，还给人不尊重他人的感觉；（3）问对方感兴趣的话题——真诚地向对方提问他们感兴趣的话题，会让对方觉得很荣幸；（4）记住并使用他人的名字——人类耳朵听到的最动听的声音是别人说自己的名字；（5）称赞并认可别人的成就——即使只是服装搭配等微不足道的小事，你的赞美也让人心情愉悦；（6）多说谢谢——这是表示感谢和尊重的最重要的技巧。

2. 准确原则

准确原则，指的是在沟通过程中要清晰表述，准确传达信息。在语言沟通中，准确是最首要、最基本的原则，只有沟通双方所传达的信息与表达的方式为对方所理解，才能实现有效沟通。这个原则看起来十分简单，但做起来却并不容易。要达到和提高沟通中的准确性，要满足两个必备条件：一是信息传达者要清晰地表达信息的内涵，以便接收信息者可以快速接收到主要信息；二是传达者应将信息加以综合，并用容易理解的方式来表述，使接收方可以完全理解信息。这就要求传达者要熟悉对方，并具有较高的语言表述与加工能力，才能克服沟通过程中的各种障碍。

3. 理解原则

理解原则，即换位思考，理解在心理咨询中也叫作共情。有共情能力的人能够设身处地为他人着想，在语言沟通中表达出对他人情绪和想法的理解，并站在他人的立场和角度处理问题。如冬天早上太冷，同事不想起床，然后就跟你抱怨了一句："我想睡懒觉，不想上班。"这时你会用以下哪句话回应她？（1）不想上班就别上了，辞职呗。（2）不上班你怎么挣钱养活自己啊。（3）你跟我说这个有什么用，我又不是你老板。（4）我比你更困，更不想上班。（5）你睡得太晚了，下次早点睡。（6）每天早起确实挺辛苦的。很显然，第六个句子是最好的选择，它能让对方感受到你对她情绪的理解和包容，会让对方更信任你。

4. 及时原则

及时原则也称及时反馈原则，就是快速、有效地回应和反馈。交流只有得到及时回应才叫沟通，信息只有得到及时反馈才有价值。语言沟通是一个双向的互动过程，你传达出的信息被对方接收到了，并且对方也做出了反馈，这才是一个完整的沟通过程。在实际工作中，沟通常因信息传递不及时或接受者重视不够等原因而使效果大打折扣。试着回答以下问题：（1）当班主任在班群中发布消息，"所有同学请注意，周一升旗仪式必须穿着礼仪服和皮鞋，收到回复"。你是否会及时回复"收到"？（2）放学后你约了同学吃饭，是否会提前告知父母自己晚上不回家吃饭了？（3）你原定今晚7点跟朋友吃饭，但由于班级有排练任务要往后推1个小时，你是否提前跟你的朋友说要8点才到，而不是过了7点才通知他？如果你的回答都是"是"的话，那说明你在沟通中能做到及时反馈和回应，能达到优质高效的沟通。

二、幼儿教师语言沟通的要求

在语言沟通中，双方都必须根据沟通对象提前做好准备工作，并根据具体对象和具体情境调节沟通认知与策略，高效高质地传达信息，建立沟通双方信任理解的合作关系。

（一）沟通前做好充分准备

提高沟通效率，达成沟通目标的首要条件是沟通前的充分准备，它要求我们在沟通前要做到三个确保。一是确保沟通的目标明确：沟通前我们首先要思考的问题是"为何沟通"，即沟通最终要达到怎样的效果和目标。二是确保全面了解沟通对象：这一点要求我们思考的是"与谁沟通"的问题，只有了解清楚沟通对象的阅历、背景、兴趣、性格特点、认知、圈子等，才能采用合适的切入点、环境、语言、时间和表达方式。三是确保沟通内容清晰：即"沟通什么"，这要求我们沟通前应尽可能细致地罗列沟通的内容和要点，并构思好如何清晰地表达，避免由于自身思路混乱、表达不当使得沟通效果大打折扣。

幼儿教师最主要的沟通对象为幼儿与家长，在进行沟通前也要求幼儿教师做好这三方面的准备。教师首先要明确，不管是与幼儿或是家长沟通，最终的目标都是通过沟通促进幼儿的发展。但仅有这样的观念是不够的，还需要幼儿教师在沟通前做周全的调查工作，有针对性地与幼儿及幼儿家长进行语言沟通。

1. 了解幼儿自身的情况与所处的家庭环境

包括生活自理能力、学习能力以及同伴交往、家庭成员等方面的情况。

2. 了解家长的教育关注点

教师应多留意家长比较关注的幼儿教育方面的问题以及幼儿相关的表现。

3. 了解家长的职业背景和性格特点

它们影响着家长的教育观念和教养方式。

基于以上的了解，幼儿教师根据具体情境与实际情况，拟定沟通计划，开展有效的语言沟通，最终促进幼儿的健康成长。

（二）建立理解信任的合作关系

沟通是人与人之间传递思想与情感的过程，最终目标在于达成思想的统一和感情的顺畅。建立理解和信任的合作关系，最重要的是在信赖对方的基础上，在共情中实现共赢。在语言沟通中，想让对方信任你，塑造一个可信赖的形象尤为重要，可以从以下五方面入手。

1. 干净整洁的外表

穿着得体、干净能给人良好的第一印象。

2. 坚定专注的眼神

眼神闪烁给人一种不确定感，而坚定的眼神更能打动和感染对方。

3. 柔和大方的表情

面部表情轻松、充满笑意会让人降低戒备。

4. 文明的行为举止

举止友好礼貌，更容易赢得对方的好感。

5. 明确的语言表达

把话说清楚，才能赢得别人的理解和信任。

在信任的基础上，运用我们的同理心去理解对方，就能为沟通增加一份感情的筹码，使语言沟通更加顺畅和高效。在信任与理解搭建的桥梁上互通有无，分享彼此的感情与知识，这样的沟通会朝着共赢的方向发展，而沟通双方的合作关系也随之变得亲密和牢固。

幼儿教师的沟通合作首先从与同事建立起良好的关系入手。幼儿园班级管理工作通常由两名教师和一名保育员共同承担，因此增进教师、保育员之间的交流和沟通是非常重要的。在平日的沟通中，要真诚待人，关心同事的生活、体恤同事，在其遇到困难的时候热情相助，在工作上发生分歧和矛盾时耐心沟通，这样才能在细碎烦琐的一日工作中慢慢加深信任与理解，从而形成融洽默契的关系。

（三）掌握有效的沟通技巧

有效的沟通技巧包括语言沟通和非语言沟通的有机结合的技巧。幼儿教师要善于沟通，既要重视语言沟通的技巧，还要巧用非语言信号来辅助语言沟通，才能取得良好的沟通效果。

1. 重视语言沟通技巧

高效的语言沟通要求沟通双方的语言明确简洁、表述清楚，以对方的理解能力和水平为基础，并注意运用适当的语气、语调。除此以外，还应注意语言的艺术性，多使用礼貌用语、启发性、赞美性的语言，少用命令和强制的词汇，尽可能避免使用批评或责备的语气。

幼儿教师与家长进行语言沟通是家园合作中最常见的沟通方式，也是教师专业能力的体现。一方面，教师要以亲切自然的语音语调与家长交流，以谦虚的态度给家长提意见，切忌以专家自居，注意不用"必须、应当"怎么做之类的命令式词汇。另一方面，当教养观念出现矛盾冲突时，教师要善于控制情绪，耐心倾听家长的想法，并用简洁明确的表达向家长传达理念，争取达成共识。

2. 巧用非语言沟通

非语言沟通，指采用语言之外的其他手段进行沟通。在语言沟通中，语言因素外的可看见的、可感受到的非语言因素在信息获取和沟通中非常重要，是语言沟通的重要辅助手段，特别是幼儿教师面对幼儿与幼儿家长时，恰当地使用非语言能更准确地表达思想、传情达意。非语言沟通主要包括以下两方面。

（1）面部表情与眼神。与人交流时，应保持生动的表情和专注的眼神，要配合说话内容调整表情与目光方向，以友善的笑容与热诚的目光流露出对他人的善意与真诚，展示出开放的交往状态。幼儿教师的表情与眼神尤其具有神奇的魔法，对幼儿来说是爱，是鼓励，是赞许，是宽容，教师充满肯定的微笑与热情专注的目光将会对孩子的一生产生深远影响。

（2）体态语言。体态语言包括体态和身体的动作、手势。在与人交谈时，身体略微倾向于对方，表现出对他人所谈话题感兴趣；当与长辈交谈时，微微欠身，则表示谦虚与恭敬。尽量避免双手外推、拽衣领、拍脑袋、伸小拇指等消极手势，多用竖起大拇指之类的手势。师幼沟通时，教师采用下蹲前倾的身体姿态，必要时微笑点头、轻轻拥抱，更能让孩子卸下防备，充分信任教师。教师应避免使用手指孩子或者双手抱胸的带有侵犯性、防御性的手势，多采用积极手势，如鼓掌、击掌或竖大拇指。

🎤 小结

语言沟通无处不在，人际交往需要语言沟通，化解矛盾需要语言沟通，传达信息需要语言沟通，情感维系需要语言沟通，消除隔阂需要语言沟通。用语言沟通平复争端，化解矛盾；用情理浸润人心，是沟通的巨大力量。因此，只要牢牢把握住尊重、准确、理解与及时的原则，并在做好充分准备的前提下，熟练地运用各种技巧进行语言沟通，方能与人建立理解与信任的合作关系，让友情与亲情逐渐升温，让事业、学习与工作日日渐顺畅。

2-1-1　有效沟通的"6C"原则

技能训练

训 练 一

【**要求**】通过案例分析，掌握幼儿教师一般口语沟通的原则和要求。

【**步骤**】

（1）先自己想一想，再自己说一说；

（2）案例在小组中讨论，补充修改；

（3）在小组中发言，用准确连贯的一段话说出自己的意见；

（4）每组派一个同学代表小组发言；

（5）师生共同讨论。

【**题目**】

1. 下列案例中，沟通双方交流过程是否遵循语言沟通的原则，是否符合要求，为什么？

（1）一个女孩因为工作失误，遭到了同事的集体排斥。她生性敏感，受不得这种委屈。所以等不及下班，便打电话向男友倾诉这一天的凄惨遭遇。男友当即摆开了架势教育道："首先得承认，这确实是你做事不太妥……"她反驳："可我已经道歉了啊？""不，这是职场，你这态度就不太好。而且听你语气，我觉得你情绪很激动……"啪！等不及男友啰唆完，女孩便把电话挂了。几分钟后，她发来微信：你比他们更让我寒心。[1]

（2）一个新闻系的毕业生正急于寻找工作。一天，他到某报社对总编说："你们需要一个编辑吗？""不需要！""那么记者呢？""不需要！""那么排字工人、校对人员呢？""不，我们现在什么空缺也没有了。""那么，你们一定需要这个东西。"说着他从公文包中拿出一块精致的小牌子，上面写着"额满，暂不雇用"。总编看了看牌子，微笑着点了点头，说："如果你愿意，可以到我们的广告部工作。"[2]

（3）某患者去做核磁共振，当他准备脱鞋的时候，医务人员马上往后退一步，用手捂住鼻子，脸上露出厌恶的表情，表现出嫌弃的态度。医务人员的这一举动导致患者自尊心受到极大挫折，心情极度郁闷，对医院的服务表示非常不满。[3]

2. 以下是一位老板和总务部经理之间的对话，哪一段对话的沟通更成功，为什么？

（1）老板："说说，你们的困难是什么？"

经理："大家都反映公司的后勤保障有些问题。"

老板："什么问题？"

经理："办公设备方面，有些跟不上趟。"

老板："哪些办公设备？"

经理："缺一台复印机。还有就是，要是有一台扫描仪就好了。"

老板："这些机器要多少钱？"

经理："复印机3 000多元，扫描仪2 000多元。"

[1] 书小妹.懂共情，会沟通［EB/OL］.（2019-12-14）［2022-03-01］.https://mp.weixin.qq.com/s/z1PTqxjSLzhiluN9fgELUw.

[2] 荀伟平.人际沟通的10条白金法则［M］.北京：中国纺织出版社，2011：66.

[3] 林晓，江玲雅，史逸华.非语言沟通：一种独特的人际沟通方式［J］.医院管理论坛，2015（1）：26-27.

老板:"那好,复印机给你们配上一台;扫描仪暂时用处不大,缓缓再说。"

（2）老板:"说说,你们的困难是什么?"

经理:"我们缺两样设备。一是复印机,一台大概3 000多元;一是扫描仪,一台大概2 000多元。"

老板:"好的。复印机给你们配上一台;扫描仪暂时用处不大,缓缓再说。"[1]

训　练　二

【要求】根据幼儿教师一般口语沟通的原则和要求,针对具体情境,在尊重、准确、理解与及时的原则上完成沟通任务,恰当运用口头沟通和非语言沟通。

【步骤】

（1）先阅读情境,进入情境;

（2）自己想一想,再自己说一说;

（3）小组训练,看谁说得好;

（4）补充修改;

（5）个人汇报,学生点评。

【题目】

1. 晚上熄灯铃响过后,初中部男生宿舍还有好几个同学站在床边聊天,宿舍管理员发现后批评了他们,同时推了黄同学一下。由于力度较大,黄同学在被推后差一点摔倒。因此,他觉得很委屈,立即打电话告诉妈妈,妈妈以为儿子在学校受欺负了,答应明天一早来找学校领导理论,同学们把这个消息告诉了班主任。作为黄同学的班主任,这时候你会怎么找家长沟通?

训练提示:

（1）注意学生、家长的年龄特点和性格特点。

（2）注意语气语调和态势语。

2. "从小到大,我就不喜欢老师。因为初中的时候不管谁闯祸,只要我在场,老师都会认为是我挑的头。所以,老师,你不用期望我们的关系好到哪里去,见面我不叫你也是正常的。"一个名叫小雪的职中一年级学生在周记里写道。作为班主任的你,将如何与其进行语言沟通?

训练提示:

（1）注意职中学生的心理特点;

（2）注意语气语调和态势语。

3. 刘老师班上有个小孩名叫思宇,在幼儿园有"小霸王"的称号。这个孩子性格活泼,反应敏捷,但就是喜欢打人,经常把同伴打得哇哇大哭。本班老师既批评又教育,但他一转身就忘记了。遇到不合心意的事,马上就上手打人,令老师们头痛不已。通过侧面了解,刘老师了解到,思宇的爸妈工作都特别忙,平时主要由外公带。今天离园时,刘老师决定找他外公谈谈这个问题。如果你是刘老师,你会怎么跟孩子的外公进行沟通?

训练提示:

（1）注意交谈对象的身份;

[1] 南勇.共情沟通［M］.南京:江苏凤凰文艺出版社,2019:233-235.（有删改）

（2）注意语气语调和态势语。

训 练 三

【要求】 能模拟教学情境，讲一段符合语言沟通要求的话，初步探索如何与幼儿、家长进行沟通。

【步骤】

（1）先预设情境，进入情境；

（2）设计一段话，说一说，写一写；

（3）在小组中展示。

【题目】

1. 设计一段话，告诉小班幼儿保护牙齿的重要性及正确刷牙的方法。

2. 设计一段话，引导中班幼儿形成耐心倾听、不打断他人讲话的习惯。

3. 小班幼儿入园已经一个月了，幼儿园组织小班级家长开放日，要求你在班群里向家长发出邀请。

任务二　语言沟通中的思维训练

训练要点

2-1-2　手机被偷之后

1. 学习案例，认识思维对于口语沟通的重要性。

2. 学习理论和方法，了解思维方式、思维品质的内涵及训练方法。

3. 训练技能，在案例分析与情境模拟中掌握思维方式，提高思维品质。

案例

手机被偷之后

一个男子在火车站附近手机被偷了，马上请朋友给自己手机发了一条信息："哥，火车快开了，我等不到你，先上车了！欠你的两万块钱，我放在火车站寄存处A19号柜子里，密码是1685。"半小时后，偷手机的贼在火车站寄存处A19号柜子前被擒。

遇到上述情况，我们的一般反应都是报警，等待警察立案调查。而案例中男子的做法有些不同，他抓住了盗贼贪财的心理，充分发散思维寻求办法。他的思维不局限于如何追赶盗贼，而是反过来思考怎么能让盗贼自己送上门来。最终，他运用了逆向思维，用简单的一句话便巧妙地"诱骗"盗贼自投罗网，不到半小时便将手机拿回。由此可见思维在语言沟通中的重要性，适当运用发散、逆向等思维有助于我们快速解决问题。

理论与方法

思维与语言是密不可分的。人与人的语言沟通，表面看起来是传达、交换信息的过程，但究其本质其实是思维之间的碰撞与交流。通过思维碰撞产生的火花，使沟通双方在不断地博弈和妥协中各取所需，达成沟通目的。因此，沟通能力强的人，一般都具有良好的思维方式和思维品质。训练语言沟通能力，首先应该从思维的训练入手。只有提升思维能力，才能在语言沟通中避免词不达意、讷口少言的窘境，实现酣畅淋漓、言必有中的表达自由境界。

从个人的成长与个体发展的角度来说，进行思维训练，具有以下两方面意义：一是通过各种活动认识自身的思维方式，提升思维品质，做到"思之快、思之活、思之深、思之新"，实现思维系统性、深刻性、创造性、灵活性、敏捷性与批判性的统一；二是提高思维能力，挖掘自身潜能，实现多元能力的提升，包括理解与表达的能力、决策能力、预测与判断能力、解决问题的能力、独立思考与批判的能力、说服他人的能力等。

一、思维方式

思维是人脑对客观事物的间接的、概括的反映。不同的人看待事物的角度、方式方法不同，其思维方式也就不同，而思维方式直接决定了人的言行。思维方式多种多样，根据不同的标准可将其作以下分类。

（一）直觉思维和分析思维

根据思维的逻辑性（即有无逻辑性，有无经过分析）可分为直觉思维和分析思维。

1. 直觉思维

直觉思维是未经深思熟虑的分析便迅速做出的猜想、推断或顿悟的思维，如作家在进行创作的时候突然涌现的灵感，它便是转瞬即逝、未经逐步分析的，它体现的便是这种直觉思维。我们通常说的心直口快、脱口而出、快言快语等，便是一个人在语言沟通中直觉思维的表现。

2. 分析思维

分析思维指的是经过严密周全的分析后，得出明确清晰的结论的思维。警察的破案过程体现的正是分析思维，他们需要根据一点一滴的线索，顺藤摸瓜，通过取证、对证等过程，结合反复推敲和周密的部署，才能最终将犯罪嫌疑人抓获。而在警察审问犯罪嫌疑人的环节，他们更是要严密设计谈话内容，分析罪犯心理，才能快速侦破案件。

（二）聚合思维和发散思维

根据思维的指向性（即在思维时指向是集中还是发散）可分为聚合思维和发散思维。

1. 聚合思维

聚合思维也称为集中思维、求同思维，指的是人们在思考和解决问题的时候将眼光聚焦于某个中心，根据已有的知识经验向着一个方向深入挖掘思考，最终形成唯一确定的答案的一种思维方式。我们说的"打破沙锅问到底"正体现了这种思维方式，也是学生在数学题目中找出最佳答案常用的方法。

2. 发散思维

发散思维又称辐射思维、放射思维、扩散思维或求异思维，是指思考者突破原有的认知限制，充分发挥自身的想象力和主动性，从一个思维起点出发，向各种可能的方向扩散，力求寻找丰富多元的解决方案的一种思维方式。例如，我们提到铅笔，都会想到它的用途是写字，但将思维扩散开来思考，便可以得到多种多样的答案：铅笔的芯磨成粉后可以做润滑粉；演出的时候可以临时用来化妆；削下的木屑可以做成装饰画；一支铅笔按照相等的比例锯成若干份，可以做成一副象棋；在野外缺水的时候，铅笔抽掉芯还能当作吸管喝石缝中的水。

发散思维具有流畅性、变通性、创造性等特点，即对所接收的信息快速、灵活地做出反应，并能提出与他人不同的方法。在语言沟通中，特别是在讨论问题的情境中，发散思维能让我们想出更多的点子，让自己的发言更加全面、精彩。

（三）正向思维和逆向思维

根据思维的方向（即思维的趋势和方向）可分为正向思维和逆向思维。

1. 正向思维

正向思维，指的是人们沿用常规的观念和方法去分析问题的一种思维方式。正向思维一般从问题产生的原因入手，就是从因到果的思维，由已知经验推断未知知识的一种能力。擅长正向思维的人，都是"因果逻辑收集者"，平常在大脑中收集、整理、存放了大量的因果逻辑，以备随时调用，在语言沟通中能快速反应、巧妙回应。

2. 逆向思维

逆向思维是相对于习惯性思维、正向思维而言的一种反向思维。正向思维是看起来合情合理的思维方式，而逆向思维则与正向思维背道而驰，朝着它的相反方向去思考的方式，常常有悖常理。当陷入百思不得其解的思维困境时，不如考虑从反面来尝试突破，往另一个方向寻找答案，也许会收获更意外的答案和更广阔的天地。

我们常说"酒香不怕巷子深"，意思是说如果酒酿得好，就是在很深的巷子里，也会有人闻香知味，慕名前来品尝。这个观点确实有一定的道理，但是运用逆向思维去分析这句话，我们能得到一个完全不一样的结论，可以反过来说"酒香也怕巷子深"，意思是东西或产品再好，不去做营销推广，寻找起来十分困难，消费者也不会知道它，更不可能主动积极、历尽千辛万苦去寻找它。运用逆向思维，语言沟通更有新意。

二、思维品质

思维品质的成分及其表现形式很多，主要包括敏捷性、灵活性、创造性、批判性、深刻性五个方面。

（一）思维的敏捷性

思维的敏捷性反映了思维的敏锐程度，它是指思维活动既快速又准确的特点。思维极具敏捷性的人通常有如下表现：反应迅速，多谋善断，即使情况紧急也能积极思考，冷静推理，正确判断，果断决策。幼儿园的工作内容烦琐，每天都会有不同的突发状况，这就要求幼儿教师要有敏捷的思维和机智，与同事、幼儿进行积极的语言沟通，才能保证班级秩序正常运行。

（二）思维的灵活性

思维的灵活性指思维过程的灵活程度。思维灵活的人善于根据实际情况的变化及时转变思路，修改计划，并重新制订更加符合现实所需的计划和方案。如在教育教学活动中，教师提问后没有幼儿回应，这就要求教师灵活变换提问的方式，以更能吸引幼儿的语言引导幼儿做出回应，才能进行有质量的师幼互动。

（三）思维的创造性

思维的创造性是指思维过程具有创新性，能创造性地解决问题。幼儿教师工作过程非常需要具备这种创造性，这是由幼儿教师的工作对象的特殊性决定的。不同个性特点、发展水平和思维方式的孩子，都要求幼儿教师要因材施教，用不同的方式与幼儿进行沟通，才能令幼儿敞开心扉。

（四）思维的批判性

思维的批判性是指一个人能根据客观标准考察问题的是非，善于从实际情况出发分析思考问题，寻找解决方法。具有批判性思维品质的人，能够客观看待正反两面的建议，清醒地进行自我反思，坚持正确的观点。这是一种既善于从实际出发，又善于独立思考的思维品质。

新手幼儿教师初入职场，常常会按照书上或网上所说的方法与幼儿进行沟通，效果常常不理想。只有以批判性的思维去分析，才能找到最适合自己、最适合幼儿的沟通方式。

（五）思维的深刻性

思维的深刻性是指思维具有一定的广度、深度和难度。具有深刻性思维品质的人，善于透过现象看本质，发现事物的内部规律，并且善于预测事物的发展趋势和过程。它表现为在分析问题的过程中，善于概括归类，对感性的材料进行筛选和加工，去伪存真、由表及里地抓住事物的本质与内在联系，认识事物的规律性。

幼儿教师在对幼儿的问题行为进行分析时，尤其需要这种思维的深刻性品质。如对于幼儿"说谎"这一行为，不能只从行为表现将其定性为"恶劣的、不诚实的行为"。应从本阶段幼儿的心理发展规律出发分析说谎的原因：幼儿的大部分谎言来自想象、愿望、游戏和无知，有时是出于引人注意的目的。我们应该认清隐藏在谎话背后的儿童心理，采取与其心理状态相符的办法与幼儿进行语言沟通。例如，当你听到孩子说"我家里有三个电视机"的时候，你就应该接着说："哦，是吗！那太棒啦！"表示理解孩子的愿望和心情，然后再说："真的，如果能有三个电视机，那该有多好啊！"

三、思维能力训练方法

思维的训练需从注意力与观察力入手，增加大脑处理资讯的数量和速度，并运用"发散思维"与"逆向思维"的训练方法，使得问题的解决不局限于传统的思路，寻找多样又巧妙的解决之道。

（一）观察力、注意力训练

观察训练是所有思维训练的基础，有利于增加大脑处理资讯的数量和速度，主要包括静视、行视和闪视。

1. 静视

就近选择一样东西，比如一扇门、一束花或一个杯子，观察 1～2 分钟后闭上眼睛，努力在脑海里勾勒刚刚看见的物品的形象，尽可能详细地描述它的特征，并用文字或者语言将其形象描述出来。然后再重复细看物品，对照自己的描述，如果不到位则再补充更正。选择的对象可以从简单的物品开始，慢慢向复杂的物品过渡。语言描述的内容从最开始的外部特征，如形状、颜色，到物体的内部特征，如物品的用途、类别等，逐渐丰富。

2. 行视

以缓慢的步伐穿过你的房间、大厅和阳台，走的过程留意周边的事物，尽可能增加关注的事物数量。走完后回忆刚刚所见，将看到的物品和设备尽可能详细地描述出来，最好在纸张上写下来，然后对照补充。训练的场地也讲究循序渐进，从范围较小的家到小区、街道、商场等，由小到大，由简单到复杂。

3. 闪视

就是在眨眼的瞬时，看眼前的物体、人和设施设备，快速地记住并回忆。如看路上的广告牌，回想它的画面和文字；如看街上行走的某个陌生人，回忆他的外貌特征；如看马路上飞驰的小汽车，回想车牌号码。这样不仅可以有效提高视觉的灵敏度，还可以激活思维，强化记忆，使自己从内到外更加聪慧。

（二）发散思维训练

思维训练的核心是发散思维的训练，发散思维训练是培养创造性思维的重要途径。有效地训练发散思维的方法有以下五种。

1. 功能扩散

功能扩散是以事物的某种功能为聚焦点对外扩散，设想实现这种功能的各种可能性。如"照明"有多少种方法？答案是火柴、火把、蜡烛、手电筒、油灯、白炽灯、汽灯、LED灯、太阳能灯、萤火虫等。

2. 用途扩散（材料扩散）

用途扩散（材料扩散）是指以某物品的用途为聚焦点对外扩散，尽可能多地想象该物品的用途。如红砖的功能，从建筑材料用途入手，它可以用来盖大楼、宾馆、教室、仓库、猪圈、厕所等；从红砖的重量角度入手，可以用来压纸、腌菜、做砝码、当哑铃练身体等；从红砖的颜色入手，可以当笔在水泥地上画画、压碎成红粉做指示牌、磨碎掺进水泥做颜料等；从红砖的硬度入手，可以做凳子、锤子、支书架、磨刀……

3. 结构扩散

结构扩散是聚焦于某事物的结构进行扩散，设想出生活中利用该结构的各种可能性。例如：什么物体是半圆形结构？答案是彩虹、拱形桥、房顶、汽车顶、洗手盆、降落伞、铁锅、灯罩等。

4. 方法扩散

方法扩散以解决问题或制造物品的某种方法为扩散点，设想出利用该方法的各种可能性。例如："吹"可以办哪些事或解决哪些问题？答案是除尘、降温、演奏乐器、传递信息、制作产品等。

5. 因果扩散

因果扩散以某个事物发展的结果作为扩散点，推测造成此结果的各种原因；或以某个事物发生的起因作扩散点，推测可能发生的各种结果。例如：玻璃板破碎有哪些原因？答案是撞击、敲打、棒打、重压、震裂、炸裂等。

（三）逆向思维训练

逆向思维就是"不走寻常路"，在其他人都采用常规思路得出结论时，可以往相反的方向寻求突破，从而获得更惊喜、更意外的答案。具体训练包括以下两种。

1. 缺点逆向思维法

事物难免存在缺点，传统思维是运用各种方式去克服或者掩饰缺点，而逆向思维不单暴露缺点，还将缺点放大、转化成优点，由被动的状态转化为主动。

2.转换型逆向思维法

当遇到棘手的问题时，人们总会下意识地运用原有的固定思维去思考分析，有时候便陷入百思不得其解的死胡同，这时候我们就必须转化思维的方向了，反其道而行寻找其他解决办法。一个商人向哈桑借了2 000元，并且写了借据。在还钱的期限快到的时候，哈桑突然发现借据丢了，这使他焦急万分！因为他知道，丢失了借据，向他借钱的这个人是会赖账的。哈桑的朋友纳斯列金知道此事后，对哈桑说："你给这个商人写封信过去，要他到时候把向你借的2 500元还给你。"哈桑听了迷惑不解："我丢了借据，要他还2 000元都成问题，怎么还能向他要2 500元呢？"尽管哈桑没想通，但还是照办了。信寄出以后，哈桑很快收到了回信，借钱的商人在信上写道："我向你借的是2 000元钱，不是2 500元，到时候就还你。"

🎤 小结

思维是人脑的机能，是对外部现实的反映；语言则是实现思维、巩固和传达思维成果的工具。思维和语言是相互依存、相互促进的。思维的发展推动语言的发展，语言的发展又促进思维的发展。因此，掌握思维方式，提高思维品质，对于促进语言发展，提高人际沟通效率有着不可忽视的作用。

2-1-2　幼儿教师直觉思维的培养路径

✏️ 技能训练

训 练 一

【要求】通过案例分析，掌握思维方式与思维品质，并能流畅、完整、连贯地表达意见。

【步骤】

（1）先自己想一想，再自己说一说；

（2）案例在小组中讨论，补充修改；

（3）在小组中发言，用准确连贯的一段话说出自己的意见；

（4）每组派一个同学代表小组发言；

（5）师生共同讨论。

【题目】

1.分析以下案例，说说这些案例里的故事体现了哪些思维方式，为什么？

（1）有一个富豪，每次出门都担心家中被盗，想买只狼狗拴门前护院，但又不想雇人喂狗浪费钱。苦思良久后终得一法：每次出门前把Wi-Fi修改成无密码，然后放心出门。每次回来都能看到十几个人捧着手机蹲在自家门口，从此无忧。

（2）心理学家曾做过这样的试验：在黑板上画一个圆圈，问在座学生这是什么？其中大学生回答很一致："这是一个圆。"而幼儿园的小朋友则给出了各种各样的答案："太阳""皮球""镜子"……可谓五花八门。

2.分析案例中教师的沟通过程，说说教师运用了哪些思维方式，具备什么思维品质。

（1）花园里，同学们都纷纷说了自己喜欢的花，这时全校闻名的"调皮大王"李刚发话了："老师，我最喜欢的是仙人掌，它虽然全身长满了刺，但它的生命力最旺盛，而且刺丛中还能开出美丽的花儿呢！"他的话立即遭到同学们的反驳。平时不受欢迎的调皮大王，见同学们都不赞同他，便据理力争："刺中有花！刺中有花！"这时，大家都向班主任张老师投来好奇的眼光，看看她将如何回应。只见张老师激动地走到李刚身边，搂着他的肩对同学们说："李刚说得对。仙人掌声虽然浑身是刺，但是它刺中也有美丽的花，我们不能只看到它的刺，就看不到它的花啦；更不能因为它刺多就不喜欢它的花。我们对待同学也应像赏花一样，特别是对缺点多一些的同学，更应该正确看待他身上的潜在的闪光点。花有千万种，各有优缺点，你们说对不对！"说着，张老师拍了拍李刚的肩，她的话赢得了一片掌声，李刚也不好意思低下了头。[1]

（2）闹闹是一名入学十分焦虑的小男孩。闹闹总问："妈妈什么时候来接我呀？"林老师耐心地告诉他："吃完饭，妈妈就来接你了。"于是闹闹又问："那什么时候我们吃完饭啊？"老师又说道："活动完我们就吃完饭啦！"闹闹问道："那我们什么时候才能活动完啊？"说完便崩溃地哭了起来。面对闹闹循环式的接力提问，林老师丝毫没有表现出不耐烦的情绪，只见林老师拿起手边的纸和画笔，认真地画了起来。林老师先画了一个滑梯，而一旁的闹闹显然不知道老师在做些什么，十分急躁，又开始问起来："妈妈什么时候来啊？"林老师并没有接话，只是又画了一副碗筷。闹闹见林老师并没有回复他，便摇摇老师的胳膊。林老师接着画了一张床，闹闹抽泣声渐渐小了下来，他在看老师到底在画着什么。就这样，闹闹看着林老师又画了一个滑梯、一副碗筷还有爸爸妈妈的头像，闹闹竟在疑惑中平静了下来。林老师画完后，便说道："闹闹，你看，我们先去外面滑滑梯，然后回来吃饭睡觉，然后再去滑滑梯玩，最后就可以回家跟爸爸妈妈一次吃饭了。林老师把这张图画放到你的兜里，然后我们每做完一件事就打一个钩，每打一个钩，就离爸爸妈妈近了一步。"闹闹看了看图画纸，然后自己嘟囔着："闹闹乖，闹闹去滑滑梯，是不是你就能给我画个钩，我就能快点见到爸爸妈妈呀？"林老师点点头并说道："那我们一起去换室外衣服和鞋滑滑梯去吧！"于是闹闹拿着图画纸和林老师一起去换衣物了。[2]

3. 快速思维训练：根据下列所给情境进行推理，看谁想得快。请用一段语意明晰、条理清楚的话说出自己的推理过程。

（1）一个爸爸给了儿子2 000元，另一个爸爸给了儿子1 000元钱，可是这两个儿子把钱加在一起却只有2 000元钱。请问，这是怎么回事呢？[3]

（2）学校春季运动会上1号、2号、3号、4号运动员取得了运动会800米赛跑的前四名。1号说："3号在我前面冲向终点。"另一个得第3名的运动员说："1号不是第四名。"裁判员说："他们的号码与他们的名次都不相同。"你能猜出他们的名次吗？[4]

训　练　二

【要求】通过理论的学习与实践，在具体情境中运用思维能力训练方法，掌握多种思维

[1] 佚名. 花园里，同学们都纷纷说了自己喜欢的花，这时全校闻名的"调皮大王"李刚发话了［EB/OL］.（2018-05-10）［2022-03-01］. https://www.tikuol.com/2018/0510/0de09a371027ebb5f5002896cf683af1.html.
[2] 石琳. 幼儿教师教育机智的实践运用及影响因素研究［D］.沈阳师范大学，2020：24.
[3] 周建武：经典逻辑思维名题365道［M］.北京：化学工业出版社，2016：36.
[4] 周建武：经典逻辑思维名题365道［M］.北京：化学工业出版社，2016：13.

方式，提升思维品质。

【步骤】

（1）先阅读情境，进入情境；

（2）自己想一想，再自己说一说；

（3）小组训练，看谁说得好；

（4）补充修改；

（5）个人汇报，学生点评。

【题目】

1. 幼儿园新来了一位园长，你在会上看过她讲话，但是她还不认识你。有一天出门，你发现这位园长居然跟你住在一个小区，于是你向前跟她打了招呼。打完招呼之后你们一起走路前往幼儿园，在这路上，你会跟园长谈论什么话题？即将运用什么思维方式？请将你谈论的话题有条理、清晰地说出来。

训练提示： 可从思维的聚合性和发散性入手进行训练，围绕"小区""幼儿园"两个共同点，并发散到小区管理、小区绿化、幼儿园特色、幼儿园近期活动等话题。

2. 针对以下题目展开辩论，分别扮演正反方进行阐述，要求逻辑严密，有说服力。

（1）愚公应该移山 vs 愚公不该移山，应该搬家。

（2）知难行易 vs 知易行难。

（3）网络使人们更亲近 vs 网络使人们更疏远。

训练提示： 主要训练学生的思维方式，学生需要运用正向、逆向思维对话题进行不同角度的思考，还要结合侧向、转向思维进行深入剖析，利用发散思维多角度搜集论据支撑论点，最后运用聚合思维清楚、流畅、完整地论述观点。

训 练 三

【要求】根据话题设计沟通内容，要求运用多种思维方式，思维具有深刻性、系统性、灵活性、敏捷性和批判性。

【步骤】

（1）先预设情境，进入情境；

（2）设计一段话，说一说，写一写；

（3）在小组中展示。

【题目】

1. 普通话水平测试话题训练。

（1）我尊敬的人（我喜欢的明星）。

（2）学习普通话的体会。

2. 指导小班幼儿穿袜子。

3. 指导中班幼儿画国旗。

任务三　语言沟通中的心理素质训练

训练要点

1. 学习案例，认识心理素质对于语言沟通的重要性。
2. 学习理论和方法，了解语言沟通中可能存在的心理障碍及克服的方法。
3. 训练技能，初步掌握克服心理障碍的方法及强化心理素质的训练方法，树立自信心，轻松自如地与人沟通。

2-1-3　小丽的苦恼

案例

小丽的苦恼

小丽，女，15岁，初中二年级学生，家里有一个弟弟和一个妹妹。她的问题是害怕与别人交谈，即使只说一句话，也会觉得呼吸急促，脸红，心跳加快，手心出汗；课堂上回答老师的提问时，无论回答与否，她总会脸涨得通红，结果讲话结结巴巴，语无伦次；对陌生人和当众讲话更是这样。对这种情况她无论怎样努力都无济于事。同学们经常因此取笑她，这更使她感到异常的羞辱，恨不得找个地缝钻进去。此外她总觉得自己不如别人，不愿与同学接触，更不愿交谈，同学们都觉得她性格很内向。

以上场景是不是很熟悉？这样的尴尬情况你或多或少也经历过吧？每个人在与他人进行语言沟通时，总有这样或那样的心理障碍，只不过有些人表现得并不明显，可能仅仅表现出人们难以察觉的细微表情和动作，而有些人则存在严重的心理障碍，沟通时明显表现出局促不安、语言结巴、身体动作扭曲等，甚至影响正常的语言沟通和人际交往。因此，了解语言沟通中可能存在的心理障碍并克服，是提高沟通效果的必修课。

理论与方法

人与人的交往，群体或组织与公众的沟通，都集中体现在心理交流上，人际关系是建立在心理接触基础上的社会关系。所以，在影响人际关系的因素中，心理障碍产生的影响更大。了解语言沟通中可能存在的心理障碍及克服的方法，初步掌握克服心理障碍的方法及强化心理素质的训练方法，可让人产生归属感和安全感，可以在与他人的交往中获得心理上的满足和快乐，收获友爱。

一、语言沟通中的心理障碍

良好的人际关系有赖于顺畅的语言沟通，而语言沟通的效果则与人的心理品质密切相关。具有良好的心理品质的人，大多能保持开朗的性格和开放的交往心态，从而能化解语言沟通中出现的各种矛盾和问题，形成积极的人际关系。反之，一个人如果存在自卑和孤傲、猜疑和防御、嫉妒和报复、羞怯与闭锁等心理障碍，则容易在语言沟通中产生巨大的心理压力，难以化解人际沟通矛盾，严重时还可能引发抑郁症等病态心理。

语言沟通中的心理障碍具体包括以下四类。

（一）自卑和孤傲

由于家庭贫困、自我认知不足、家庭不良教育、在成长中经历过创伤等原因，有些人会因此产生自卑心理。存在自卑心理的人对于自己没有客观的认知，表现为对自己的品质和能力评价低下，同时伴有敏感、害羞、内疚、忧郁、失望等不良情绪。与他人交谈中自卑的人缺乏信心，常常处于不敢说、不多说、说不清楚的尴尬局面。在公众场合发言，具有自卑心理的人更容易产生恐惧，表现出脸红、说话声音小、语气软弱犹豫、语音颤抖等现象。

与此相反的是孤傲心理，具有孤傲心理的人总是自我感觉良好，自我评价过高，自命不凡。在与人交往中，总是摆出一副居高临下的样子，沟通用词、语音语调、动作表情都让人感觉不适。具有孤傲心理的人自视甚高，而对他人吹毛求疵，极容易引起沟通对象的反感和厌恶，影响正常的人际交往和沟通。

（二）猜疑和防御

猜疑和防御心理主要表现为对他人不信任，戴着面具虚伪地与人交往。产生猜疑防御心理的原因有很多，其中主要包括两点：一是本身自信心不足，自认为在某方面不如别人，但又有很强的自尊心，因此戴着"有色眼镜"看待别人的行为，总怀疑别人看不起自己或诋毁自己，陷入猜忌旋涡难以自拔；二是失败的交往经历，曾经被人视为知己而将自身的秘密全盘托出，但遭到出卖、受到伤害，从此不愿再相信别人。具有猜疑和防御心理的人在与人沟通时喜欢主观猜测，用怀疑和试探的语气说一些让对方心里不适的话，久而久之必然引起别人的反感，造成沟通不畅，甚至无法与人进行正常的语言沟通。

（三）嫉妒和报复

嫉妒是一种比较复杂的心理，包括焦虑、恐惧、悲哀、猜疑、羞耻、自咎、消沉、憎恶、敌意、怨恨、报复等不愉快的心理状态。与嫉妒心理相伴的还有报复心理，在交往过程中，一旦沟通中产生矛盾和冲突时，持有嫉妒心理的人便会伺机报复，小题大做，造成双方关系紧张、恶化。发现或自认为自己的才能、名望、地位和实力不如他人时，具有嫉妒和报复心理的人常常在背后挖苦、中伤甚至诋毁别人。当他人遭受失败时，具有嫉妒和报复心理的人常会幸灾乐祸，用取笑和鄙夷的语气、恶毒的语言讽刺他人。

（四）羞怯与闭锁

羞怯是羞涩、胆怯的意思，主要表现为紧张、难为情、脸红和退缩。紧张是羞怯者的主要反应，它往往伴随着脸红、心跳加速、语无伦次、思维混乱等外显行为。当这样的人遇到社会地位比自己高的权威人士或心中暗恋的异性，在公众场合发表演讲或与人进行语言沟通时，羞怯心理更加明显。在与人沟通时，有的人对于外界刺激高度敏感，做事谨慎小心，羞于见人，不善于交往，有的人过分关注自己的表现和对方对自己的看法，结果越是想给别人留下好印象就越不自然，有的人原先十分积极主动，开朗活泼，但由于偶然的挫折使其产生强烈的挫败感和自我怀疑，比如有过一次在公众场合演讲忘词的经历，由此变得十分胆小，羞于与人沟通。

长期的羞怯心理让人过分约束自己的言行，甚至为了不出错而选择不交往不沟通，必然导致闭锁心理。闭锁心理使人更加不敢与人交往，与人交往时诚惶诚恐或退缩回避，最后只好把自己孤立和封闭起来。羞怯与闭锁无疑是影响人际关系和语言沟通的重要因素，不利于身心的健康发展，让人面对一个孤独无友的局面，作茧自缚，举步维艰。

《幼儿园教师专业标准（试行）》提出沟通与合作能力是幼儿教师的必备能力，包括能与幼儿、家长取得良好沟通，并与同事进行良好的合作交流，这就对幼儿教师沟通中的个人心理素质提出了较高要求。由于多重社会角色的压力、身体健康出现问题、职业生涯缺乏规划等内部原因，再加上社会对幼儿教育的高度重视、家长的高期望与自身的低收入等外部因素，幼儿教师极易出现上述所说的种种不良心理障碍。这些心理障碍的不良影响在幼儿教师与幼儿的沟通中体现得尤为明显。具有心理障碍的幼儿教师在与幼儿沟通时容易出现不耐烦、爱发脾气，甚至体罚或变相体罚的不良行为，不仅影响沟通效果，更会极大地影响着幼儿心理健康的发展。

二、语言沟通中良好的心理素质

具备良好的心理素质是社交活动得以进行的必要条件，也是语言沟通和交际能力得以发挥的重要前提。相反，如果人们存在上述提到的种种心理障碍，那么会形成某些隔阂和屏障，阻碍了人与人之间的正常社交与沟通。因此，在工作生活中应该注重自身修养，努力培养良好的心理素质。

（一）坦诚相待

沟通的本质就是互动，而促进互动的最大动力便是真诚，坦诚相待在语言沟通中的作用比其他个人能力、社会地位、沟通技巧都更重要。真诚是语言沟通中最有说服力的名片，越是真诚的人，越懂得说话时照顾他人的情绪与想法，越能够让对方感到"靠谱"，语言沟通的效果与质量往往也更高。

（二）宽容

在语言沟通中，即便双方都是善良的人，但因为立场、观点和经验的不同，矛盾冲突还是不可避免。当矛盾产生时，最需要的是沟通双方持有一颗宽容的心。学会宽容，可以让一段出现裂痕的关系得到愈合。有了宽容，误解和猜疑才能烟消云散。宽容是两个发生矛盾之人沟通的桥梁，它能拉近两颗倔强的心，它能让我们站在别人的角度去考虑问题，从而能用一种善意的方式来进行语言沟通，处理复杂的人际关系。

（三）共情

共情，就是站在他人的立场上，体验他人的感情、想法、行为方式的能力。共情是语言沟通的灵魂，共情力是一种很神奇的力量，它能拉近原本陌生的两个人之间的距离，使沟通双方快速、深刻连接，做到换位思考，平等交流。有良好共情力的人，当你谈论自身痛苦时，他也心生痛苦感受；当你欢喜雀跃时，他也为之振奋。一个温暖体恤的人，绝不可能在他人置身寒冬时，去炫耀自己的春天。

（四）信任

在人际交往中，信任就是要相信他人的真诚，从积极的角度去理解他人的动机和言行，而不是胡乱猜疑，相互设防。积极的信任关系是语言沟通的润滑剂，从短期效果来看，信任能在每次沟通过程中，对彼此双方的言行有正面的理解和良好的印象；从长期效果来说，信任关系的建立会使对方更愿意与你沟通，并形成和谐的沟通和合作关系。

要成为一名合格的幼儿教师，不仅要具备综合的专业知识和保育教育能力，而且还要具备良好的心理素质。幼儿教师作为幼儿模仿的主要对象，教师的性情、言行举止都会潜移默化地影响孩子。如果教师具备坦诚、宽容、共情和信任等良好的心理品质，就能更好地走进幼儿的内心，给予亲切、温暖的关爱，就能在沟通中与幼儿建立深厚的感情。因此，不断提高自身的心理素质，造就幼儿喜爱的特质，才能适应教育发展的需要。

三、克服语言沟通中心理障碍的方法

具有某些心理障碍的人在语言沟通中会频频受挫，久而久之便不愿与人交流，将自己限制在比较狭小的空间。如果不及时调整这种心理障碍，可能会影响到以后的生活和工作，并且不利于自身的发展。那么怎样克服语言沟通中的心理障碍？不妨试试以下四种办法来应对。

（一）接纳自我

正确认识和估价自己，在实践中摆正自己在人际交往中的位置，逐渐形成健康的交际心理是克服语言沟通中心理障碍的最好方法。自我接纳包括对自我形象、身体形象，自己情感、态度、信仰、价值观和身边的人及自己所处环境的接受与适应，自我接纳是达到自尊的基础条件。接纳自我，最重要的是要做到以下两点：一是用"足够好"的标准替代不切实际的"完美标准"，要认识到完美在世界上是不存在的，在面对自己不满意的事情时，试着学会为"足够好"而庆祝，更多地关注自己背后付出的努力；二是积极地接触与自己不同的人，试着找和自己不一样的人做朋友，有助于培养开放的心态。越是接触过不同的人，看过他们的生活，越是能意识到世界是参差多态的，人也是有不同的优缺点的。自我接纳可以使自己更加自信，有利于积极开展语言沟通。

（二）适当进行自我调节

人不可能处处顺心、事事顺利，学习、就业、人际交往中遇到了困难和挫折，在经过最大努力仍不能改变状况时，可适当地进行自我安慰，要说服自己适当让步。这种方法能让我们克服语言沟通中的自卑心理，使沟通更顺畅，取得更为满意的效果。适当的借口是可以理解的，但最好不要经常用这种方法来为自己开脱，否则会令自己产生惰性，从而起到消极的作用。

（三）转移注意力

通过转移注意力，可以跳出既定的生活圈子，忘却眼前的烦恼、化解不良情绪。转移注意力的方法包括以下三种。

1. 消遣转移法

通过散步、与他人交谈等轻松的方式转移注意力。

2. 繁忙转移法

当个人情绪不佳时，有意识地让自己忙碌起来，安排更多的工作任务，使自己注意力放在工作上，无暇顾及烦恼。

3. 改变环境法

当自己心态不佳时，不如换个地方进行一场旅行，改变生活节奏，迎接新的自我。转移注意力可以使自己心理更加自信、宽容、愉悦，以良好的心态与人进行语言沟通。

（四）情绪管理

良好的情绪管理能力也是克服语言沟通中的心理障碍的一种重要方法，就是要善于自我管理，善于调节情绪，对生活中矛盾和事件引起的反应能适可而止地排解，能以乐观的态度、幽默的情趣及时地缓解紧张的心理状态。具体包括以下三个步骤：

1. 体察自己的情绪

人人都有情绪，我们要做的不是压抑情绪，而是首先去认识它，感受它，辨别它。如朋友约会迟到你心里很不舒服，可以尝试问问自己：我当下的情绪是什么？为什么会有这种感觉？

2. 适当表达自己的情绪

采用委婉的方式向他人表达自己的情绪，避免用指责的语气语调。比如你可以对迟到的朋友说："你过了约定的时间还没到，我好担心你在路上发生意外。"

3. 以适宜的方式缓解情绪

痛哭一场、找好友倾诉、听音乐、运动、逛街等都是很好的方式，缓解情绪的目的在于给自己一个厘清思路的空间，积蓄能量面对未来。

幼儿教师会因为工作压力大，出现焦虑情绪、自卑感和受挫感。想要从根源上消除这些心理障碍，就需要幼儿教师的自我觉知和积极调适。幼儿教师要本着对自己、幼儿和家长负责的态度，时刻关注自己的心理健康，养成积极乐观的生活态度，才能为自己的工作注入更多的能量，为幼儿的成长提供动力，从而更好地适应岗位和日常生活。

四、强化语言沟通心理素质的训练方法

提高心理素质，要注意多通过情景模拟实践，不断挑战自己的心理底线，训练提升心理常态的上限。实施强化心理素质的训练要注意循序渐进，知难而进，其具体方法主要有以下四种。

（一）话题训练

话题训练就是设定题目进行讲述、答辩。题目应是有助于建立积极的自我评价，提高自尊自信的话题，抽题后稍作准备当场进行讲述，并邀请其他同学作为评委，针对讲述提出质疑和问题，讲述人答辩。这样的随机抽题讲述、答辩不仅能增强自信心、提高心理素质，同时也是提高语言组织和表达能力的好方法。

（二）自我暗示训练

积极的自我暗示可以消除胆怯、紧张等心理障碍。自我暗示训练的具体做法有：① 上台前紧闭双眼，打开胸腔，反复深呼吸，并在心里默念"我能讲清楚，我能做到"。② 调整上台的步伐和速度，尽量缓缓走向讲台，在此过程不断深呼吸。③ 目光向前平视并自我暗示，说话速度慢一些，语调更坚定一点，表达更清晰一点……积极的自我暗示不仅是公众演讲前的心理舒缓的重要途径，在与陌生人见面前、重大的谈判和会晤情境下也同样适用。

（三）目光接触训练

很多人在与人语言沟通时，特别是初次见面或者在公众场合发言时容易紧张，目光无处安放，要么眼神呆滞，要么闪闪躲躲，甚至低头躲避对方的目光。这里所强调的目光接触训练，强调的是不去探究别人目光的含义，而是思考自己在讲话时如何用目光去跟对方、观众交流，如何

用目光表达自身的热情和诚意。目光接触训练最基本的方法就是模拟情境训练，对着镜子，一边提问一边看着自己的眼睛："我要如何让对方认真听我的发言？我应该要用平和、友善的眼光让他们注意到我；我应该如何确定对方是否听懂了我所表达的内容？我要用企求，热情的目光去征询对方的意见；我应该怎样更好地引起对方的共鸣和认同呢？我要用火热、亲切的眼光来与对方互动。"

（四）角色心理适应训练

角色心理适应训练就是通过角色扮演，尝试在模拟的情境中进行"自我推销"，具体训练程序如下：请4名同学担任考官角色，1名同学扮演应聘者。应聘者先进行简单的自我介绍，阐述个人情况。再由性格各异的四位考官轮番提问，要求扮演考官的同学要设计出符合情境（应聘职位、应聘场合、面试考官身份等）的提问和说话方式，应聘者逐一回答。在训练中不断提高自己作为应试者的心理适应水平，增加陈述和立论的经验与能力。

🎤 小结

语言沟通与心理有着非常密切的关系，可以说，心理素质的好坏影响甚至决定了语言沟通的效果和质量。因此，了解语言沟通中可能存在的心理障碍，克服自卑和孤傲、猜疑和防御、嫉妒和报复、羞怯与闭锁等不良心态十分重要。我们始终坚信，只要掌握了心理素质训练的方法和技巧，并坚持不懈地进行练习和实践，我们一定能够战胜自己，提高语言沟通能力。

2-1-3　增强心理素质的训练方法——认知转变法

📝 技能训练

训　练　一

【要求】通过案例分析，掌握克服心理障碍的方法。

【步骤】

（1）先自己想一想，再自己说一说；

（2）案例在小组中讨论，补充修改；

（3）在小组中发言，用准确连贯的一段话说出自己的意见；

（4）向大家分享自身在日常沟通中存在的心理障碍，并与同学老师讨论克服的方法；

（5）从案例主人公的身上看到良好的心理品质对于语言沟通的重要性，并学习这些良好品质。

【题目】

1. 说说你认为自己在语言沟通中存在哪些心理障碍，你是如何克服的，有什么好的策略？如果没有克服，你打算接下来怎么做，你还有什么困惑？

2. 下述案例沟通的结果为什么是失败的？沟通双方可能存在哪些心理障碍？缺乏怎样的心理素质？

在上班高峰时间，公共汽车上人很多，车辆突然刹车，一个年轻小伙子不小心踩到了一位老大爷的脚，老大爷张口就说："你没长眼睛啊？看我岁数大了好欺负是不？"

小伙子本来是想说一句对不起的,可老大爷的话惹恼了他,他有点不悦地说:"踩了就踩了,也不是故意的,我怎么欺负您了啊?"

老大爷瞪着眼睛说:"你看你看,刚说你两句就来劲了!我看你那样儿,监狱里刚放出来的吧?"

小伙子听完此话,立刻火冒三丈:"你这人怎么说话呢?"边说边挥着拳头要打人。车里的人连忙拦住,左劝右劝,好不容易才让他俩消了气儿。[1]

3. 分析下列案例中的销售人员为什么最终可以成功,他具备什么心理素质,你学到了什么?

孙棋是一名孕婴产品销售员,经过打听得知某个住户家里有孕妇,于是敲门拜访,开门的是一个老妇人。她不确定是孕妇的婆婆还是母亲,决定先试探一番。

于是孙棋开口说:"阿姨,您怎么一个人在家?你儿子和媳妇呢?"

老太太:"你弄错了,这是我女儿的家,她怀孕了,我是来照顾她的。"

孙棋:"真是可怜天下父母心啊,这么大年纪还在为女儿着想,当初我岳母也是这样,我妻子怀孕以后怕她冷着、饿着,孩子出生以后也是一刻不得闲。"

老太太:"可不是嘛!我女儿就是好动,身子也不错,这会儿她婆婆陪着她出去散步了,我们两个老太太还怕照顾不好一个孕妇吗?"说完爽朗地笑了起来。

孙棋:"是啊,我看着您就是一个和善的人。光顾着跟您聊天了,您看,这是我们公司的婴儿产品,包括奶粉、益智玩具,还有各种婴儿期的书籍等。"

老太太:"原来你是做销售的啊!"

孙棋:"是的,阿姨,不过您不购买也没有关系,我打扰了您这么久,送给您一个小玩具吧。"说着拿起了一把玩具手枪,老太太一看非常喜欢,可是一想:要是生的是女儿,岂不是不合适。于是老太太主动提出购买两个娃娃。

孙棋一看自己的方法奏效了,说道:"阿姨,您女儿怀孕几个月了?"

老太太:"七个多月。"

孙棋:"孕后身材恢复也很重要,我也后悔当初妻子生完孩子没有给她买恢复身材的产品,导致她现在很苦恼。我们公司正好有这种产品,产后每天只要锻炼十几分钟,就可以起到很好的效果。您要是给女儿买一个,她一定会很开心。"

老太太:"是啊,那我就买一个吧,反正女儿生孩子,我这个做母亲的也没有为她买什么。"接下来,老太太购买了上千元的孕婴产品。[2]

训 练 二

【要求】通过情境模拟训练,克服口语沟通中的心理障碍,训练心理素质,培养良好的心理素质。

【步骤】

(1)先阅读情境,进入情境;

(2)自己想一想,再自己说一说;

---

[1] 荀伟平.人际沟通的10条白金法则[M].北京:中国纺织出版社,2011:193-194.

[2] 汇智书源.沟通力!把话说到客户心里去(图解案例版)[M].北京:中国铁道出版社,2017:47-51.

（3）小组训练，看谁说得好；

（4）补充修改。

【题目】

1. 主持班级辩论赛：上台宣布辩题，讲明辩论赛规则，做好辩论赛地点和时间，做好人员分工，如计时人员、场地布置、辩论赛主持人、评委等。

2. 模拟面试：请出六名同学一人扮演应聘者，另外五人扮演面试官，应聘者和面试官相对而坐进行面试，面试职位为幼儿园副班老师一职。要求应聘者先做自我介绍，随后五位面试官轮番发问，应聘者回答。班级其他同学观察整个过程，针对每一名同学的发言做点评。

训练提示：

（1）注意训练的循序渐进性，准备从少到多，从自我练习到小组训练；

（2）注意表达要清晰连贯、重点突出，注意不同角色的特点和措辞。

训 练 三

【要求】在训练中强化心理素质，加强训练的难度和强度，熟练掌握各种沟通技巧。

【步骤】

（1）先预设情境，进入情境；

（2）设计一段话，说一说，写一写；

（3）在小组中展示。

【题目】

1. 在全班同学面前讲述下列主题。

（1）我的成长之路。

（2）我喜爱的职业。

（3）我向往的地方。

2. 康康小朋友聪明好动，上课回答问题也很用心。但是有一个坏习惯，总爱和别的小朋友打架，多次和他谈话仍不见效果。为此，你来到康康的家里，跟他的妈妈进行一次谈话，请将家访的过程展示并记录下来。

任务四　语言沟通中的适应语境训练

训练要点

1. 学习案例，认识语境的含义及其对语言沟通的重要性；

2. 学习理论和方法，了解语言沟通中语境的作用和适应语境训练的基本方法；

3. 训练技能，初步掌握适应语境训练的基本要求和方法，灵活地根据不同语境选择不同的沟通内容和方式。

2-1-4　家长沟通艺术

案例

家长沟通艺术

一位教师与学生外祖母交谈中说道："您老身体挺硬朗的啊！我哪是来告状的，您孙子在学校没做错事，有啥告的呀？不过，就是念书没使劲儿，数学又挂'红灯'啦！您也别着急，咱们当老师的抽空给他补课；可在家，您可别总是由着他，也要敲敲边鼓啊！"

从这几句话就可以看出这位教师高超的沟通艺术，沟通的效果也可想而知。她深入分析语境，抓住沟通对象的认知、性格和年龄特点，以通俗易懂的语言让老人家一下子就理解她的用意。她站在沟通对象的角度，关心老人家的身体，并主动提出给孩子补课，只是让外祖母配合"敲敲边鼓"，这让老人家更心甘情愿地配合老师。

理论与方法

语言沟通是一种社会现象，是一种社会活动，因此它离不开社会环境，离不开具体语言环境。语言沟通离不开语境，正如植物的生长离不开水、阳光和空气。没有了语境这个大前提，语言沟通将会成为无源之水、无本之木。因此，提高语言沟通能力，不仅要学习语词、语音、语法等基本的语言知识，更关键的是，要在一定的语言情境下选择恰当的语言表达，提高语言沟通的应对能力。因此，理解语境的含义及构成，从实例中探索语境的限制和补充作用，在实战中训练适应语境的沟通能力，是提高语言沟通能力的重要途径。

一、语境的含义及构成要素

语言的沟通总是处于大大小小的环境背景下，语言的理解和沟通的顺利达成也离不开具体的环境。所谓的语境即是"语言环境"，确切地说，它指的是语言沟通的具体场合和前言后语，同时也包括时代背景、个人的文化修养、社会经历、文化水平、语言风格和方言基础等。

语境的构成要素包括上下文语境、情景语境和民族文化传统语境，只有包括这三个方面，语境的内容才趋于完备、合理。

（一）上下文语境

上下文语境由上下文和背景知识构成的一种语言环境。借助上下文语境，才能正确理解词语的含义和句子的完整意思。例如"方便"一词在不同语境中的含义都不同，我们可以依据上下文语境判断出来。

（二）情景语境

情景语境是指实际情景中对语言活动产生影响的一些因素，包括语言沟通的时间、地点、话题、场合，也包括参与者的身份、职业、思想、教养、心态等。只有把话语置于特定的时空语境下，并充分了解交际参与者在社会和家庭中的地位或人际关系及其思想、教养、职业等具体情况，才能准确、有效地进行沟通。

（三）民族文化传统语境

民族文化传统语境是由民族的历史文化、风俗习惯等构成的一种语言环境。由于不同民族的历史文化、风俗习惯不同，对相同的话语可能有不同的理解，对于相同的沟通场景可能会有截然不同的回应方式。如在中国，两个熟人路上相遇寒暄常常问："你去哪儿啊？你干什么去呀？吃饭了没？这么早下班准备做什么？周末在家干什么？"在中国人看来，这只是一种打招呼和聊天的方式，并不是真的要知道确切的答案。如果用这种方式跟英美人打招呼，他们会认为是盘问或监视他，是不友好的行为。又如受到别人夸奖时，中国人可能会回答："过奖了！"以此表现自己的谦虚和低调。而西方人则会直接说："Thank you!"他们认为别人的夸奖是合理的，并且这样回答更能肯定对方的鉴赏力。

二、语境的作用

语言沟通的环境由三个基本元素构成，即语言表达者、接受者和沟通时的客观环境。从语言表达和语言接受的两方面来看，语境对语言沟通的作用主要表现在制约和补充两种功能上。

（一）语境对言语表达的制约功能

在沟通过程中，表达者想要使表达更加恰当和得体，离不开对于语境的分析和表达方式的选择，因此可以说，具体的语境对语言表达有制约功能，具体如下。

1. 同样一个词句，在不同的语境中，表达的意思可能不同

以下面句子为例：

（1）我们以我们的祖国有这样的英雄而骄傲，我们以生在这个英雄的国度而自豪。（魏巍《谁是最可爱的人》）

（2）谦虚使人进步，骄傲使人落后。

例（1）的"骄傲"是相对英雄说的，又与下文的"自豪"对称使用，表达的也是自豪的意思；例（2）的"骄傲"与"落后"搭配，又与"谦虚"对比使用，表达的则是自以为了不起、看不起人的意思。这就说明了同一个词由于语境的不同，会有完全不同的意义，这是语境对言语表达的限制作用。

2. 在特定的语境中，可选择不同的词句来表达同一个意思

恩格斯在《在马克思墓前的讲话》中写道："3月14日下午两点三刻，当代最伟大的思想家停止思想了。"从具体的语境我们可以看出，他的意思是马克思去世了。在现代汉语里，"死"有很多种表达方法，如"去世""作古""谢世""逝世""离开了人间""见阎王"等，而恩格斯选用"停止思想"，不仅与主语相衔接，而且突出强调了马克思作为思想家的特质。

（二）语境对语言理解的补充功能

语境对语言理解的补充作用主要表现在两个方面：

1. 充分利用特定语境，当省则省

例如，夏天，天气很热，两个人骑着自行车过来，看见一个冷饮店，其中一个说："嘿，咱们俩去冰镇一下怎么样？"要表达的是两个人一起去喝冰镇饮料，但说话者借助当时的特定语境，只简单地说"去冰镇一下"，意思就全表达出来了。

2. 表达语境临时赋予的意义或言外之意

例如"出太阳了"这句话，从字面上看，它反映的是一种客观存在的自然现象，但在不同

具体情境中会有不同的意思。如果是一个着急要出去玩的孩子，这句话的意思就是暗示大人可以收拾东西外出游玩了；如果是一个站在阳台自言自语的人，他心里也许想着是时候晒晒被子了；如果这时候是小孩要上学了，这句话则是提醒孩子要戴好遮阳帽，注意防晒。

三、适应语境的训练

适应语境的训练，就是要以语言沟通的外部环境为切入点，选择恰当而适合自身的操作方法和练习程序。

（一）适应语境训练的基本要求

适应语境的训练，就是要从适应语言的外部环境入手。

1.适应对象

沟通前要做好功课，充分了解对方的职业、经历等基本情况和自己所处的位置与扮演的角色，摆正沟通双方的关系。就幼儿教师与幼儿、家长这两个对象的沟通而言，了解并适应沟通的对象是最基本的。在与幼儿的沟通方面，对性格不同的幼儿，语言的使用就应该具有区分度。面对内向、敏感的幼儿，教师应更多采用亲切的语言和音调，消除幼儿的紧张心理；对于反应较慢的幼儿，教师适当地放慢语速让幼儿有充分的反应时间；对于脾气比较急的幼儿，教师要采用更加稳重的语调和适中的语速，以缓和孩子的着急情绪。在与不同类型家长沟通时，更需要根据家长的类型来采用合适的沟通方式。面对敏感型家长，要善于根据家长的言行和表情判断家长的情绪变化，主动向家长反馈幼儿的在园情况，缓解家长的担忧；面对冷漠型的家长，教师可采取循序渐进的沟通方式，用频繁、细心的提醒温暖家长的心，营造轻松的氛围；与敷衍型家长沟通的要点在于多邀请其参加学校的家长、亲子活动，让他们在活动中体会与还主动的快乐，以此提高他们的教育意识和责任感。

2.适应交谈环境

也就是我们上述提到的时间、地点和场合，不同的场合要选择不同的话题，即使同一个话题在不同场合要选择的表达方式也不同。幼儿教师经常要与家长进行沟通交谈，教师要结合与家长沟通的不同话题和内容，选择合适的沟通时机和环境，以提高沟通的效率和质量。如果是提醒孩子穿衣、喝水等较小的事情，可以选择在教室门口或者走廊进行简短的交谈；如果是关于孩子的心理行为等相对复杂主要的事情，应该选择在专门的接待室或备课室等安静、独立的空间交流。若是有会让家长觉得尴尬的话题不适宜面谈的，也可以通过电话、微信、家园联系册等方式进行沟通。

3.适应社会环境

除了了解对象和谈话环境，对于沟通所产生的大背景（政治、经济、文化、时代、历史、民族、风俗等）也要做深入了解，才能做到合乎礼仪，分寸得当。

（二）适应语境训练的基本方法

达到上述所说的"三个适应"，基本能做到在"对的时间说对的话"，但与"不仅说得对还说得巧妙"还有相当大的距离，只有在情景模拟和日常实践中不断训练，才能做到游刃有余。

1.巧设疑难，灵活应对

几个同学一组，选择一个具有争议性的观点，大家围绕话题发表看法。例如："愚公到底应该移山还是搬家？"可先由一位同学发表观点，另外的同学提出质疑并亮出自己的观点，其他同学继续刁难反驳，循环往复，直到双方都无话可说。对于愚公移山究竟是愚蠢还是执着，在不同的语境下会有不同的分析。当我们将愚公移山的例子放在一个歌颂古人朴实勤劳、坚忍不拔的优良传统的语境时，这样的行为便是值得学习的。而当我们将语境转入讨论多途径、高效率解决问题时，其实搬家也是一个方法，山不走我走嘛。这种训练可以让我们学会在不同的语境下辩证看待同一件事物，并灵活处理沟通中的各种各样意外情况，从而提高语言沟通的应对技巧，增强心理承压能力。

2. 巧扮角色，还原情境

设定一个特定的情景，几位同学分别扮演不同的角色，根据不同角色选择不同的表达和说话的方式，即兴演绎。具体要求包括：（1）要说出符合角色身份和特点的话；（2）说出的话要对情节发展有推进作用；（3）要快速灵活地理解和反馈、回应。如设置一个航班延迟的场景，候机室内有温文尔雅的教师、淳朴的工人、情绪外露的大学生、少言寡语的政府官员、耐心解释的机场工作人员等角色。几个同学一组，分别扮演不同角色。这样的训练与第一种讨论型的训练相比，难度和考验更大。一开始接触这样的训练，也许会发现很难从所扮演的角色的角度去组织语言，而且常常会因经历不足陷入冷场。但在不断尝试和摸索中，会从这样的训练中不断增加自己的生活积累，对于不同角色的认识和把握也会越来越得心应手，逐渐掌握更多的沟通和表达技巧。

3. 付诸实践，真枪实战

上述的训练不管如何精妙设计，毕竟都是人为设置的、模拟的，假想的情景，现实情况往往更多变。因此，适应语境训练最关键的方法在于通过生活实践来锻炼。这样的实践可以由近及远，由易到难。首先，可以从与自己的家人朋友沟通入手，如变换平时的角色，尝试听听父母工作上的苦恼和麻烦，并尝试提出建议；其次，尝试一些简单的沟通任务，如到市场与小摊贩老板讨价还价等；最后，可以逐步增加难度，与不同的人进行沟通，根据对方的情况和沟通的具体情境变通。如找一份兼职，向面试官推荐自己；如找一个行业的权威人士进行采访，例如幼儿园的园长……在充分实践后，将自己与不同对象沟通的方式讲出来，班级同学一起讨论分析，探讨更好的沟通方式。

幼儿教师的语言沟通具有其特殊的职业特点，适应语境的训练能让幼儿教师，特别是新手幼儿教师更快地适应幼儿园工作。许多幼儿教师在与幼儿沟通时会存在以下问题：语调过平，缺乏起伏，未能吸引幼儿交谈兴趣；语言表达过于单调，缺乏童趣，让幼儿觉得无话可说；语速过快，信息量太大，造成幼儿疲倦，交谈兴趣荡然无存。因此，幼儿教师应该采用以下方法进行训练：（1）与同事进行角色扮演，模拟平时的沟通情境，扮演幼儿，感受教师的不同用语令使幼儿产生的不同感受；（2）在自然情境下观察幼儿间的对话，加以提炼模仿，使自己的语言更加儿童化、趣味化；（3）观摩和学习优秀的师幼沟通案例，用心揣摩资深教师的语音语调技巧和感情节奏处理，再反复练习。

🎙 小结

在特定的语境中选择恰当得体的表达，是语言沟通成功的一大标志，任何成功的表达都是主动适应语境的结果。适应语境的训练，不仅要求表达主体有良好的心理素质和抗压能力，同时也综合了观察、推理、判断、分析、总结和归纳等多项能力。适应语境的训练，能让我们在不同的语言沟通情境下都镇定自若，选择合适的内容和沟通方式，达成沟通目的，提高沟通效果。当然，适应语境的能力也与人们的生活经验密不可分，随着人们年龄的增长和人生阅历的丰富，对于语境的适应能力也

2-1-4 幼儿园老师与家长沟通技巧——因人而异的沟通策略

拓展阅读

会越来越强。要做的就是保持一颗好学和好奇的心，在生活中不断摸索前进。

技能训练

训　练　一

【**要求**】通过案例分析，把握语境的含义、构成要素及作用。

【**步骤**】

（1）先自己想一想，再自己说一说；

（2）在小组中讨论，补充修改；

（3）在小组中发言，用准确连贯的一段话说出自己的意见。

【**题目**】

1. 分析以下案例，从语境的构成要素及作用的角度，说说晏子是如何巧妙回击楚国人，维护自己和国家尊严的？你从中学到了什么？

晏子出使楚国。楚王知道晏子身材矮小，在大门的旁边开一个五尺高的小洞请晏子进去。晏子不进去，说："出使到狗国的人从狗洞进去，今天我出使到楚国来，不应该从这个洞进去。"迎接宾客的人带晏子改从大门进去。晏子拜见楚王。楚王说："齐国没有人吗？竟派您做使臣。"晏子回答说："齐国首都临淄有七千多户人家，展开衣袖可以遮天蔽日，挥洒汗水就像天下雨一样，人挨着人，肩并着肩，脚尖碰着脚跟，怎么能说齐国没有人呢？"楚王说："既然这样，为什么派你这样一个人来做使臣呢？"晏子回答说："齐国派遣使臣，各有各的出使对象，贤明的使者被派遣出使贤明的君主那儿，不肖的使者被派遣出使不肖的君主那儿，我是最无能的人，所以就只好委屈在下出使楚国了。"

2. 下面两家店的老板说的是同一回事，结果却迥然不同，为什么？

一位女士一只脚大，一只脚小。一次她到鞋店买鞋，试了几双都不合脚。店老板看着她的脚说："太太，随便挑一双算了。两只鞋都合适不可能，因为您的一只脚比另一只大。"这位女士听后觉得心里不快，拂袖而去。她到了另一家鞋店后，又试了几双。这里的老板说："太太，这左脚的鞋比您的脚是稍大一些，那是因为您的左脚比右脚小巧秀气啊！"女士听后十分高兴，掏出钱来把鞋买走了。[1]

3. 疫情爆发期间，华山医院感染科主任张文宏成了网红医生，由于金句频出，被称为"医学界的蔡康永"，读读他的经典语录，谈谈他受到民众追捧的原因是什么？

（1）你在家里不是隔离，是在战斗啊！你觉得很闷，病毒也给你闷死啦。

（2）现在不仅仅是医生一个人在战斗，那肯定完蛋。从现在开始每个人都是战士，你待在家里你也是战士。

（3）企业老板不用给我们捐东西，让员工在家里办公，隔离观察，还给人家发工资，这就是对国家做贡献了。

（4）不要到处瞎玩，正常生活正在慢慢回归，但是还没有到为所欲为的地步。

（5）等过了这个事情（编者注：指疫情结束），大家该看电视的看电视，该追剧的追剧，该看跑男的看跑男，谁要看我啊？

---

[1]　荀伟平．人际沟通的 10 条白金法则［M］．北京：中国纺织出版社，2011：196-197.

训　练　二

【要求】通过情境模拟训练，选择适合语境的语言表达，学习在不同的语境下设计恰当的语言与人进行交际。

【步骤】

（1）先阅读情境，进入情境；

（2）自己想一想，再自己说一说；

（3）小组训练，看谁说得好；

（4）补充修改。

【题目】

1. 班级同学对学校食堂的菜式和卫生情况不太满意，作为班长的你收集了大家的意见后要向学校主管食堂的总务处主任反映，你会怎么说？

训练提示：你的身份是班长，你所要沟通的对象是学校总务处的主任，并且希望通过沟通，使食堂的饭菜和卫生情况能有所提升。

2. 班里的小海是单亲家庭的孩子，爸爸因病去世，母亲一个人把他拉扯大。由于他的母亲不识字，又同时打好几份工，对于孩子的管教力不从心。小海的学习习惯很差，经常不做作业，成绩也不尽如人意。成绩越差越不爱学习，越不学习成绩就越差，如此恶性循环，小海的成绩在班里已经是倒数了，作为班主任的你决定到他家里进行一次家访。你将如何和小海的妈妈进行交谈？

训练提示：注意小海单亲家庭的这一背景，并且交谈对象是不识字的中年妇女。

3. 由于爱流口水，小班的兵兵很烦恼，班级的孩子经常因为这件事指责他："你的口水蹭到我衣服上了！到处都是你的口水，好恶心啊！"这些"无忌童言"让兵兵很受伤，使他变得不爱说话，不敢融入集体活动。作为主班教师的你，应该如何开导兵兵？又该怎么引导班级里排斥他的小朋友呢？

训练提示：注意针对不同的交谈对象选择沟通的主要内容，要注意把握分寸，做到不伤害孩子的自尊心。

训　练　三

【要求】根据情境，设计适合不同情境的语言，达到沟通目的。

【步骤】

（1）进入情境；

（2）设计一段话，说一说；

（3）在小组中展示；

（4）小组展示后推选小组最优的一名同学在班集体面前进行展示，全班同学一起讨论评价。

【题目】

1. 在全班同学面前讲述下列主题。

（1）我的朋友。

（2）谈谈服饰。

（3）童年的记忆。

2. 班级中的小龙小朋友比较淘气，屡次打断张老师的讲话，情急之下，张老师便对小龙说："你再淘气，老师可就要让你半天不准玩了！"但实际情况是只让他待了一分钟，并没有真正让他半天不准玩。然而回到家小龙竟然跟妈妈说道："今天在幼儿园，老师让我半天不能玩呢！"家长听后第二天马上找到幼儿园园长投诉了张老师，理由是张老师变相体罚。你认为孩子回家这么跟家长说的原因是什么？如果你是张老师，你应该如何跟园长及家长沟通，解释这个误会呢？

🎤 项目小结

本项目本着理论结合实践的基本原则，以案例分析、情境模拟、实战演练等多种方式进行训练。训练过程循序渐进，由易到难，从个人到小组及全班，具有多元性和层次性。在如此精心设计的训练下，学习者在理论上对语言沟通的基本原则与要求、常见的思维方式和心理障碍、语境的含义及构成要素都有了系统了解，更是在丰富的训练中掌握了提高思维能力的方法及加强心理素质训练的方法，并能学会正确把握语境进行表达。同时，也让学习者在日常的训练和实践中培养敢于表达、乐于沟通的品质，提高自尊自信的意识，培养积极的人际沟通心态。

项目二　幼儿教师不同形式的语言沟通技巧训练

🔗 训练目标

1. 了解即兴表达的特点和交谈的特点要求。
2. 学会运用相关的方法和技巧进行语言沟通。
3. 培养会表达，善交际，热情、开朗的个性。
4. 提高幼儿教师沟通能力，提升职业素养。
5. 学习表达和沟通技巧，树立正确的职业观。

任务一　即兴表达训练

📑 训练要点

1. 结合案例，了解即兴表达的特点和技巧。
2. 学习理论和方法，掌握幼儿教师即兴表达的技巧。
3. 训练技能，提高即兴表达的能力。

2-2-1 李老师的即兴发言

案例

李老师的即兴发言

在一次班后会上，李老师发言说："今天我看到孩子们把一条蚯蚓拨到地上玩，我走了过去，跟孩子们说：'蚯蚓是益虫，可以给大地松土，让花草树木长得更好，我们把它送回家，好吗？'然后我就找了一根小棍，轻轻地挑起蚯蚓，把它放回草地。虽然我害怕蚯蚓，不喜欢蚯蚓，可是我知道不能把这情绪传染给孩子，不能因自己的喜好给孩子以消极的影响。这件事启发了我，作为一名幼儿教师，应处处以教育为重，以孩子为重。"

李老师的这段即兴表达非常好，体现了即兴表达临时性、单向性和精简性的特点。李老师很善于选择话题，从一件小事引发对教育理念的思考，在表达的过程中，由看到的现象，到对孩子的引导，再到自我的剖析，最后引发的思考，思路非常清晰，言之有物，情感真挚。

理论与方法

即兴表达是没有文字凭借的随机口语表达活动，它可以是特定语言环境下为了某种需要而临时组织语言的口语表达，也可以是为满足自己表达意愿的随想随说的。它可以在幼儿教师的工作中运用，如教研会、家长会；也可以运用在幼儿教师的日常生活中，如日常集会等。

一、即兴表达的特点

即兴表达有时是受人邀请，毫无准备，进行表达；有时是自己兴致一来，临时想说。即兴表达有以下特点。

（一）即兴表达的临时性

即兴表达是现想现说，必须在极短的时间内对表达的内容、语言、表达方式等做出临时性的选择，没有充分的时间进行思考与推敲，要以临时性的发挥侃侃而谈，去征服听众。因此，即兴表达能力是一种高水平的口语交际能力。

（二）即兴表达的单向性

即兴表达是单向的表达，与听众是不一一呼应的，表达者的主体意识和主导功能引领即兴表达的过程，表达者自己确定话题，自己阐述观点，随性随情，即起即止，不受他人影响，即兴表达赋予了表达者主体性的地位。

（三）即兴表达的精简性

即兴表达因准备时间的限制，只能简单粗略地布局谋篇，表达内容要集中，篇幅不能太长，做到精练简洁，言简意赅，不拖泥带水；既能突出重点，又能展示亮点，使听众抓住要点，受到感染。

即兴表达对于幼儿教师来说，应用更为广泛。幼儿在一日生活中，经常会出现一些突发情况，教师要马上与幼儿或幼儿家长、幼儿园同事等进行沟通，解决问题；在集体教学活动中，教师也要根据幼儿情况，在预设基础上，随时生成新的教学内容，选择新的教学方式。即兴表达训练能使教师遇到问题时沉着应变，迅速进行思考，选择合适方式进行表达，更好地完成工作，达成教育、教学目标。

二、即兴表达的技巧

（一）选择话题，联想拓展

即兴表达首先面临的是话题的选择，话题的选择要根据表达的时间、场合、对象来决定，说得准确、得体；其次要善于展开联想拓展，使得自己有话可说，说得有内容又集中。

选择话题可以有以下方法：

1. 散点连缀

表达之前可以将零散的事物、线索进行联想，寻找相同点，或相关的关系，将其合理串联，连贯表达出来。例如，在家长会上，一位教师将咖啡与教育孩子的体会进行联想，说道："与孩子们相处，就如喝咖啡，有时不知怎么更好地解决孩子们的难题，想得很苦，就像咖啡的苦；可当找到解决方法时，那种喜悦，甜丝丝的，就如咖啡加了糖，而且回味无穷，我想，这也正是教育的乐趣所在。"这段话将咖啡、教育中遇到的苦与甜串联在一起，进行回味，表达对教育工作的热爱，这样的方式可以找到更多、更好的话题。

2. 扩句成段

抓住片言只语进行阐述，补充"为什么""怎么样"，将一句话扩成一段话进行即兴表达。例如，一位园长在开学初新入学幼儿家长会上说了一段话："家长千万不能用'你不乖，老师要批评你的'之类的话来吓唬孩子，也不能用物资去哄骗孩子。这样无疑会把幼儿园生活说得很可怕，令孩子更不喜欢幼儿园。应该给孩子多讲讲幼儿园有意思的地方，如有好多玩具、有很多小朋友一起做游戏、老师会很喜欢你的，等等，这样才能缓解孩子上幼儿园的紧张情绪，帮助他们高高兴兴地上幼儿园。"以上这段即兴表达就是依据一句话，补充说明这句话的不好之处，进而指出该怎么做的方法，从而让话题说得具体、有序。

3. 借题发挥

即兴表达时可以借助一些焦点话题，或者某种现象，抑或相关的空间背景，等等，寻找话题，展开联想。比如，针对孩子最近爱起哄的现象，教师及时对孩子进行的即兴表达；针对家长对幼儿园如何做好孩子安全工作的疑问，临时作的解答，等等。再如，带孩子们到公园赏菊，由美丽的菊花联想到菊花凌寒开放的傲岸品质，再联想到为人与菊花的共同之处，由此感悟做人也应有菊花这种正直品质。由此可见，即兴表达要善于联想，才能找到话题，并借题展开即兴表达，做到有话可说。

（二）言之有序，短小精悍

即兴表达应该在最短时间打好底稿，梳理出即兴表达的思路，确定先说什么，再说什么，最后说什么，让表达条理清楚，不能离题万里，东拉西扯，层次紊乱不清。应做到篇幅短小，内容精练，让人乐意听。

例如，介绍新来的小朋友，我们可以先欢迎新同学，然后介绍她的名字，再介绍她的优点，最后提出希望，让全班小朋友和新同学友好相处。这样的即兴表达有序，易听，易懂。

（三）语言通俗，情感真挚

即兴表达面对的听众的知识结构和文化修养各不相同，要让他们听懂，语言就要通俗，通俗的语言一是要口语化，用词平易朴实，简单直白，多实词，多短句，还可以用一些俗语、俚语；二是要生动，根据不同的场景、不同的对象，可以适当运用修辞手法，准确的比喻、富有童趣的拟人，让表达更易懂、更生动。另外，表达者真挚的情感，可以以情夺人，将真情传递给听众，让听众受到感染，引起共情，达到情感交流的目的，取得更好的表达效果。

🎙 小结

即兴表达有助于培养幼儿教师思维的敏捷性和灵活性，可以提高幼儿教师现想现说的能力，帮助幼儿教师更好地表达自己的想法和情感，更好地与人沟通交流。同时在即兴表达训练中，感知与幼儿、家长等顺畅沟通的重要性，从而增强对幼儿教师这一职业的认知和热爱。

2-2-1 即兴表达"三点归纳式"构思模式

📝 技能训练

训 练 一

【要求】通过案例分析，了解即兴表达的特点和技巧。

【步骤】

（1）先自己想一想，再自己说一说；

（2）案例在小组中讨论，补充修改；

（3）按要求在小组中发言，用准确连贯的一段话说出自己的意见；

（4）每组派一个同学代表小组发言；

（5）师生共同讨论。

【题目】

1. 下列案例中的这一段话是否符合即兴表达的特点和要求？为什么？

朋友们为李老师举办生日会，在生日会上李老师说："今天是我的生日。过去的二十多年里，每一次过生日，我都是在亲朋好友的祝福声中享受着那一份甜蜜。今天，是我成为母亲后的第一个生日。有了孩子之后，我才真正了解了'孩子的生日是母亲的苦难日'这句话的深刻含义。所以今天，在我生日的时刻，我想对我的妈妈说：'妈妈，您辛苦了！我爱您！'"

2. 下列案例中，这位老师即兴表达得好吗？为什么？

在一次幼儿园的交流会上，林老师说："欣欣小朋友对我说了一句气话：'不和你玩了！'这句话给我上了一堂深刻的教育课。事情的缘由是这样的：欣欣有一天兴奋地告诉我他会下飞行棋了，还骄傲地邀请我和他杀一盘，我轻易地赢了第一盘，第二盘我也赢了，围观的小朋友都夸我，于是我对欣欣说再来一盘，谁知欣欣说：'不和你玩了。'小朋友们午休时，我回想着欣欣说的那句话，欣欣为什么不和我玩？我哪儿做错了？想着想着，我明白了，我怎么那么糊涂，光顾着自己沉浸在胜利的喜悦中，忽略了欣欣的感受与自尊。他好不容易学会下飞行棋，满怀喜悦地向我展示，我却一下子击垮他的自信，怪不得他不跟我玩了。由此我体会到，带着育人的理念走入童心世界是何等重要！它不仅仅是挂在嘴上的一句漂亮的口号，它更需要老师时时刻刻不忘教育的实名，实实在在地从孩子的角度考虑问题，不忽略任何一个细节。"[1]

3.下面案例中，这位同学的即兴表达好在哪？请根据相关理论内容作赏析。

新学期班里班委进行改选，小李当选为新班长。以下是他精彩的发言：

同学们，感谢大家的信任！既然同学们选举了我，我就希望大家支持我。刚才，有同学说："小李，就等你新官上任三把火了！"这使我忐忑不安。不过，在我看来，我们班不存在"三把火"的问题，而是如何让"火"继续燃下去的问题。因为，我们的前任班长佳佳，我们的前任班委，已经把火烧起来了（掌声）。所以说，我们新班委面临的工作，不是"烧三把火"，而是继承与创新的问题。

所谓继承，是因为班上已经有了好的制度可供我们"萧规曹随"，说创新，是因为时过境迁，我们面临新情况、新问题，需要我们去对症下药。（掌声）

如果说，实在要烧火的话，那不是"三把火"，而是全班47把火。为了这难得的两年的学习生活，希望同学们都燃烧起来，既照亮自己，也照亮别人！（掌声）完了，谢谢大家，请多关照！[2]

训　练　二

【要求】运用即兴表达的技巧，按以下要求完成练习。

【步骤】

（1）自己想一想，再自己说一说；

（2）小组训练，看谁说得好；

（3）补充修改；

（4）个人汇报，学生点评。

【题目】

1.请以"中秋、月亮、团圆"三个词为点，连缀起来，寻找即兴表达的话题，即兴说一段话。

训练提示：

（1）运用散点连缀的方法寻找即兴表达的内容；

（2）注意表达的条理性；

（3）注意表达的口语化。

2.见习结束，请对见习小朋友说一段告别的话。

训练提示：

（1）可以按照"表达不舍—回顾与孩子相处的点滴—提出希望"的思路进行即兴表达；

（2）注意情感要真挚，语言要通俗易懂。

3.初中同学聚会，请你向你的同学们介绍你的学习生活。

[1]　吴雪青.幼儿教师口语［M］.上海：华东师范大学出版社，2012：270.（有删改）
[2]　人民教育出版社中学语文室.听话和说话（第二册）［M］.北京：人民教育出版社，2014：39.

训练提示：

（1）可以按照"介绍你的专业—介绍你的日常学习生活—对学习生活的感想"的思路进行即兴表达；

（2）注意情感要真挚，语言要通俗易懂。

训 练 三

【要求】能根据以下不同情境，运用即兴表达的技巧进行即兴表达。

【步骤】

（1）先预设情境，进入情境；

（2）按要求进行即兴表达；

（3）在小组中展示。

【题目】

1. 学校要举行朗诵比赛，请你向同学们说一段话，号召大家积极参加这一活动。

2. 家长会上，请就班上幼儿用餐时出现的不良的现象，对家长说一段话，让家长配合老师帮助幼儿养成良好的吃饭习惯。

3. 请你说一段祝词，以庆祝"六一"节的活动。

任务二　交 谈 训 练

训练要点

1. 学习案例，了解交谈的特点和要求。

2. 学习理论和方法，了解交谈中应注意的问题。

3. 训练技能，提高交谈的能力。

2-2-2　睡不着的贝贝

案例

睡不着的贝贝

午睡时间，别的小朋友都按老师的要求躺下了，可贝贝说什么也不肯午睡，坐在床上，一言不发。班主任老师只好耐心地问："贝贝，你怎么啦？不舒服？"贝贝摇摇头。老师又说："想妈妈了？一觉醒来，妈妈马上接你回家了。"贝贝突然说："我怕，怕有魔鬼。"老师笑了："哪有魔鬼？那是书上写的，不用怕。你看，小朋友都和你在一起，快点躺下来吧。"贝贝还是不肯躺下来。

这时，正好园长过来检查小朋友的午睡情况，听说了这件事，走到贝贝的床前，搂着她，在她耳边说："你能不能告诉老师，你是在哪看到魔鬼的？""书上，昨天小玲借给我的。""那魔鬼长得怎么样?""他很丑,头发很长,遮住了脸,就露一只眼睛,心肠特坏……""噢,真是个坏家伙!现在咱躺下了,好吗?"贝贝随即就躺下了,很快她就甜甜地入睡了。[1]

这个案例中两位老师与幼儿的交谈,体现了交谈听说兼顾、口语化等特点。班主任老师与贝贝的交谈是不成功的,她没有考虑到贝贝确实感到害怕这一心理,以为安慰就可以解决问题。而园长与贝贝的交谈就很成功,园长很懂贝贝的心理,了解她想把自己的害怕表达出来的愿望,鼓励贝贝说出自己的感受,让贝贝知道园长愿意听她说,能理解她,园长还搂着她,附在她耳边和她交谈,让贝贝很有安全感和亲切感。园长这段交谈能缓解贝贝紧张害怕的情绪,在于能站在贝贝的立场耐心倾听,尊重贝贝的想法,从而稳定了贝贝的情绪,让她甜甜入睡。

理论与方法

交谈是两个或两个以上的人共同参与的言语交际活动,也是幼儿教师与人沟通的最直接、最广泛、最简便的方式。幼儿教师的生活中,交谈的应用非常广泛,可以是和幼儿谈心、与同事交流、与家长座谈,也可以是与领导谈工作,等等。实践表明,善于交谈的幼儿教师,更能得到幼儿的喜欢、家长的理解、同事的支持。

一、交谈的特点和要求

(一)话题多变

交谈的话题有时是各人提出感兴趣的话题后各自漫谈;有时是事先想好的,但中途转换话题;有时话题是临时根据实际情况设定的……话题往往不拘一格,灵活多变,交谈因话题的多变也显得自由、随意。例如,晨接时,老师可以从孩子喜欢的动画片谈起,看到孩子身上的衣服,又可以谈孩子的新衣,再谈谈妈妈对孩子的爱,话题不断变换,贴近孩子的生活,与孩子更好地交流。

话题的多变就要求在交谈时要善于控制话题,不要答非所问,东拉西扯;同时要能够关注话题的动态变化,随时调整交谈的内容、方式。

(二)听说交替

交谈是双向传递信息的口语交流,参与者既要听,又要说,既是说话人,又是听话人,而且这两个身份不停轮换,听说彼此交替,相互承接,又相互制约。

例如谈话活动中,幼儿哭着对老师说:"老师,我的小猫死了。"老师摸了摸幼儿的头,轻声地说:"是吗?真没想到。"幼儿:"我每天都和它玩游戏。"老师:"你很喜欢你的小猫。"幼儿:"它是我的好朋友。"老师:"老师知道失去朋友是很难过的。"说完把孩子搂在怀里。在这段交谈中,老师很好地回应了孩子的话,让孩子说出自己的感受,让孩子知道老师理解他,并得到精神上的安慰。

在交谈活动中,听者和说者要相互配合,才能更好地沟通。双方要考虑对方的要求、特点、

[1]　钱维亚.幼儿教师口语[M].北京:高等教育出版社,2008:94.

115

兴趣等等，让交谈顺畅。首先，说话者要用对方易理解、易接受的语言将自己的意思表达清楚；听话者要能准确抓住说话的要领，进行回应。其次，说话者要留给对方说话的机会，不要滔滔不绝；听话者要专注，不要心不在焉。只有这样才能在交谈中做到兼顾听说，也才能获得精神的愉悦。

（三）口语化强

交谈是现想现说，交谈的语言是日常的口语，通俗易懂，语句简洁，自然亲切，富有人情味。

为了让听者能在瞬间听明白你的语意，在交谈时，说话者必须遵循口语的表达特点。一般来说，口语词语比较具体、形象、生动，多用儿化词、叠词、拟声词，还有一些俗语、歇后语、惯用语等等；同时口语句式简短，少修饰语，在特定语境下常用省略句。因此，交谈时为了与对方拉近距离，语言表达一定要口语化，切忌使用深奥怪僻的词语和繁杂的句子，否则会让对方无所适从，影响交谈效果。

（四）态势语辅助

交谈中态势语的辅助，可以补充、强化有声语言传递的信息。交谈时，交谈者可以借助表情、动作等态势语更准确、生动地表情达意；同时态势语也可以很好表现出交谈双方的心理和情感，有助于双方更好地接收信息，进行交谈的调整。就如上例关于"小猫死了"的谈话中，老师的摸和抱的动作，可以给孩子带来温暖，带来信任，让孩子乐意与老师交谈。

交谈时态势语的运用一要自然大方，不矫揉造作；二要得体、适度，不过分夸张，不喧宾夺主。

二、交谈过程中应注意的问题

在交谈的过程中，要做到应付自如，让交谈取得良好的沟通效果，就要注意以下几个问题。

（一）考虑对象特点

不同的交谈对象在年龄、地域、职业、文化程度等方面都存在差异，交谈时只有考虑交谈对象的特点，才能寻找合适的话题，采用对方接受的方式进行交谈。

1.考虑对象特点，选择恰当的表达方式

与性格憨厚的人交谈，表达要实在，不要旁敲侧击；与性格直爽的人交谈，表达要直接，不要吞吞吐吐；与性格孤僻的人交谈，要循循善诱，把握分寸。

与小孩子交谈，要亲切平等，用简单的幼儿化的词语进行表达；与年轻人交谈，用词可以时尚，生活化；与年长的人交谈，可以适当用一些谦辞敬称。

与文化水平较低的人交谈，少用书面语，多用俚语，拉近与交谈对象的距离；与文化水平较高的人交谈，根据交谈需要可以偶用书面语。

2.考虑对象特点，换位思考

在交谈中，根据对象的心理特点，通过换位思考来揣摩对象的心理，可以很好地抓住对象的思想脉搏，从而让交谈顺畅，愉悦。

例如，老师面对不同孩子打预防针的不同反应，交谈要有针对性，面对想哭还没哭的孩子，老师说："打针是有一点儿不舒服，但你真勇敢，一点儿也没哭。"面对刚哭的孩子，老师引导说："打针有点儿疼吧？可你只哭了一下就停了，下次会更棒，对吗？"面对多数没有哭的孩子，老师说："我还以为打针不舒服大家都会哭呢，原来咱们班小朋友都很勇敢，真是长大了。老师觉得很骄傲！"老师既能站在孩子的角度换位思考，又能根据孩子的不同反应来寻找交谈的角度，可以说到孩子的心坎上，引导很到位。

3.考虑对象特点，寻找对象的兴趣点和关注点

不同的交谈对象，兴趣点和关注点不同，交谈时要从交谈中获取相关信息，了解对象的特点，寻找对象感兴趣和关注的话题。比如，有的年长者关心时事、有的年长者对养生感兴趣、有的年长者一谈孙儿就来劲儿，等等。只有找准了交谈对象的兴趣点和关注点，交谈才能谈得开，谈得欢。

（二）措辞准确得体

什么样的措辞才是得体的呢？一是对他人多用敬语，对自己则多用谦语；二是用词上多用褒义词、中性词；三是多说善意的、诚恳的、赞许的、礼貌的、谦让的话，力求谦逊文雅。同时，措辞的准确得体还要针对不同的场合和时机，讲究措辞的分寸。喜庆的场合，说些让人高兴的话；悲伤的场合，不乱用幽默，不夸夸其谈；人少的场合，措辞要能活跃气氛；人多的场合，要能当"绿叶"，措辞能穿针引线；等等。

（三）重视倾听反馈

交谈是信息接收、反馈的双向交流，交谈中认真倾听和积极反馈是对对方的了解和尊重，是对对方说话的鼓励，重视倾听和反馈可以在交谈中给对方以信任，促进交谈的顺利进行。

1.认真倾听

要做到：一是神情要专注；二是不要随意打断对方，抢对方话头；三是不要假意倾听，即倾听对方谈话时注意力分散，却假装听得很认真，其实是在考虑其他事情，假意倾听会让对方失去谈话的兴致，从而阻碍有效信息的获得，导致交谈的失败；四是避免超前判断，即倾听时因为没有全面分析接收的信息，出现判断的偏差，从而对倾听内容的判断与谈话者的真正意图相差很远，从而造成交谈的不畅。

2.积极反馈

要做到：一是交谈中适度地点头，这是对对方谈话的积极反馈，表示在认真倾听，也表示理解对方的意思；二是交谈中可以不时地说"是的""明白了""继续说吧""对"等语言来反馈，这样可以鼓舞讲话者继续说下去。交谈的反馈要在充分了解对方的语意后尽快做出，并且应是发自内心的，同时反馈时应注意方式，避免伤害对方。

🎤 小结

交谈是人们每天都要进行的口语交际活动，是连接人与人之间情感的桥梁，更是幼儿教师教学和教育工作中不可缺少的重要内容。幼儿教师要了解交谈的特点和要求，通过交谈训练提高口语沟通技巧，做一个懂交谈、会交谈的教师，才能走进幼儿、家长等交谈者的心里，更好地开展教育教学工作。

2-2-2　倾听与应答的基本方法

技能训练

训 练 一

【要求】通过案例分析，了解交谈特点、要求和注意的问题。

【步骤】

（1）先自己想一想，再自己说一说；

（2）案例在小组中讨论、补充修改；

（3）按要求在小组中发言，用准确连贯的一段话说出自己的意见；

（4）每组派一个同学代表小组发言；

（5）师生共同讨论。

【题目】

1.下列案例中的内容符合交谈的什么特点和要求？

以下是一位大班教师和家长的交谈。

教师：最近一段时间毛毛挺有进步的。

家长：是吗？他都有什么进步？

教师：吃饭和午睡比原来好了，吃饭比原来吃得香，午睡也能较快入睡。

家长：那我太高兴了！

教师：不过，在做其他事情的时候，他的动作还是慢。

家长：可不是吗？不过，这么小的孩子慢就慢吧，我们从来不催他。

教师：暑假以后孩子就该上小学了，上小学可得动作快啊。写作业、参加考试都有时间限制，动作慢会影响他的学习成绩的。

家长：是吗？这个问题我还真没想过。

教师：动作快不是短时间能练出来的，从现在开始就该注意锻炼。

家长：怎么锻炼？

教师：比如早晨起床穿衣服的时候，你可以让他和哥哥比赛，看谁先穿好；洗脸、走路等都可以和他比一比。要从生活中练起，坚持不懈，孩子的动作一定会快捷麻利的。

2.请结合学习的交谈理论，分析以下交谈片段。

上幼儿园小班的丽丽很好客。一天，她见妈妈挽留林阿姨吃饭，也拖着林阿姨的衣角不让她走："林阿姨，林阿姨，留下来吃饭吧！"林阿姨说："丽丽，你有什么可以招待林阿姨的呀？"丽丽瞪了瞪眼，一脸茫然。见了丽丽的表情，林阿姨忙改口说："丽丽，你有什么好吃的给阿姨吃呀？"丽丽马上高兴地说："有好多啊，有巧克力、旺旺雪饼……"

3.下列案例中，这段交谈好吗？为什么？

李老师作为幼儿园代表参加一个会议，会议结束后，旁边有一位女士和李老师交谈："你好，请问你在哪里工作？"李老师说："市立幼儿园。"那位女士眼睛一亮："太好了！你贵姓？我的孩子马上就要上你们幼儿园了，我想咨询一下，是不是上蒙氏班的孩子就更聪明？"李老师说："免贵姓李，蒙台梭利教学法是一种全面提升儿童素质、发展儿童潜能的教育方法，你可以到网上再深入了解一下。"这时候女士从包里掏出了一个小盒子，递到李老师面前："李老师，我们真是有缘分，这种口红特别好用，你试试吧！"李老师说："谢谢了，但是我不能收你的礼物。"女士接着说："孩子去你那儿上幼儿园，将来还希望你多照顾呢，你就收下吧！"李老师微笑地说："欢迎你把孩子送到我们幼儿园，我和所有的老师都会很好地照顾孩子的。幼儿园还有事，我先走了，等你送孩子的时候我来接待你，再见！"[1]

训 练 二

【要求】运用交谈的相关理论，按以下要求完成练习。

【步骤】

（1）自己想一想，再与同伴角色交谈；

（2）小组训练，看哪一对同学说得好；

（3）补充修改。

（4）个别汇报，学生点评。

【题目】

1.林老师在午休后表扬了午休表现好的小朋友，还给表现好的小朋友发小红星，只有佳佳对老师的表扬不予理睬，请你找佳佳谈谈，好吗？

训练提示：

（1）通过交谈先了解佳佳对表扬不感兴趣的原因，再进一步进行引导；

（2）注意语言的口语化、幼儿化。

2.幼儿园里，两个要好的小女孩笑笑和丽丽一起玩耍时，笑笑不小心用指甲将丽丽的手划破。放学时，丽丽妈妈看到丽丽手上的划痕，简单地询问女儿后，就大声斥责笑笑："你再这样对待我女儿，你试试！"吓得笑笑大哭。作为两个孩子的老师，请你找丽丽妈妈谈谈，好吗？

训练提示：

（1）可以按照"指出丽丽妈妈行为不妥之处—对孩子行为的分析—让孩子学会自己解决问题"的思路进行交谈；

（2）注意情感要真挚，语言要通俗易懂。

3.甲提议打羽毛球，乙以不会打拒绝。如果你是甲，如何通过交谈让乙与你一起打羽毛球？

训练提示：

（1）交谈中要掌握主动权，使乙不能拒绝。另外，为了不让乙觉得自己很差，甲要谦虚地说自己只不过比乙多打了几次，这样交谈会更顺畅；

（2）注意态度要诚恳，语言应带鼓励性。

训 练 三

【要求】能根据以下不同情境，运用交谈的相关技巧进行沟通。

【步骤】

（1）先预设情境，进入情境；

（2）按要求，在小组中互换角色进行交谈；

（3）对交谈练习进行评议。

【题目】

1.最近你班里的小朋友不听话，让你很烦恼，请你和同事交谈交谈，舒缓一下压力。

2.纯纯是小二班的孩子，她吃饭、睡觉都很乖，就是不爱做早操，请你和她谈谈，让她乐于参加体育锻炼。

3.请你劝说一位沉迷网络游戏的好友戒掉网瘾。

[1] 马宏.幼儿教师口语［M］.北京：北京师范大学出版社，2011：270.

🎙 项目小结

　　本项目从案例分析入手，通过理论与方法的学习，探讨了即兴表达和交谈的特点和要求。通过案例分析和模拟情境训练，学会即兴表达，能有效地进行交谈，培养会表达，善交际，热情、开朗的个性，提高沟通能力，提升职业素养。大量的技能训练有利于帮助学习者掌握、巩固即兴表达和交谈的技能技巧，从而有效提高口语表达能力，进而为下一步的幼儿教师口语训练做好准备，同时，在训练中树立正确的职业观。本项目充分体现理论与实践相结合的原则，在训练中由易到难，由案例的分析学习到自主地表达，形成阶梯式训练，使学习者能力逐步提高。

模块 三

幼儿教师与幼儿语言沟通的技巧

　　模块三在幼儿教师语言表达和沟通的基本技巧训练的基础上，针对幼儿学习和发展特点，提出幼儿教师与幼儿语言沟通的基本原则和要求，并为幼儿教师与幼儿语言沟通常用技巧和具体的语言运用，特别是幼儿一日生活中的语言沟通提供训练的内容及方法，帮助学习者了解幼儿教师与幼儿语言沟通的基本要求，掌握幼儿教师与幼儿语言沟通的常用技巧，学会运用符合幼儿年龄特点和认知规律的语言与幼儿沟通。

》 思维导图

```
                                         ┌─ 了解幼儿教师与幼儿语言沟通的基本要求
                        幼儿教师与幼儿语言沟通的基本
                        技巧训练              ├─ 幼儿教师与幼儿语言沟通的常用的技巧训练
                                         └─ 各年龄段幼儿常见问题及语言沟通技巧训练

  幼儿教师与幼儿                            ┌─ 沟通语训练
  语言沟通的技巧      幼儿教师与幼儿语言沟通的各类
                    教育口语训练           └─ 其他类型口语训练

                    生活活动和户外活动中教师与       ┌─ 生活活动中教师与幼儿的语言沟通训练
                    幼儿的语言沟通训练          └─ 户外活动中教师与幼儿的语言沟通训练
```

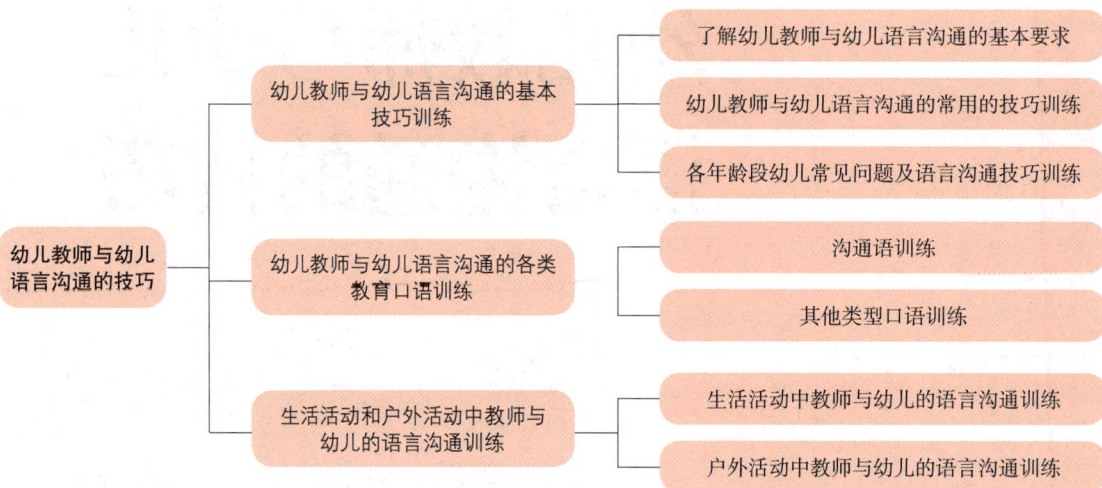

项目一　幼儿教师与幼儿语言沟通的基本技巧训练

🔗 训练目标

1. 了解幼儿教师与幼儿语言沟通的基本原则和要求。
2. 掌握幼儿教师与幼儿语言沟通的常用技巧。
3. 学会运用各种技巧与幼儿沟通。
4. 培养热爱幼儿、热爱幼教事业的职业情感。
5. 树立正确的职业观、教师观、儿童观。

任务一　了解幼儿教师与幼儿语言沟通的基本要求

📋 训练要点

1. 学习案例，认识幼儿教师与幼儿语言沟通的特点。

2.学习理论和方法，了解幼儿教师与幼儿沟通的原则和要求。

3.训练技能，学会在与幼儿沟通中做到尊重爱护幼儿，善于倾听，语言简明易懂、富有童趣、注重差异，态势语恰当。

3-1-1　穿鞋子

案例

穿　鞋　子

　　小班的小朋友已经学会自己穿衣服和鞋子，但经常把鞋子左右穿反了。每天下午起床后，我都要帮他们整理衣服，并检查他们的鞋子穿得怎么样。今天，检查的时候，我发现还是有几个小朋友穿反了鞋子。我故作惊讶地指着依依的鞋子说："哎呀，依依，你的鞋宝宝是不是在吵架呀？你看，他们两个的头都歪了，都在生气呢！"依依听后，立刻低下头，左看看右看看，笑着对我说："是呀，鞋宝宝的头都歪了呢！"我笑着对她说："鞋宝宝是一对好朋友，怎么能吵架呢？你赶快帮帮他们，让他们别生气了！"依依想了想，蹲下身子，坐在床边脱下鞋子，把他们换了过来穿好，然后对我说："老师，你看，鞋宝宝头不歪，不吵架了。"其他小朋友看见了，都低下头去检查自己的鞋子有没有吵架，穿反鞋子的小朋友都把鞋子给换了过来。我又告诉小朋友们："小朋友们看看，鞋宝宝穿对了，头挨着头，多开心啊。他们不吵架，你的小脚丫可舒服了。"从那天以后，我每天在小朋友们午睡起床后都会提醒他们："快看看你的鞋宝宝的吵架了吗？"他们会立刻自己检查并把穿反的鞋子换过来，有的穿好了还会开心地说："我的鞋宝宝不吵架了。"

　　这个案例中，教师对于穿反了鞋子的幼儿没有批评指责，也没有直接告诉幼儿鞋子穿反了，更没有动手帮幼儿穿好鞋子，而是通过与幼儿有效的沟通和互动，帮助幼儿纠正错误，以此带动其他幼儿，并且在长期的生活教育中取得良好效果。在这个过程中，教师充分尊重幼儿、爱护幼儿，针对小班幼儿自理能力差的特点，结合小班幼儿的年龄特点和认知规律，通过拟人化而非说教的方式，指导幼儿辨清左右脚，穿好鞋子，既纠正了幼儿的错误，又给幼儿提供了良好的学习机会，使幼儿获得经验。教师语言简明易懂又生动有趣，两只穿在脚上的鞋子在教师的口中变成了宝宝，并赋予了吵架的情节，幼儿在教师叙述的情节中关注到鞋子是分左右脚的，只有穿对了，鞋子宝宝才会开心。整个沟通过程轻松愉快，效果事半功倍。

理论与方法

　　沟通是人与人之间、人与群体之间进行思想与感情的传递和反馈，以求思想达成一致和感情的通畅的过程。沟通分为语言沟通和非语言沟通，语言沟通是人类特有的一种良好的、有效的沟通方式，可以传递信息，表达感情，建立良好的人际关系。幼儿教师与幼儿的语言沟通主要是口语沟通，并且常以非语言（态势语）沟通辅助。幼儿教师与幼儿沟通是幼儿教育工作中的一项重要内容。师幼沟通是否良好，直接关系到幼儿学习兴趣的高低及品质、个性发展的好坏，关系到教育及教学工作能否顺利开展、教育目标能否顺利达成。师幼沟通还有利于建立良好的师幼关系，因此，幼儿教师要根据幼儿的年龄特点和认知规律，与幼儿进行有效沟通，促进幼儿的健康发展。

一、幼儿教师与幼儿语言沟通应遵循的原则

幼儿教师的教育对象一般为年龄3～6岁的幼儿。一方面，这个年龄段的幼儿没有足够的能力表达自己在生理和心理上的需要，因此需要教师通过与幼儿进行良好的语言沟通，准确理解他们的需要和感受，判断幼儿行为背后隐藏的心理；另一方面，这个年龄段幼儿的认知能力和个性发展都需要教师进行引导，良好的语言沟通能够准确、清楚地传达教育内容，给予幼儿科学的指导，顺利达成教育目标。

幼儿教师与幼儿的语言沟通要建立在爱的基础上，遵循发展性、平等性、激励性、指导性、互动性的原则，促进幼儿的身心发展。

（一）发展性原则

发展性原则就是幼儿教师与幼儿的语言沟通要以促进幼儿的发展为出发点和归宿点。师幼沟通不仅能安抚幼儿情绪，还能在认知能力的提高、行为习惯的培养等方面给予幼儿有效的指导。教师要抓住每一个和幼儿沟通的机会，以支持者、辅助者、引导者的身份与幼儿沟通，尽量多和幼儿说话，最大限度地支持和满足幼儿获取经验的需要。如教师在与幼儿的语言沟通中，既要告诉幼儿什么是对的，什么是不对的，还要告诉他们为什么，要怎么做，这样才能明理启智，促进幼儿发展。

（二）平等性原则

平等性原则就是教师在与幼儿进行语言沟通时应尊重幼儿，把幼儿当作平等、独立的主体去对待。在师幼语言沟通中，教师对幼儿多一点激励和宽容，少一点批评和苛求，通过恳切坦诚的语言，自然平和的语气，为幼儿营造一种轻松、愉快、和谐的氛围，让幼儿在沟通过程中感受快乐，使幼儿"亲其师，信其言"。如，看到幼儿做错了，教师可以明确地告诉幼儿这样做不对，要怎样做才对，也可以委婉地提醒幼儿。在这种平等的沟通中，幼儿会感到轻松，从而改正错误。如果用命令式的口吻说不许这样不许那样，甚至贬斥幼儿"真笨""真坏"，幼儿会感到紧张、自卑，这样的沟通很难达到预想的效果，也不利于帮助幼儿健康发展。

（三）激励性原则

激励性原则就是教师要采用带有鼓励和支持的语言与幼儿进行沟通。鼓励和支持幼儿是幼儿学习与发展的重要前提。在师幼沟通中，教师要用积极的语言引导幼儿去探索，激发他们表现的欲望，如："你去尝试一下，失败了也没关系呀！""你试试看。""再想想，就能想出来了。""这件事应该难不倒你的。""你真行！""你的想法很特别！"等等，这样的语言能激励幼儿，帮助幼儿树立信心，给予幼儿支持，成为幼儿解决问题的动力。

（四）差异性原则

差异性原则就是教师要根据幼儿的独特个性和身心发展规律，针对不同年龄、不同性格的幼儿，采取不同沟通方式与幼儿沟通。《3—6岁幼儿学习和发展指南》指出："要充分理解和尊重幼儿发展进程中的个别差异，支持和引导他们从原有水平向更高水平发展……切忌用一把'尺子'衡量所有幼儿。"在师幼沟通中，教师要因人而异，选取不同的语言和表达方式，比如，同样是指导幼儿改正错误，与外向型的幼儿进行沟通，语言要具体明确，语气肯定，加强语势，让

他们信服；与内向型的幼儿沟通要多用鼓励的话语，语调要柔和，语气要亲切、婉转，鼓励他们树立自信心。除了因人而异之外，还要注意因事、因时、因地而谈，从而使幼儿的身心和谐发展。有些事情可以与幼儿在公开场合沟通，有些事情最好在私下与幼儿沟通，比如小班幼儿会尿裤子，教师要私下帮幼儿换裤子并告诉幼儿怎么做。对幼儿发出严肃的指令的时候，必须要用严肃的语气和表情，比如告诉幼儿玩火是不安全的。如果此时教师语气轻柔，脸带甜甜微笑，幼儿就不会明白这是严肃的警告。

（五）互动性原则

互动性原则就是幼儿教师在与幼儿进行语言沟通时，要给幼儿表达和沟通的机会，倾听幼儿意见并随时给予引导。沟通是一种双边活动，教师要平等地与幼儿互动，不能因为幼儿小就忽略了他们作为沟通主体的权利和意愿，使沟通变成教师的单边活动。针对那些沉默寡言的幼儿，教师要在平时仔细观察，找到该类幼儿的兴趣点，引导幼儿大胆说出自己的感受，使幼儿逐渐喜欢说话。在师幼沟通中，有些教师会只顾自己说，或代替幼儿说，看起来似乎热闹，似乎已经把事情讲清楚了，实际上幼儿并没有在沟通中满足需要，语言能力也没有得到发展。

二、幼儿教师与幼儿语言沟通的要求

幼儿的认知特点和心理发展水平，决定了幼儿教师与幼儿的语言沟通具有鲜明的特点，这些特点也是幼儿教师与幼儿语言沟通的基本要求。

（一）简明易懂

简明易懂，就是要简洁、明晰，适应幼儿的语境，让幼儿一听就懂。教师与幼儿进行语言沟通时，要尽量选用幼儿熟悉的词汇，句式简短、语法结构简单的句子，还要条理清楚、层次分明。例如，在"商场购物"的角色游戏活动中，教师告诉幼儿："要买糖果，必须付钱；没有付钱，就不能拿糖果店里的糖果。"这样的语言明确地告诉幼儿要怎么做，不能怎么做，幼儿一听就懂；而教师如果说："糖果，虽然仅仅是一粒，但不给钱就拿走是一种损人利己的行为，它会使自己的思想沾上污点，我们每个人都应引起注意。"这样的语言对于幼儿来说是繁冗、抽象、深奥的，幼儿不能理解，就不知道该怎么做了。

幼儿教师肩负着幼儿启蒙教育的重任，《幼儿园教师专业标准（试行）》指出，幼儿教师要"使用符合幼儿年龄特点的语言进行保教工作"。3—6岁的幼儿好奇心强，他们会积极使用感官去探索、去了解新事物，认知能力和理解能力不断增强，但是他们的认知范围不广，知识有限，以形象思维为主，需要依赖视觉形象、听觉形象以及其他感官形象来认识事物，对于繁冗、深奥和抽象的语言难以理解。因此幼儿教师与幼儿的语言沟通一定要简明易懂而又具体形象，符合各年龄段幼儿语言发展的要求。在一些概念性、知识性的内容的沟通上，教师要避免直接引述概念解释，而用准确、简单、直白、明晰的语言来表达，才能起到更好的沟通效果。

简明，不是指句子越简单、越短就越好，而是要明确、清晰，要以能准确传情达意并为幼儿所接受为准则。幼儿的思维特点决定了教师的语言必须形象鲜明、直观具体。具体与简明并不矛盾，语言的繁简不能单以文字（音节）的多寡论。教师可选用一些拟声、摹色类的词语和动态词语，做到有形、有声、有色、有动感，唤起幼儿对具体事物的真切感知，拉近与幼儿的距离。

（二）富有童趣

富有童趣，就是教师在与幼儿沟通时语言要幼儿化和"趣"化，形象、生动，童趣盎然。

幼儿化不是模仿幼儿说话，而是指教师的口语应贴近幼儿生活，符合他们的心理特征和认知水平，能引起幼儿的情感共鸣。"趣"化就是要求教师的语言要形象、生动，富有趣味性。比如，教师带小朋友们进行户外活动，看到牵牛花开了，小朋友们很好奇，问老师："老师，这是什么花？"教师不是简单地回答："这朵花叫牵牛花。"而是说："这朵花真漂亮，像紫色的小喇叭，它有一个好听的名字叫牵牛花。"教师运用了幼儿熟知、喜爱的事物小喇叭来作比喻，与幼儿沟通，并且强调了"真漂亮""好听的"这些特点，语言更加有趣、生动、形象，更为幼儿所接受。幼儿教师与幼儿沟通要做到童趣，要注意以下两点：

第一，幼儿教师要保有童心，用幼儿的眼光去观察周围的事物，在与幼儿的沟通中注入幼儿喜爱的趣味因素。幼儿教师还要常用比喻、比拟、对比、夸张等多种修辞方法，使口语表达更形象生动，直观可感，新奇有趣。为了更好地达到沟通效果，教师可以适当制造悬念，让幼儿的注意力更为集中。

第二，幼儿教师与幼儿语言沟通时要态度亲切、情绪饱满，形成宽松、和谐的语境，语调要自然，语气和善，语速适中，使幼儿听起来能感觉到温暖的情意。通过音色的调控和变换，使声音抑扬顿挫，语言更为有趣，增强交流效果，激起幼儿交流的兴趣和欲望。

（三）注意差异

教师既要面向全体，又要注意个体差异。注意差异，就是要注意了解不同年龄、不同个性幼儿的特点，学会用恰当的语言与他们沟通，要选用恰当的词语和句式，同时注意自己的语气语调。多鼓励、多倾听，激发幼儿的交谈意愿。

1. 注意年龄差异

与小班（3—4岁）幼儿沟通要注意词语简单易懂，多用动词、名词，多用单句、短句；内容具体，有感情色彩；态势语稍多，语气稍夸张；语言拟人化；语速慢，多重复。与中班（4～5岁）幼儿沟通句式要多样些，内容更丰富；语言重复次数减少。对大班（5～6岁）幼儿说话可以使用一些表示类概念的词，增加复句，语言可以更简洁。

2. 注意个性差异

与活泼外向型幼儿沟通时，话要说得非常具体、明白，语气要肯定，不容置疑，目光要直视他，适当增加态势语；与安静、脆弱型幼儿沟通要多用鼓励的话语，用悦耳、活泼的语调，面带微笑的表情，启发他们能多角度、多侧面地思考和解决问题，使他们思维活跃，乐于沟通；与兴奋、冲动型幼儿沟通语气要婉转，要动之以情晓之以理，音量要低，语气要柔和，尽量做到触动他们，说服他们，使他们能接受教师的意见；与孤僻内向型幼儿沟通要从他感兴趣的话题开始，语气要亲切，语调要柔和，鼓励他们树立自信心。

（四）善于倾听

善于倾听，就是教师要耐心听幼儿说话，了解幼儿真实意图，选取温柔、友善的语言及时给予回应。倾听是沟通的前提，倾听可以满足对方自尊的需要，为沟通创造良好的氛围。教师的倾听会激发幼儿说话的欲望。幼儿说的大多是自己感到好玩或者害怕的事，需要找人分享或者需要教师的帮助，教师要善于倾听，听听幼儿怎么说、怎么想，才能了解幼儿的认知水平和情感需求，才能进行有效的回应和指导，顺利进行沟通。同时，在沟通时，教师的倾听能使幼儿感受到教师对他的关注、尊重，感到自己为教师所关心、喜爱，从而感受到一种安全的、愉快的情绪体验，有利于建立起积极的、相互信任和尊重的师幼关系，促进幼儿心理健康发展。

倾听的过程也是深入了解对方并考虑如何进一步作出反应的过程。因此，倾听不只是用耳朵去接收信息，必须耐心、虚心、会心地听。那么，做一个好的倾听者，具体该怎么做呢？

首先，教师善于倾听表现在积极、恰当的语言回应上。当幼儿跟教师说话的时候，教师要及时地用语言进行回应，或提问，或鼓励。如："这是怎么了？""为什么会这样？""你说得真好！"教师积极、恰当的回应，能让幼儿感到被重视、被尊重，因此愿意和教师进行沟通。

其次，教师善于倾听还表现在适当、适时的神态、动作的回应上。教师与幼儿说话的时候，要真诚地注视幼儿，表情要亲切、自然，不时对幼儿报以赞许的目光、肯定地点头或竖起大拇指，以鼓励幼儿投入地进行交流。

最后，教师善于倾听，要注意多让幼儿说，从不同角度启发幼儿说，而不是代替幼儿说；当幼儿说话时，不可轻易地打断，挫伤其说话的积极性，要耐心地、尽可能地让幼儿把话说完，同时允许幼儿申辩。

（五）把握话题

把握话题就是教师作为引导者，要善于抓住时机、创造气氛，发现幼儿感兴趣的话题，将幼儿自然地吸引过来，并且注意话题的展开、转换与控制，调动幼儿沟通交流的愿望和积极性，更好地进行沟通。师幼沟通的内容可以是幼儿感兴趣的话题，也可以是以培养幼儿良好行为习惯为目的的话题，还可以是以丰富幼儿知识、开拓幼儿视野为主的话题。在师幼沟通过程中，教师要用幼儿理解的方式引导幼儿将谈话持续下去，同时，也要在适当的时候结束谈话，让幼儿表现出满足感。如，有的幼儿不喜欢参加活动，教师在观察幼儿的基础上，询问幼儿喜欢什么样的活动，为什么喜欢，以此吸引幼儿的兴趣，并就幼儿喜欢的活动这一话题展开，找出幼儿喜欢的活动和本次活动的关系，巧妙地将幼儿引到本次活动中，并鼓励其尝试。在这个过程中，教师始终把握话题，与幼儿积极进行沟通。

（六）巧用态势语

巧用态势语，就是教师与幼儿的沟通时巧妙地运用肢体语言来传情达意。肢体语言也叫态势语，是一种无声的语言，考虑到幼儿的年龄特点和认知水平，教师经常借助态势语来辅助有声语言进行沟通，如教师与幼儿语言沟通时对幼儿的注视、微笑、点头、抚摸以及下蹲等。教师的态势语对幼儿有强烈的感染作用。教师的注视就是用目光来和幼儿进行交流；教师的微笑、点头可以缩短与幼儿之间的距离，能使幼儿自然而然地形成一股内在的亲情感；教师的抚摸有利于稳定幼儿的情绪，让幼儿消除紧张，感到温暖、安全；教师蹲下来与幼儿交流，是为了让视线与幼儿平行，让幼儿感受到老师重视他，交流起来更能感觉到老师的关爱。

🎤 小结

良好的师幼沟通能有力促进幼儿的学习和发展，教师与幼儿沟通的核心要素是"师爱"，教师应从"了解幼儿、尊重幼儿、信任幼儿、赏识幼儿、激励幼儿"出发，寻找一切机会积极与幼儿沟通。要鼓励幼儿积极表达，既面向全体，又注重差异，多听听幼儿的心声，关注每一个幼儿的成长，了解每一个幼儿的需要，通过有效沟通，促进幼儿的全面发展。

3-1-1　温暖第一——有关教师语言的随想

技能训练

训 练 一

【要求】通过案例分析，掌握幼儿教师与幼儿语言沟通的原则和要求。

【步骤】

（1）先自己想一想，再说一说；

（2）在小组中发言，用准确连贯的一段话说出自己的意见；

（3）每组派一个同学代表小组发言；

（4）师生共同讨论，对案例中不妥的地方进行补充修改。

【题目】

1. 下列案例中，教师对幼儿说的话是否遵循语言沟通的原则？是否符合要求？为什么？

（1）有一天小班的浩浩尿了裤子，他不敢告诉教师。教师发现后，轻声地对他说："浩浩，咱们一起到休息室去。"到了休息室，教师为浩浩换上干净的裤子，蹲下来抚摸着他，亲切地对他说："没关系，换上干净的裤子就好了。放心吧，我会替你保密的，小朋友们不会知道的。以后小便急了要赶紧到厕所去，别忘了。"浩浩点了点头。

（2）有一次午饭时，大班的幼儿很吵，于是教师说："咦，我们教室里什么时候飞进来那么多小蜜蜂，嗡嗡嗡嗡的，多吵呀！我们快把它们请出去，别打扰我们吃饭了。"幼儿听了都笑了起来，笑过之后便安静下来吃饭了。[1]

（3）4岁的小琪比较安静内向，妈妈送她入园后就离开了。她站在最后看见妈妈的窗户旁边哭泣。甘老师在一旁布置活动室，招呼其他刚刚来到班级的孩子，对她却视而不见。当甘老师经过小琪身边时，小琪抓住了甘老师的围裙。甘老师用力甩掉小琪的手，并告诉她："你最好停止哭泣，小姑娘！哭泣对你没有任何好处！哭泣，你妈妈也是不会回来的！"[2]

2. 下列案例中，哪位老师与幼儿沟通更成功？为什么？

（1）小班的幼儿不愿意吃红萝卜。

A教师："胡萝卜里含有大量的胡萝卜素，可以转化成维生素A，给身体提供所需要的营养，预防各种疾病，提高免疫力，所以小朋友们都要吃胡萝卜。"

B教师："胡萝卜很有营养，小朋友吃了身体就会棒棒的。"

（2）幼儿玩完玩具后，教师要求幼儿收拾好玩具，有的幼儿不愿意帮老师收玩具。

A老师："你可以帮我一下吗？"

B老师："快点，帮老师收玩具！"

训 练 二

【要求】根据幼儿教师与幼儿语言沟通的原则和要求，针对具体情境，运用简明易懂、富有童趣、体现差异的语言与幼儿沟通，注意把握话题，恰当运用态势语。

---

[1] 孙新平.浅谈幼儿园教师的语言魅力［J］.作文教学研究.2013（03）：126.

[2] 莫源秋，唐翊宣，刘利红.幼儿教师与幼儿有效互动策略［M］.北京：中国轻工业出版社，2015：23.

【步骤】

（1）先阅读情境，进入情境；

（2）自己想一想，再说一说；

（3）小组训练，看谁说得好；

（4）补充修改；

（5）个人汇报，学生点评。

【题目】

1. 中班幼儿在户外活动时，不知为什么，平时淘气的李飞与平时懂事的王翼打起来了，两人都说是对方先动手。请与他们进行语言沟通。

训练提示：

（1）要问清楚为何打架；

（2）注意两位幼儿的不同的性格特点；

（3）注意语气语调和态势语。

2. 鑫鑫是刚刚入园的小朋友，比较淘气。一天，几个幼儿说自己的彩笔不见了，还有的说铅笔不见了，老师在询问了几个幼儿后得知：原来是鑫鑫小朋友拿的，这些东西在他的书包里找到了。老师要如何与鑫鑫沟通，应怎么说？

训练提示：

（1）注意幼儿年龄小，"别人的东西不能拿"的概念尚未构成；

（2）要了解幼儿为什么要拿别人的东西；

（3）注意语气语调和态势语。

3. 大班的西西在游戏中常当小老师，因此，他总是喜欢用教师的口吻批评幼儿。瞧，这会儿他又指着几个幼儿说："叫你们把椅子摆好，为什么不做？"请与西西进行语言沟通。

训练提示：

（1）注意幼儿的年龄特点和性格特点；

（2）注意语气语调和态势语。

训　练　三

【要求】能设计情境，讲一段符合语言沟通要求的话，初步探索如何与幼儿进行沟通。

【步骤】

（1）先预设情境，再进入情境；

（2）设计一段话，说一说；

（3）在小组中展示。

【题目】

1. 设计一段话，告诉中班幼儿不能挑食。

2. 设计一段话，告诉小班幼儿午休时不能说话、打闹。

3. 设计一段话，告诉大班幼儿户外活动不能乱跑，不能互相推搡。

任务二　幼儿教师与幼儿语言沟通的常用技巧训练

📝 训练要点

1. 学习案例，认识幼儿教师与幼儿语言沟通的常用技巧。
2. 学习理论和方法，了解幼儿教师与幼儿沟通中常用技巧的用法。
3. 训练技能，学会运用各种技巧与幼儿沟通。

3-1-2　毕小斌尿尿

案例

毕 小 斌 尿 尿

我看到毕小斌往墙上撒尿，于是质问他："毕小斌，你为什么把尿撒在墙上呀？高老师每天多辛苦地擦墙，你为什么不爱惜它？"其他教师也斥责毕小斌："你把尿往墙上撒，不心疼老师。"毕小斌满脸通红，低头不语。因为时间不允许，没能和他进一步交流，我只能把他的反应当作后悔的表现，匆匆地对他说："下次不允许这样了。"晚上离园时，毕小斌的妈妈来接他，他满脸沮丧地对我说："老师，再见！"我感到他有心事，于是就问："毕小斌有什么事吗？为什么不高兴？"毕小斌的眼泪像断了线的珠子一样掉下来。我连忙将他揽在怀里说："毕小斌，你有什么委屈跟老师说说。"毕小斌这才小声地说："我今天下午向墙上撒尿是想冲掉墙上的小脚印。"我明白自己误解了他，马上向他承认错误："老师误解了你的好意，你是想帮老师冲掉小脚印，不过你想想，用水冲和用尿冲一样吗？哪个更干净呢？"他连忙擦了擦眼泪说："用水，我下次用水好吗？"[1]

在这个案例中，我们可以看到幼儿是那么纯真、善良，教师要多用善的眼光去看孩子，还要用适当的技巧与幼儿进行沟通，才能够了解情况，恰当地做出回应，帮助幼儿解决问题，抚慰幼儿情绪，促进幼儿的身心发展。这个案例中，教师的第一次提问不够恰当，带质问的语气，并且出现指责式的连续发问，使幼儿不敢回答问题，并且产生了低落的情绪。第二次的提问虽然也是连续发问，但是带着关心的语气，使幼儿感受到教师的善意，愿意说出自己的委屈。教师最后的回应很好，既承认错误，又指出幼儿不对的地方，让幼儿明白以后要怎么做，具有民主性和指导性，沟通效果良好。

📝 理论与方法

幼儿教师面对的是3～6岁幼儿，3～6岁是幼儿身心发展的关键时期，教师的引导作用十分重要，这一时期也是幼儿语言发展的关键时期，对教师的语言十分敏感，这就要求幼儿教师要运用恰当的语言技巧与幼儿沟通，才能使沟通取得更好的效果。

---

[1] 莫源秋，唐翊宣，刘利红. 幼儿教师与幼儿有效互动策略［M］. 北京：中国轻工业出版社，2020：31.

一、语气和语调的技巧

教师与幼儿沟通的时候，要注意运用恰当的语气和语调。语气语调是情绪的外衣，最能直接地反映出人的情绪和感情。语气是说话人在语言沟通中流露出来的"喜、怒、哀、乐、欲、恶、惧"等情感的丰富繁杂的种种不同色彩，在语音方面，表现为高低、强弱、快慢及音色的精细变化。语调是语气的载体，语气是借助语调来表现的。幼儿教师在与幼儿沟通时，要注意把握好语气语调，同样的话用不同的语气语调说出来，效果是不一样的。

不同语气是通过气息、语调和语速的控制等语音技巧来表现的。

（一）平和、温柔的语气

声音轻柔，语势平和，气息较长，语调多用平直调，语速稍慢。

（二）热情、真诚的语气

声音比较亮，语势稍强，气息较长，语调稍微高一点，语速中。

（三）喜爱、高兴的语气

声音明亮，语势加强，气息中，语调多扬少抑，语速中。

（四）指责、质问的语气

声音尖硬，语势强，气息短促。语调偏高，语速偏快。

（五）嫌弃、厌烦的语气

声音比较暗，语势中，气息较短，语调稍低，语速中。

比如，看到幼儿出现某个行为，教师要与幼儿沟通，问："你怎么了？"不同的教师用不同的语音技巧，语气就会有不同，表达的感情也不同。（见表3-1-1）

表3-1-1　不同语气的声音表现和感情表达

例句	语气	声音	语势	气息	语调	语速	感情
你怎么了	平和、温柔	轻柔	平和	较长	平直调	稍慢	喜爱、温和
	热情、真诚	明亮	稍强	较长	高升调	中速	喜欢、热情
	指责、质问	高而尖	强	短促	高升调	稍快	不快、愤怒
	嫌弃、厌烦	暗	中	较短	降抑调	中速	嫌弃、厌烦

幼儿教师尽量用平和、温柔、真诚热情的语气来与幼儿沟通，幼儿才能接受，才会有沟通的愿望和勇气；如果用质问的、指责的、嫌弃、厌烦的语气来提问，幼儿会害怕、退却，不敢开口。

二、提问与回应的技巧

幼儿教师在和幼儿沟通过程中要时刻关注幼儿的表现和反应，敏感地觉察他们的需要，及时提出问题进行沟通，并以适当的方式回应。教师的提问和回应质量，关系到师幼互动的质量。

一方面，教师要善于提问，提问后，对幼儿还要进行回应；另一方面，当幼儿提出问题或主动与教师沟通的时候，教师也要做出恰当的回应。

（一）提问的技巧

提问是教师开启师幼互动的有效手段。在师幼沟通中，教师主动提出问题，是为了了解幼儿的有关情况，包括幼儿的认知水平、幼儿的心理感受、幼儿的身心需要等，并以此引起幼儿的沟通愿望，增进师幼之间的感情。因此教师要把握好提问的时机，选取恰当的方式，才能准确了解幼儿情况，实现高效互动，帮助幼儿解决问题，抚慰幼儿的情绪，提高幼儿的认知水平。

1.提问的时机

提问贯穿教师与幼儿语言沟通的全过程。这里所说的"提问的时机"，指的是"首次提问的时机"。在与幼儿沟通中，教师经常处于主动地位，要善于抓住时机，首先发起谈话。提问的时机是否恰当，直接影响沟通的效果。

（1）幼儿遇到困难的时候。教师可以问幼儿："你遇到什么问题了？""老师能帮你做些什么吗？"

（2）幼儿情绪有变化的时候。教师可以问："看起来你很开心/不开心，能和老师分享一下/说一说吗？"

（3）幼儿对问题感到疑惑的时候。教师可以问："对这个问题/这件事/这个东西，你是怎么想的，想怎么做呢？"

（4）教师对幼儿的行为有疑问的时候。教师可以问："你为什么要这样做，能告诉老师吗？"

教师的首次提问，是基于对幼儿的细心观察，觉察出幼儿有困难、疑惑，情绪有变化，适时提出问题，主动进行沟通，才能引发幼儿沟通的兴趣，从而帮助幼儿解决问题。

2.提问的方式

幼儿教师提问的方式主要有封闭式和开放式两种方式。

（1）封闭式提问。教师采用这种提问方式，是为了向幼儿确认某些信息，只要幼儿做出是或不是的回答即可，在幼儿回答后，再进一步进行沟通。

采用封闭式提问必须在仔细观察幼儿的基础上进行。有了对幼儿的观察，教师才能做出相应的判断，比较准确地陈述幼儿的情况，并通过提问，得到幼儿的回应。比如，教师看到某个幼儿喜欢亲其他的幼儿，通过观察，发现那是幼儿向同伴示好的方式，教师可以提问："××，你刚刚亲了××小朋友，你是想和他做朋友，对吗？"教师通过这种方式提问，把幼儿想表达但又不懂得正确表达的情况指出来，能较好地获得幼儿的回应，并由此深入地与幼儿沟通。

（2）开放式提问。教师采用这种方式提问，幼儿无法采用"是"或"否"等简单的措辞做出答复，这样可以让幼儿说得更多，以便获取更多的信息，有利于师幼进行进一步沟通。

采用开放式提问要注意提出的问题不流于表面，提出的问题要能够传递正面的信息，并且让幼儿能回答，愿意回答，这样才能通过提问，了解幼儿情况，获取信息，引导幼儿进行有效沟通。比如看到幼儿入园情绪不佳，教师如果简单地问幼儿："你上幼儿园为什么不高兴呢？"这样的问题首先肯定了幼儿"上幼儿园不高兴"，幼儿情绪会受到影响，而且重点在于探究原因，幼儿不一定能回答或愿意回答，使师幼沟通受阻。教师可以问幼儿："你今天来幼儿园碰到高兴的事情了吗？""那碰到什么事情了？"幼儿对有没有碰到高兴的事情这个问题更容易回答，而且会回答他遇到什么问题了。在幼儿愿意回答后教师再开导幼儿，这样更有利于沟通，消除幼儿的不良情绪。

幼儿教师不管采用什么方式提问，都要关注幼儿，把握时机，引导幼儿参与沟通，还要注意因人而异，获取自己想要的信息，使师幼沟通能更进一步。

（二）回应的技巧

师幼语言沟通中的回应就是教师运用口语对幼儿的谈话——包括回答、提问等语言形式做出的反应。教师有效的语言回应有助于建立平等的师幼关系，促使师幼沟通的顺利进行。

1. 回应的类型

在师幼语言沟通中，有两种情况：一种是由教师开启的沟通，一种是幼儿开启的沟通。教师开启的师幼沟通过程包括：教师谈话——幼儿谈话——教师回应。幼儿开启的师幼沟通活动过程包括：幼儿谈话——教师回应。在师幼沟通中，教师的回应可以是对于幼儿回答的回应，也可以是对于幼儿提问的回应；教师的回应可以是回答，也可以在回答后进一步进行提问。教师的提问和回应是可以多次循环进行的，这样有利于师幼的深入沟通。

（1）对于幼儿回答的回应。这种回应用于教师开启的语言沟通活动。作为教育者，教师所开启的语言沟通活动对幼儿的发展起到积极的导向作用。教师开启的语言沟通主要是在约束幼儿纪律、抚慰幼儿情绪、向幼儿表达情感、指导幼儿活动和照顾幼儿生活等活动中进行的。在这些活动中，教师针对幼儿出现的种种表现进行谈话，提出需要引起幼儿注意的问题，在幼儿回答后，教师再进行谈话，做出回应，表达自己的观点、态度和情感。这个过程中，或一次性完成，或循环进行，教师都处于主导地位，目的是通过回应，进行有效的语言沟通，培养幼儿良好的行为习惯，提高幼儿认知水平，安抚幼儿情绪等，从而促进幼儿身心健康。

（2）对于幼儿提问的回应。这种回应更多地用于幼儿开启的语言沟通活动。幼儿开启的语言沟通活动有利于幼儿独立性、自主性的发展。幼儿开启的语言沟通活动一般在幼儿出现认知或情绪困扰、寻求关注或帮助、发表见解、提出请求时进行。幼儿开启的语言沟通活动是幼儿认知和情感方面有需要而主动进行的，是幼儿企图获得教师关注、支持、帮助、指导的一种手段。先由幼儿发起谈话或提出问题，然后教师进行回应。这个过程或一次性完成，或循环进行，教师都要变被动为主动，积极回应，甚至发起新一轮谈话，引发幼儿回答，教师再回应，直至沟通活动结束，以满足幼儿需要。

2. 回应应注意的问题

不管是哪一种情况的沟通活动，教师都要积极回应，要注意把握回应的时机，引导幼儿积极参与沟通，促进幼儿发展。

（1）把握回应幼儿的时机。教师对幼儿的回应要注意控制好时间。对于教师开启的师幼沟通，教师提出问题，要给幼儿时间，等待幼儿回答问题；对于幼儿开启的师幼沟通，教师回应要快，吸引幼儿注意，引发幼儿沟通兴趣，推动沟通活动的顺利进行。比如：教师问幼儿："你想怎么做？"要允许幼儿想后再答；幼儿问老师："你想怎么做？"要尽快回答，即使一时想不起来怎么做，也要马上回应"让老师想一想"。

（2）洞察幼儿动机和需要。对于幼儿的回答和提问，教师都要从幼儿的语言中了解幼儿的动机和需要。比如，有时候幼儿会靠近教师问："老师，你在干什么？"这个提问并不是为了"求知"，而是想通过和老师的问答来和老师套近乎，这是幼儿的感情需要，教师不能不耐烦，而应热情地回应："老师在××，你也想做吗/你能帮老师做吗？"这样才能增进了与幼儿的感情，进一步进行沟通。

（3）避免出现沟通错位和情感反差。教师对幼儿的回应是教师与幼儿之间心灵的交流，要以爱开启幼儿心扉。要避免沟通错位和情感反差。沟通错位，就是故意岔开幼儿的语意指向，或从贬抑、否定的角度，答非所问地同孩子说话。情感反差就是在与幼儿沟通时，情感的"热度"不一致，以冷对热，致使沟通受阻。教师回应幼儿的问答时，冷漠、草率或敷衍都是不相宜的。比如，幼儿靠近教师问："老师，你在干什么？"老师回答："你是闲着没事干吗？"这样的回应会浇灭幼儿沟通的热情。

（4）适时对幼儿进行教育。对于幼儿的回应，教师要注意抓住时机，进行适时适当的教育。教师可以进一步追问，启发幼儿思考，进一步进行沟通，也可以摆事实、讲道理，或进行表扬、鼓励、劝慰、说服等。

三、直表和委婉的技巧

直表和委婉是幼儿教师常用的技巧。幼儿教师在与幼儿沟通时，因人、因时、因地，灵活运用直表或委婉两种不同方式，可以取得更好的沟通效果。

（一）直表的技巧

直表，就是直截了当、清楚明白地说出自己的意思。在师幼沟通中，教师为了使幼儿形成某种是非观念、具备某种行为能力，教师直截了当、干净利落地把话说清楚，让幼儿能一下子就明白老师的意思，这样既可以调动幼儿的思维，也可以使幼儿对必须掌握的知识、观点和技能要领留下明晰的印象。比如，在区角活动中直接告诉幼儿："没有付钱，就不能拿糖果店里的糖果"，让幼儿明白活动规则，了解生活常识。在幼儿园里，诸如此类常规教育、规则意识的教育，教师经常采用直表的方式与幼儿沟通，使幼儿明确认识，提高认知水平。

运用直表的技巧是要言不烦，不是简单粗暴，教师要尽量用简洁、直白的语言讲清楚"是什么""为什么""怎么做"。

（二）委婉的技巧

委婉，就是说话时有意绕个弯子，或用迂回，或用暗示，曲折地表达自己的意思。它是在特定的语境中，为了与幼儿缩短心理距离，使其愿意沟通，接受教育时所用的表达技巧。对于比较内向、不大爱说话的幼儿，教师常常不直接说出自己的想法，而是从别的事情特别是幼儿感兴趣的事情说起，诱导幼儿开口，参与沟通，然后再切入正题；在公开场合，有些幼儿做得不好，教师会先暗示，比如，"我看谁能好好听/做。"这些都是采用委婉的沟通技巧来与幼儿进行沟通。

运用委婉的沟通技巧，其前提就是要让幼儿听得懂，能了解教师的意图，能参与到沟通活动中，所以要避免讽刺、说反语等。

四、态势语技巧

在师幼沟通中，教师经常借助态势语来辅助有声语言，增强语言沟通效果。师幼沟通的态势语主要包括表情语、手势语和身姿语。

（一）表情语

表情语中使用最广泛、表现力最丰富的，是微笑语和目光语。在沟通中，教师面部表情轻松柔和、微笑大方、眉目传神，就会显得和蔼可亲、精神饱满、兴致勃勃。幼儿受其影响，心情就会轻松自如，愿意与教师沟通，沟通效果也会更好。教师如果板起一副面孔，拉长脸皮，眼睛无神，幼儿就会望而生畏，心情会变得压抑，不愿或不敢沟通。

在师幼沟通中，教师的表情是非常重要的，它是教师情意的最直接表现。教师通过微笑，表达对孩子的欢迎、接纳、支持、关心等情感，通过皱眉表达对孩子的提醒等。

教师用眼睛表达对幼儿的关注。眼睛是心灵的窗户，幼儿会领会老师用眼睛所传达的信息。

教师信任的目光能使幼儿得到自信和勇气，教师赞许的眼神能让幼儿受到鼓励。

（二）手势语

手势语的运用范围很广，使用频率也相当高。如与幼儿谈话时，教师可以用手抚摸幼儿的头，拍拍他的肩或背，这样可以拉近师生间的心理距离，使幼儿更加亲近老师，更听老师的话。又比如，有的幼儿精神不集中，老师可用食指轻轻点一下自己的耳朵，提醒他注意听讲，这种暗示性的提醒，会使幼儿意识到自己的错误，并改正错误。

（三）身姿语

正确、良好的身姿语体现了教师的基本素质。教师与幼儿沟通时应当注意自己的身姿。比如教师弯下腰或蹲下来，身体前倾，接近幼儿，这样可以拉近与幼儿的距离，幼儿会产生亲切感，愿意与教师沟通。教师如果身体僵直，甚至双手交叉放在胸前或叉腰，幼儿就会感到害怕，不敢沟通。

教师运用身姿语还要注意与幼儿的距离和位置。集体谈话时教师与幼儿距离一般不超过一米；如果教师与幼儿单独说话，距离可不超过一尺，这样才能使幼儿感到轻松自然没有压力。与幼儿谈话时可以斜对着或与幼儿并排坐（并肩同行）同朝着一个方向。

小结

幼儿教师与幼儿沟通要取得较好的效果，就要关心幼儿，仔细观察幼儿，从幼儿需要出发，运用各种技巧，抓住时机进行提问、回应，注意语言或委婉、或直表，语气语调要适当，还要恰当使用态势语，才会感染幼儿，调动幼儿沟通的积极性，参与沟通。教师恰当地运用沟通技巧还能给幼儿树立良好的榜样，让幼儿学会沟通。

拓展阅读

3-1-2　使用清晰的语言

技能训练

训　练　一

【要求】通过案例分析，掌握幼儿教师与幼儿语言沟通的常用技巧。

【步骤】

（1）先自己想一想，再说一说；

（2）在小组中发言，用准确连贯的一段话说出自己的意见；

（3）每组派一个同学代表小组发言；

（4）师生共同讨论，对案例中不妥的地方进行补充修改。

【题目】

1. 说说下列案例中教师的语音和态势语的处理是否恰当，为什么？自己把案例中老师说得好的话练习说一说，对说得不好的或做得不对的，请予以改正。

（1）今天，咱们教室里来了一个新朋友（重音），它有一对长长（重音，语速慢）的耳朵，一双红红（重音，语速慢）的眼睛，一身白白（重音，语速慢）的毛。你们猜一猜，

它是谁？（上升调，疑问语气）

（2）小朋友你们看，这棵果树长得可真高！（降调，感叹语气）上面还挂满了圆圆的、红红（平直调）的果子，你们喜欢吗？

（3）幼儿：老师，你看，我妈给我买的新衣服漂亮吗？

老师：（头也不抬）嗯，知道了。

2. 说说下列案例中教师的提问与回应是否恰当，为什么？对追问的问题请模拟情境，把要对幼儿说的话说出来。

（1）"老师，雷雷打我了。""老师，雷雷掐我了。""老师，雷雷抓我的脸。"户外活动时，我悄悄地拉过雷雷，问他："你为什么总是打别的小朋友呢？"雷雷哭了起来，我哄了他一会儿以后又让他去玩了，可是在整个户外活动期间，都没有小朋友跟雷雷玩。我刚要去与他谈谈，只见他走到一名幼儿跟前，用手轻轻地去抓了一下那位小朋友的脸，那名幼儿便跑开了。

下午起床后，我悄悄地对雷雷说："雷雷，你是不是很想和别的小朋友玩？"他点点头，我又说："是不是因为你想和别人玩才去打别人、抓别人？"他又点点头。我告诉他："雷雷要想和小朋友一起玩，就要和小朋友好好相处，你可以把自己的玩具拿给别人玩一会儿。来，你试试看。"雷雷去尝试的时候，小朋友还是不跟他玩，于是，我走过去，以一名游戏参与者的身份去为他们调解……果然，雷雷下午没有打别的小朋友。[1]

追问：如果你是这位老师，最后如何帮小朋友调解，让雷雷和小朋友一起玩。把最后老师要说的话说出来，注意语意明晰，自然连贯，语气语调恰当。

（2）吃完午饭后，大部分小朋友在安静地阅读书本，这时，听到了几个小女孩吵架的声音，老师便走了过去，是珂珂、雅涵、岚岚在争执，老师问："发生了什么事情？"雅涵："珂珂背地里叫岚岚不和我做朋友，但是老师说过的，大家都是好朋友的，而且我也没做错什么啊。"老师说："你们已经长大了，有自己交朋友的想法，老师也想和你们做好朋友，你们自己看看怎样解决好吗？"这时珂珂就哭了，岚岚见状也哭了。

追问：如果你是这位老师，你要运用什么技巧与幼儿沟通，帮助珂珂、雅涵、岚岚和好。把老师要说的话说出来，注意语意明晰，自然连贯，语气语调恰当。

（3）三个大班小朋友在大型玩具上滑滑梯，涛涛要从上面滑下来，晓雨非要从下面往上爬，鸣鸣在滑梯下面拽往上爬的小朋友，不一会儿，就见上面的涛涛在滑梯的惯性中滑了下来，脚踹在了往上爬的晓雨的脸上，晓雨细嫩的小脸上沁出血丝来……

大班的老师恰巧过来了，看到这一幕，便大声责骂"肇事者"："涛涛，我就知道你最调皮，看你做的好事。"涛涛吓得不敢说话。老师生气地拉着受伤的晓雨去了保健室，几分钟后，老师把三人叫到一边继续未完成的"教育"，"你们说说，刚才是怎样回事？"三个人都低着头，涛涛嗫嚅着把事情说了个大概，老师叹了口气，对涛涛说："你看看，你都把人家踢成这样了。他爸爸妈妈看见了多心疼啊！你想想，要是你被别的小朋友弄成这样，你爸爸妈妈是不是很心疼啊？"涛涛低着头说："是。"老师说："这就对了。快对晓雨说'对不起'。"涛涛绞着手，不说话。老师又要求说："快向晓雨道歉，说'对不起'！"涛涛停顿了几分钟后，才不情愿地抬起头对晓雨说："对不起。"晓雨回答说："没关系。"老师看

[1]　莫源秋，唐翊宣，刘利红.幼儿教师与幼儿有效互动策略［M］.北京：中国轻工业出版社，2020：105.

到自己的要求被执行了，就温和地对涛涛说："以后不许再发生这样的事情了，听见了吗？"涛涛点点头。"好了，去玩吧！"

追问：如果你是老师，你要怎么与幼儿沟通，让幼儿以此为鉴，以绝后患？

3. 下列案例中老师运用了什么技巧，用得好吗？为什么？如果换成是你，你会怎么说，请把你要说的话说出来。

幼儿园智力活动，老师正组织孩子们做一些智力游戏。老师要求孩子们都坐好，多多却在椅子上动来动去，老师见此情景大声说："我看谁还没有坐好！"多多一听，赶紧坐好。活动继续，不一会儿，多多又和旁边的小朋友说起话来，老师眼睛看着多多并且提醒他："我看还有谁在说话。"孩子们都不敢说话了，教师继续组织教学活动，才说几句话，多多又开始说话了，老师马上板起脸："闭嘴，你有完没完啦！"说完，把书往桌上一扔。下面的孩子吓得不敢说话，多多也赶紧坐好，不敢动了。一会儿老师去旁边拿东西，多多开始快速翻书。老师看见了："哟，你这是在干吗！做电风扇啊！"其他小朋友一听，也学着他的样子不停地翻书，做起了"电风扇"。教室一下子失控！[1]

训　练　二

【要求】根据幼儿教师与幼儿沟通的各种技巧的要求，针对具体情境，设计、运用恰当的口语与幼儿沟通。

【步骤】

（1）先阅读情境，进入情境；

（2）自己想一想，再说一说；

（3）小组训练，看谁说得好；

（4）补充修改；

（5）个人汇报，学生点评。

【题目】

1. 大班的芬芬能管好自己，但爱告状。下午自由活动时，她又向老师报告，说这个小朋友不好好玩，那个小朋友乱扔玩具。小朋友都不喜欢她。请你以老师的身份与芬芬沟通。

训练提示：

（1）要了解幼儿告状的目的；

（2）注意培养幼儿处理问题的能力；

（3）注意语气语调和态势语。

2. 小班淘气的立立画画时，故意把颜色涂到菲菲漂亮的新裙子上，还说："我给你的裙子添上红花。"菲菲哭了。请你以老师的身份与立立和菲菲沟通。

训练提示：

（1）两个幼儿都需要沟通；

（2）要了解幼儿做事动机；

（3）注意幼儿年龄特点和性格特点；

（4）注意语气语调和态势语。

[1]　尹坚勤，管旅华.《幼儿园教师专业标准（试行）》案例式解读［M］.上海：华东师范大学出版社，2013：76.

3. 中（2）班的小朋友在操场上活动，几个小朋友正在玩追逐游戏，正当他们玩得不亦乐乎的时候，晓雯小朋友突然摔倒在地上，她立即哇哇大哭起来。

　　训练提示：
（1）注意幼儿的年龄特点；
（2）注意语气语调和态势语。

训　练　三

【要求】能设计情境，引用各种语言沟通技巧，模拟幼儿教师与幼儿沟通。
【步骤】
（1）先预设情境，进入情境；
（2）设计一段话，说一说；
（3）在小组中展示。
【题目】
1. 设计一段话，告诉小班幼儿要学会自己穿鞋子。
2. 设计一段话，告诉中班幼儿要懂礼貌。
3. 设计一段话，告诉大班幼儿不能争抢玩具。

任务三　各年龄段幼儿常见问题及语言沟通技巧训练

训练要点

1. 学习案例，了解幼儿在特定年龄段经常出现的问题。
2. 学习理论和方法，掌握应对各年龄段幼儿经常出现问题的沟通技巧。
3. 训练技能，学会运用沟通技巧解决各年龄段幼儿经常出现的问题。

3-1-2　潘阳入园

案例

潘　阳　入　园

　　早晨，我正在接待来园的孩子，潘阳来了。他哭着对爷爷说："爷爷，吃中饭的时候来啊！"爷爷说："好的，爷爷来。"我拉着他的手，摸摸他的头，对他说："阳阳，你这几天没来幼儿园，老师可想你了。你看，小朋友都在叫你了！"他看了看，情绪慢慢稳定了，在我的引导下到活动区和小朋友一起活动。[1]

　　爱哭是小班幼儿经常出现的问题，特别是小班上学期的幼儿，刚刚入园，由于年龄小，对于他们来说，离开家进入幼儿园集体生活是一件比较困难的事。因为幼儿园的环境

---

[1]　佚名. 幼师口语沟通技巧 PPT［EB/OL］.（2019-04-24）［2022-03-01］. https://www.doc88.com/p-8088499104260.html?r=1.

与家里的环境是完全不一样的，离开自己熟悉的家人，自己的事情还要自己做，还要学会照顾自己，所以小班幼儿常在来园的时候哭闹。案例中的阳阳很依赖大人，不愿意到幼儿园，家长也比较溺爱幼儿。而教师处理得很好，积极与幼儿沟通，给幼儿情感的安慰，引导幼儿同伴帮助阳阳，给阳阳创设了一个安全、温暖、愉快的氛围，结果稳定了阳阳的情绪，阳阳没有再哭闹。

理论与方法

幼儿园各个年龄阶段的幼儿有不同阶段的身心发展特点，会出现各阶段的各种不同问题，教师要充分掌握不同阶段幼儿的发展特点，针对各个年龄段出现的问题，运用各种技巧与幼儿积极沟通，帮助幼儿健康发展。

一、小班幼儿经常出现的问题及语言沟通技巧

小班幼儿（3～4岁）依赖性较强，行为受情绪支配作用大，他们的情绪依旧很不稳定，容易激动，具有强烈的好奇心。因此，小班幼儿最突出的问题有三个，一是容易哭闹，特别是来园不愿意离开大人；二是生活自理能力差；三是经常出现破坏性行为。

（一）与哭闹的幼儿语言沟通的技巧

幼儿哭闹的原因可能有以下几种：过分依赖家长、对幼儿园环境不习惯、身心需求得不到充分满足、与幼儿园小朋友闹矛盾等。教师要在家长配合下和幼儿做好沟通。

1. 亲切地呼唤幼儿

幼儿的自我意识在不断增强，在幼儿园里，教师呼唤幼儿的名字，幼儿会倍感亲切，觉得自己受到老师的重视。因此，熟记幼儿的名字是教师与幼儿沟通的第一把钥匙，也是师幼沟通的基础。

小班幼儿刚入园，教师要尽快熟悉幼儿。一般而言，呼唤幼儿的名字以幼儿入园登记的名字为标准，而不呼唤幼儿的绰号，这是对幼儿的尊重和基本的礼节。在幼儿哭闹时，教师亲切地呼唤幼儿的名字，再加上"宝宝"的称呼，幼儿会感受到来自教师的爱和温暖，在一定程度上起到了安抚情绪的作用。

2. 针对具体情况采取不同策略

幼儿哭闹的情况多种多样，原因也各不相同。教师要针对不同的情况采取不同的策略，而不是一味去哄。

小班幼儿最常见的是入园哭，而入园哭最常见的是分离焦虑引起的哭泣，有时也可能来园路上发生不愉快的事情，或者觉得哭能引起老师的注意等。教师要询问幼儿或幼儿家长，安抚幼儿的情绪，告诉幼儿，教师喜欢看到他的笑脸，或者告诉幼儿教师需要他的帮助，请他帮教师做事情，或者告诉幼儿小朋友们很喜欢和他一起玩。

小班幼儿还经常因为争执哭了，并哭着找妈妈，教师要问明争执的原因，告诉他们解决争执的办法。

3. 创设安全、温暖的集体氛围

小班幼儿虽然依赖心强，但是他们的交往范围有了很大的拓展，从家庭成员扩大到教师、

幼儿同伴，开始认同、接纳同伴与教师。这一时期的幼儿对他人的情感反应敏感性增强，移情能力有了很大的发展，而且开始能站在他人的立场上感受情境，理解他人的感情，看见生病的同伴、摔跤的弟弟妹妹会表示同情，在教师启发下，会作出安慰、关心、帮助等关切他人的行为。

因此在幼儿哭闹的时候，教师要告诉其他幼儿，我们要关心帮助××小朋友，大家请他一起玩，教师再告诉哭闹的幼儿，小朋友们一起玩多高兴，老师也和大家一起玩。这样的语言沟通会让哭闹的幼儿感受集体的温暖。

4. 注意语气语调，多用态势语

小班幼儿能用简单的语言与成人、同伴交往，向别人表达自己的感受和需要，但语言能力仍不够强；他们十分依恋父母和教师，特别需要得到成人的微笑、拥抱、拍拍、摸摸等安慰动作，他们能听懂教师简单直白的语言，而且能更多地从教师的语气、语调、态势语去判断教师的态度。

因此，幼儿哭闹时，教师与幼儿沟通时语气要亲切，语调要平和，尽量不要过高或过低。并且多抱抱幼儿，给幼儿多一些笑脸。

（二）与缺乏自理能力的幼儿语言沟通的技巧

小班幼儿虽然因年龄小、动手能力差而缺乏自理能力，但家长和教师的"包办"是主要原因。教师要多与幼儿沟通，不要怕麻烦，要着力培养幼儿的自理能力。

1. 明确具体

小班幼儿入园后有一个显著进步，就是逐渐摆脱自我中心，学习按指令行动，在教师的指导下，形成了日常生活、游戏和学习活动时所必需的生活自理能力，开始能适应集体生活了。但是，这一年龄段的大多数幼儿，生活自理能力较差，教师要用明确具体的语言与幼儿沟通，指导幼儿完成生活常规要求，并在每个环节提醒幼儿。明确就是要告诉幼儿做些什么，具体就是要告诉幼儿怎么做，特别要注意哪些地方。

2. 寓教于乐

小班幼儿依赖性强，自我服务意识和能力差，教师要告诉幼儿"自己的事情自己做"，并教给幼儿自我服务的技巧。幼儿自我服务的技巧增强了，感到"自己的事情自己做"不难了，自我服务的意识就增强了。

教育幼儿自我服务，不是生硬的命令，教师要寓教于乐，让幼儿在轻松愉快的环境中习得自我服务的方法，比如可以把完成动作过程或动作要领编成儿歌，可以用故事激励幼儿，等等。必须强调的是，教师要有耐心，不包办也不要指责，要因材施教、有的放矢、循序渐进，逐步提高要求。

3. 及时鼓励

小班幼儿对别人的意见、别人感情的反应敏感性增强，教师的鼓励会让幼儿更有信心。教师要为幼儿体验独立提供机会，并称赞他们的成功，通过语言的鼓励和称赞，让幼儿品尝成功的喜悦，进一步提高自理能力。教师的鼓励和称赞不是简单地说："棒棒棒，你真棒！"而是针对幼儿新近发展的某项技能说："××小朋友今天××事情做得很棒！"如能再具体说出为什么"棒"，"棒"在哪里就更好了。

（三）与好奇好问的幼儿语言沟通的技巧

小班幼儿对周围世界充满浓厚的兴趣，对新鲜事物具有强烈的好奇心，喜欢向成人提出各种各样的问题，并有动手尝试的愿望，因此，小班幼儿经常出现因为好奇心或因好意而做了错事、搞了破坏的情况。教师要保护幼儿的好奇心，不要因为幼儿做错了事、搞了破坏就批评、指责。

1. 询问原因

教师要先观察或询问是什么原因让幼儿这样做，然后再想解决的办法。提问是沟通的常用方式，教师在幼儿做了错事以后，要先询问幼儿为什么这样做，如果是因为好奇，教师要进一步进行引导。

2. 正确引导

幼儿对世界的认识是从好奇开始的，强烈的好奇心会增强幼儿的求知欲，对创造性思维与想象力的发展具有十分重要的意义。教师对幼儿的好奇心要正确对待，不怕幼儿因好奇心做错事，要引导幼儿把好奇心变成对知识的渴求和探索，教给幼儿各种知识并鼓励他们积极去探索。

3. 正确对待幼儿的提问

小班幼儿爱提问，"这是什么？"是幼儿经常说的话。有时做错了事情，他们也会问"为什么不能做"。教师要正确对待幼儿的提问，要积极回应，欢迎并鼓励幼儿提问，不能置之不理；回答问题要有启发性，对幼儿暂时不理解的一些问题，不必勉强解释，对于一些拿不准、不知道的问题，教师不可含糊其辞，要如实告诉幼儿："老师查一查再告诉你。"

二、中班幼儿经常出现的问题及语言沟通技巧

中班幼儿行为的有意性明显发展，可以运用社会行为规范并初步评价自己的行为，还能在成人的帮助下，调控自己的行为。他们自制力开始形成，有初步的责任感、道德感，同伴间交往需求增多，合作性游戏多，但由于社会行为的规则没建立起来，所以易与同伴发生冲突，喜欢告状与监督他人。因此，中班幼儿经常出现的问题是争抢、打架、告状等。

（一）与有争抢行为的幼儿语言沟通的技巧

争抢行为是幼儿在一些特定情境下所选择的维护自身利益或表达内心情感的行为方式。中班幼儿开始有了明确的自我意识，这种意识的建立让幼儿开始以自我为中心，争抢成了这一阶段幼儿常见的问题。教师要关注这些有争抢行为的孩子，与他们进行沟通，教育幼儿和谐、友好相处。

1. 教给幼儿正确的交往方式

中班幼儿心理还不成熟，对于自己的情绪和需要缺乏控制力和表达能力，规则意识不强。对于这样的幼儿，要教给他们正确的交往方式。

（1）引导幼儿学会用语言表达自己的愿望，有礼貌地提出自己的要求，如会说"把你的玩具/书借我玩一玩/看一看，好吗？""我们一起玩/看，好吗？"等。

（2）要确定规则，并告诉幼儿要按规则与同伴交往，激励幼儿与同伴友好相处。

（3）教幼儿学会分享，幼儿园里的玩具、书或小朋友带到幼儿园的玩具、书要和小朋友分享，分享是快乐的。

除了用直表的方式告诉幼儿如何与同伴交往之外，教师还可根据幼儿以形象思维为主的特点，用故事的方式来让幼儿懂得正确的交往方式。

2. 强化正确的交往行为

中班幼儿开始有了初步的是非道德观念，知道借东西之前征得主人同意。但遇到被拒绝又很想要时，常常就只顾自己的意愿了，便出现了争抢行为。这种争抢行为多见于有一定的规则意识但无法自控的幼儿，教师要通过各种方式强化幼儿正确的交往行为，让幼儿学会交往，减少争抢行为。

（1）在各种活动中教幼儿学会分享，让幼儿体验分享的快乐，告诉他们怎么做是对的，怎么做是错的。

（2）发挥集体教育的功能，在幼儿发生争抢行为的时候，让幼儿来说说谁是对的，谁是错的，你怎么样帮他们解决这件事情。

（3）对于有争抢行为的幼儿，教师应更多地给予他们关爱和关注，以宽容的心态接纳孩子，发现幼儿在同伴交往中闪光点，多用赞扬、肯定的方式与幼儿沟通，强化幼儿的正确的交往方式；教师还要树立幼儿在同伴中的威信，使同伴愿意和他们交往，让他们在和谐的环境中成长。

3. 引导幼儿自己解决

中班幼儿自主性与主动性有了进一步发展，有主动参与活动的热情与能力，目的性也有所增强。对于幼儿出现争抢行为，教师要告诉幼儿他可以做什么，引导幼儿自己解决问题，并及时给予肯定和鼓励。

（二）与有攻击性行为的幼儿语言沟通的技巧

攻击性行为是幼儿需求得不到满足或自己的利益受到损害时出现的身体上的进攻或言语上的攻击等侵犯行为。中班幼儿的分享意识还不强，以自己的需要作为唯一的标准，缺乏必要的社会交往经验和技能，不善于用语言表达，两者相互冲突的结果便产生了攻击性行为。对于有攻击性行为的幼儿，教师要及早采取措施，加强与幼儿的沟通，矫正幼儿的攻击性行为。

1. 了解原因

幼儿攻击性行为具体表现是打、踢、咬，大声叫嚷、叫喊名字，骂人，抢走别人东西等。教师要通过观察、沟通，全面了解幼儿这些攻击性行为背后的原因。比如，有的幼儿是因为争抢而出现攻击性行为，而有的幼儿是因为要制止其他幼儿的不良行为而出现攻击性行为，还有的幼儿打人、骂人——主要是幼儿同伴，是为了引起对方的注意，希望能和同伴一起玩。教师了解原因，才能对症下药，更好地与幼儿沟通。

2. 正面引导

中班幼儿开始重视别人特别是老师的评价。对于有攻击性行为的幼儿，教师要正面引导。

（1）要表明态度，摆事实，讲道理，重说危害，就是要告诉他这样做是不对的，为什么，要怎么做。

（2）对于幼儿身上出现的闪光点，教师要及时予以肯定，积极地评价幼儿，让幼儿安定情绪，更重视控制自己的行为，从而减少或控制攻击性行为。

教师还可以通过创设游戏、讲故事、角色扮演等方式让幼儿明白哪些行为是不对的，引导幼儿认识对错，减少攻击性行为；教师还可以教会幼儿"安全表达愤怒"的方式，如可以用语言、跺脚等方式表达"我生气了"，也可以去"心情角"打枕头、踢沙包发泄自己的坏情绪。

3. 移情体验

移情体验就是能够对别人的情感进行推测并产生相同的感受。教师对有攻击性行为的幼儿要动之以情，晓之以理，让幼儿将心比心，换位思考。

（1）教师要在情感上触动幼儿来解决问题。比如，当幼儿打了别人，要引导幼儿："如果你被打了，你心里会有什么感受？"让幼儿能够移情体验。

（2）鼓励幼儿的亲善行为，比如，让幼儿亲近自然，与同伴、大人进行更多有益的交往，体验自然和社会生活带来的乐趣，让幼儿融入生活，在生活实践中学会反思，形成良好的习惯，让幼儿心里有善、有爱，移情体验才能有效果。

4. 教会方法

中班幼儿同伴间的交往增多，冲突也随之增多。教师要教给幼儿与同伴交往的方法和解决冲突的方法，尽量避免攻击性行为的发生。教会幼儿用正确的方式表达自己的愿望，比如，如果幼儿对同伴正在玩的玩具感兴趣，也想玩，可以说："让我玩玩好吗？""你玩了之后给我玩，好吗？""我和你一起玩，好吗？"而另一方幼儿也要学会分享，要回应，避免因争抢而攻击别人。

5. 制止或批评

对于一些可以预见的攻击性行为，教师要及时制止，进行说服。对于一些具有暴力倾向的攻击性行为，教师要给予批评。批评是教育幼儿的一种手段，是对幼儿不当行为的一种否定性评价。对于幼儿，教师要慎用批评，但不等于不能批评。教师要针对幼儿的攻击性行为，重说危害，语势要强，强化幼儿的认识。

（三）与告状的幼儿语言沟通的技巧

幼儿在认为自己受到同伴的侵犯或发现同伴的某种行为与幼儿园的集体规则、教师的某项要求不一样时，就会向老师告状。中班幼儿社会性增强，有初步的责任感、道德感和是非判断能力，也有一定的胆量和勇气，对于自己认为不对的事情敢于表达、敢于抵抗，但是独立性不够，在独立处理人际关系方面能力不足，依赖老师，把老师当作权威，因此告状行为在中班幼儿中十分常见。不管是出于什么动机的告状行为，教师都要认真对待，积极沟通，从而促进幼儿在人际关系方面健康发展。

1. 弄清告状行为的原因、目的

教师应对幼儿的告状行为，不是为了平息事态，而是要增强幼儿按规行事的自觉性和独立处理冲突的能力。教师必须弄清幼儿告状行为的原因和目的，才能与幼儿有效沟通。幼儿的告状主要有以下几种：自我保护型的告状行为、维护规则型的告状行为、求赏型的告状行为和嫉妒型的告状行为。教师在幼儿告状时要仔细观察、认真倾听、弄清事实，透过表面的告状行为揣摩幼儿的心理，才能正确处理。

2. 针对不同类型的告状行为采取不同的策略

教师在弄清楚幼儿的告状行为的原因和目的之后，要针对不同类型的告状行为采取不同的策略。

（1）应对自我保护型的告状行为。当幼儿遭到其他幼儿的欺负或自觉利益受到侵犯时，会向老师告状。这种告状行为是为了摆脱困境，保护自身的安全与权益，希望得到老师的帮助以制止同伴的侵犯行为。

对于这种告状行为，教师要安慰告状的幼儿，批评教育"被告"，同时要教会幼儿避免和处理冲突的技巧，进而减少这种因利益冲突又不善处理而导致的告状行为。比如，教会幼儿对于别人的无意冒犯要宽容，犯了错误要及时检查自己，想办法让别人谅解自己；教会幼儿学会分享，分享行为多了，冲突就少了；教育幼儿要学会自己解决问题，大胆地与人沟通、协商、防御等。

（2）应对维护规则型告状行为。当幼儿发现同伴的某种行为不符合幼儿园的集体规则或老师的要求时，会向老师告状。这种告状行为是希望教师能够制止或惩罚同伴的违规行为以维护规则。对于这种告状行为，教师要表明态度给予告状者以充分的肯定，对被告者进行制止并教育，必要时还要对全班进行相关的常规教育。如果幼儿能自己处理的，还要鼓励幼儿自己解决，帮助同伴遵守常规要求。

（3）应对求赏型告状行为。有时幼儿并不是为了纠正、制止、惩罚同伴的违规行为，而是为了获得老师的赞赏而向老师告状。对于这种告状行为教师要洞察幼儿心理，慎重对待，既要教育违规幼儿，又不能过分肯定和表扬告状者，避免养成幼儿"打小报告"的习惯，教师要通过沟通，教育幼儿多看到自己的长处，培养幼儿的自信心，减少甚至不再出现尝试通过贬低别人抬高自己的求赏型告状行为。

（4）应对嫉妒型告状行为。当幼儿看到同伴在某些方面比自己好而企图进行打击时，也会产生告状行为。这种行为经常出现在老师表扬了同伴而没有表扬自己的时候。对于这种告状行为，教师不要随意训斥和批评幼儿，要让幼儿说出自己的心理感受，倾听幼儿的烦恼并表示理解，正面评价幼儿，为幼儿建立一个良好的心理环境，减少甚至杜绝幼儿因嫉妒而产生的告状行为。

三、大班幼儿经常出现的问题及沟通技巧

大班幼儿自我控制能力增强，能初步控制自己的外部行为，规则意识增强，能逐步遵守集体制订的行为规则；自我评价能力初步发展，当别人的评价与自己的感觉不相符时，会表示反对和进行争辩；活动的自主性和主动性提高。因此，大班常出现的问题是任性、争强好胜、互相攀比等。

（一）与任性幼儿语言沟通的技巧

大班幼儿独立性、自主性增强，有自己的想法，所以常常表现为故意与大人"闹独立"，会说"我不"或"不要你管"，总是力图摆脱大人的约束。在幼儿园里，也有这样的幼儿，当老师提出某种要求时，他们往往听不进去，自己愿意怎么做就怎么做。幼儿的这种独立性倾向是独立性个性品质发展的重要标志，是一种正常的心理发育现象。教师要正确对待，做好与幼儿的沟通，引导幼儿独立性和自主性等个性品质健康发展。

1. 因势利导，因材施教

大班幼儿虽然独立性增强，但自制能力仍然不足，易冲动，思维带有片面性，因此容易任性行事。教师如果不了解幼儿的心理，不问缘由地用训斥、指责等方式回应幼儿的"不合理要求"，幼儿更容易产生逆反心理，助长任性行为。

教师要因势利导，因材施教。对幼儿的合理行为与要求，要给予肯定并满足；对幼儿的不合理要求则要采用适当方式加以引导，告诉他为什么不能这样做，要避免采用强硬手段。如有的幼儿为了获得教师的关注，经常会做出与众不同的事情，教师可以这样与幼儿沟通："你想做什么，老师和你一起做，不过你要答应老师……"，幼儿得到教师的关注，教师借机提出一些要求，制订一些共同的约定，这样会取得更好的效果。

2. 适当表扬，正面鼓励

大班幼儿社会性增强，希望得到别人的肯定，重视大人对他的评价。任性的幼儿得不到大人的肯定，更容易产生负面情绪，故意和大人对着干。对于任性的幼儿，教师要善于发现他身上的闪光点，多表扬，让幼儿体验成功的喜悦，引导幼儿产生更多的正面情绪。教师还可以为幼儿树立榜样，鼓励幼儿向同伴学习，提高是非观，并且使幼儿在学习中体验成功感，增强自信，减少任性行为。

3. 以退为进，稳定情绪

大班幼儿独立性、自主性增强，语言表达能力提高。因此，当幼儿任性起来，正面教育一时起不了作用的时候，教师可以以退为进，让幼儿先说说自己的想法，让幼儿情绪稳定下来，然后再寻找沟通的切入点，让幼儿意识到自己的错误，改善自己的行为。比如有的幼儿做了错事还不承认，教师可以先问他："你为什么这样做？能说给老师听听吗？"甚至可以为他找一下台阶："我猜猜看，你这样做是想让我们××吧。"在幼儿说出自己的想法后再抓住时机指出他的做法的危害，让幼儿感到自己做得不妥。

4. 讲清道理，教给方法

大班幼儿已经能够较好地掌握各种常规要求，养成一定的行为规范，也能较好地用语言与

同伴、成人进行沟通交流，能自信地表达个人的见解和主张。因此对于任性的幼儿，教师要帮助他们控制情绪，讲清道理，可以鼓励幼儿进行实践，在实践中明理启智。教师还可以用委婉的语言与孩子一起讨论解决问题的方法，可以作比较，是这样做好，还是那样做好。比如幼儿因争抢而伤人，教师应该告诉他："住手！你伤到小朋友了。""你想要玩小朋友的玩具，要好好跟他商量，让他玩一会儿后再给你玩，因为是他先拿到的。""当你从他手里抢过来的时候，玩具打伤了他。很疼，所以他哭了。我们一起去找点药油给他擦擦，让他好受一些吧。"

（二）与爱与别人比较的幼儿语言沟通的技巧

大班幼儿自我意识增强，具有一定的自尊心和自信心，对大人的行为具有很强的模仿能力。一方面幼儿喜欢被关注和赞扬，当他感觉自己被忽略或者想得到别人的关注时，就会用玩具、漂亮的衣服等来吸引大家的注意；另一方面，幼儿在活动中逐渐学会与同伴交往和分享，当他感到不被重视的时候，会产生愤怒与挫折感，他们会采用各种方式让父母满足自己在物质方面的需求，并在同伴中炫耀自己拥有的东西，以此增强自己的自尊心和自信心。这种争强好胜、喜欢与别人比较的行为，既与幼儿的年龄特点有关，也跟幼儿成长的环境有关。教师要关注幼儿的心理和成长环境，努力与幼儿沟通，减少甚至消除幼儿的攀比行为。

1. 恰当地赞美

大班幼儿已经具备一定的是非观念和道德情感，教师要运用恰当的表扬、夸奖，教育幼儿懂得欣赏、追求真善美，知道什么是值得尊重的，培养幼儿正确的价值观。

（1）教师对幼儿的关注和夸奖要集中在幼儿的行为上，如，谁的衣服最整洁，谁最遵守规则，谁最爱帮助别人，使幼儿在努力获得教师表扬的过程中养成良好的个性品质。

（2）教师要避免夸奖幼儿的衣着、玩具等物品，并强调是谁的；避免引导幼儿进行物质的比较，比如问幼儿："今天咱们班谁穿得最漂亮？""谁带来的玩具最好玩？"这样的夸奖会让幼儿滋生攀比心理，不利于幼儿的健康成长。

2. 开展合作竞争

大班幼儿自我意识提高，竞争意识增强。教师要让幼儿在合作中开展竞争，培养幼儿正确的竞争意识，使幼儿学会合群、善群、利群，与同伴和谐相处，共同进步提高。教师可以通过各种合作活动，培养幼儿的团队意识，采用各种方法激发幼儿共进退、共成长的正确的竞争意识。

（1）引导幼儿学会使用礼貌用语，促进幼儿间的交流。

（2）引导幼儿学会交流、分工、配合等合作方式。

（3）引导幼儿学会进行公平、正当的竞争。

（4）引导幼儿学会理解、尊重、宽容他人。

（5）引导幼儿学会坦然接受失败，不折不挠。

（6）引导幼儿爱学习，学习各类知识，增强自信心，提高竞争力。

通过开展合作活动，让幼儿小组合作，互相帮助、患难与共，或者让幼儿进行角色分工，互相协调、共同进步等，帮助幼儿树立正确的竞争意识。

3. 适当地评价

大班幼儿自我评价能力初步发展，对于别人的评价也十分重视。在幼儿园里，教师的评价对幼儿的影响很大。教师要慎重、公平、公正地对幼儿进行评价，才能营造良好的教育环境。教师的评价要实事求是，恰如其分；要关注每一个幼儿，让幼儿感受到自己被重视。例如，教师看到几名幼儿合作完成用积木搭火车的工作，就让幼儿回答是谁干的，幼儿都说不是自己一个人干的，自己只搭了火车的某一个部位。孩子们说完后，老师评价说："怪不得！我本来很奇怪谁本领这么大，这么短的时间就搭了这么长、这么漂亮的一列火车，原来是六个人一起干的，所以搭得又快又好。"老师的评价实事求是，恰如其分，肯定了幼儿的火车搭得又快又好，特别指出幼儿本领很大，是六个人一起干的，使参与活动的幼儿都感到自己发挥了很大作用，避免了幼儿出现"我搭得最好""我搭得比你好"的心理，又教育幼儿要合作，才能把事情做好。

四、应对其他情况的沟通技巧

除了各年龄段幼儿突出的问题之外，幼儿园里还有一些常见的问题，教师要通过沟通，帮助幼儿解决。

（一）与挑食的幼儿语言沟通的技巧

挑食问题在幼儿园里很常见，各个年龄班都有，教师要了解情况，进行沟通。比如，对于一些幼儿不爱吃的食物，教师可以通过改变形状或做法，给食物起一个有趣、好听的名字，唤起幼儿的兴趣，或者说说食物的营养价值，让幼儿了解这种食物对身体健康的重要性；对于一些经常挑食的幼儿，可以利用环境来暗示引导幼儿，将吃饭习惯好的幼儿安排在他的周围，进行榜样示范，告诉幼儿要像××（幼儿）一样，吃得又快又好。每个幼儿的食量和喜好都不一样，可以允许幼儿少吃点不喜欢的菜。

（二）与不爱护公物的幼儿语言沟通的技巧

幼儿会慢慢有物权意识，对于自己的东西，会保护好，不允许别人弄坏，但是对于幼儿园的东西，有些幼儿缺乏爱护公物的意识，或者摔、打、踢、撕，或者撞倒了/撕坏了（看见被撞倒了/撕坏了）却无动于衷。对于这种情况，教师要注意对不同年龄段幼儿采用不同的沟通方式。

1. 对于小、中班的幼儿，教师可以利用幼儿的泛灵心理进行沟通。比如，幼儿踢倒了椅子，教师对幼儿说："刚才我听到小椅子在说'好疼啊！'""现在椅子受伤了，不喜欢小明做他的主人了，怎么办？""小椅子知道小明不是故意的，不会介意的，它还想和你做好朋友，小椅子知道小明以后会对他好的，你说是不是。"幼儿园里，幼儿玩玩具、看书经常把玩具、书弄坏，教师也可以采用这样的办法沟通，教育幼儿爱护公物。

2. 对于大班的幼儿，教师要明确告诉幼儿要爱护公物。教师可以通过讲道理、立规则，培养幼儿爱护公物的意识。

（三）与害怕失败的幼儿语言沟通的技巧

幼儿在成长的路上会面对很多次失败，但最重要的是要让幼儿不怕失败。对于害怕失败的幼儿，教师更要加强沟通，帮助幼儿走出心理困境，勇敢面对失败。

1. 给幼儿设计力所能及的活动，多给幼儿表扬和肯定。
2. 告诉幼儿老师也曾经失败过，失败是正常的。
3. 主动邀请幼儿参与活动，故意扮演弱者，让幼儿感到失败并不是一件可怕的事情。
4. "装糊涂"，假装没有留意到幼儿的失败，在活动中有意识地透露一些好的方法和技巧，保护幼儿的自尊心。

（四）应对幼儿"奇思妙想"的语言沟通技巧

对于教师的提问，幼儿常会出现一些"莫名其妙"的答案。教师要弄清情况，分别处理。教师要确认幼儿是不是听不清楚，听不明白，如果是，教师要再次重述问题，对于问题中的关键词要做重音处理，提醒幼儿注意，或对关键词进行解释，再让幼儿回答。如果教师的问题大多数幼儿都回答得"莫名其妙"，教师就要反思自己的提问是否恰当，是否超出了幼儿的知识、能力范围，或者自己提的问题过于笼统和抽象了。对于前者，教师可以联系幼儿已有经验进行提问，再讲解新内容，最后让幼儿重述一次；对于后者，教师可以通过追问，把问题换成明确的几个小问题，或者运用自己的思考推测幼儿的答案，进行补答，再问幼儿："老师这样说，对吗？""你的意思是不是这样？"

🎤 小结

　　3～6岁是幼儿发展的重要时期，幼儿出现各种各样的问题是正常的，教师要运用沟通技巧帮助幼儿解决问题。

3-1-3　师幼冲突及原因分析

✎ 技能训练

训　练　一

【要求】通过案例分析，掌握幼儿教师与幼儿语言沟通的常用技巧。

【步骤】

（1）先自己想一想，再说一说；

（2）在小组中发言，用准确连贯的一段话说出自己的意见；

（3）每组派一个同学代表小组发言；

（4）师生共同讨论，对案例中不妥的地方进行补充修改。

【题目】

1. 说说下列案例中教师运用了什么技巧来应对幼儿出现的问题，好在哪里，从中你学到了些什么？

（1）（小班的）李晓宇把花盆里一棵仙人掌上的叶子（针）拔掉了，我走过去，他抬头看看我，搓着小手低声嘟囔着说："我就是想看看它是什么样子的，我不知道它的毛毛（叶子）一弄就掉……""那你看见它是什么样子的了吗？"我这一问他马上兴奋起来。"丁老师，我看见了，它的针不扎人，很软。""你还有什么发现？""它们不一样高，长得像我们的手指头。"我抱过他，轻轻地对他说："你观察得很仔细，因为这棵小植物长得像我们的手掌，所以它的名字叫仙人掌，那些小针是它的叶子，软软的，是为了保护它们的，如果它们没有叶子就会很快死掉。你把它拔掉了，这样做对吗？""不对！""我们可以用眼睛好好观察，那样也会有发现的，老师知道你不是故意的，所以就原谅你了，但是你要把你的发现和刚才老师讲的那些知识告诉小朋友，好吗？"他高兴地答应了，其他幼儿也学到了这一知识。[1]

（2）中班户外活动时，宇宇哭着向宗老师告状："宗老师，鸣鸣追着抓我。"宗老师回应说："别哭了，你把他叫来，宗老师问问他。"宇宇把鸣鸣叫来，宗老师问鸣鸣："你为什么抓他？"鸣鸣回答说："我们在玩警察抓小偷的游戏，我追他，他就哭了。"宗老师说："他跑

[1]　佚名. 幼师口语沟通技巧 PPT［EB/OL］.（2019-06-01）［2022-03-01］. https://www.doc88.com/p-8088499104260.html?r=1.

得比较慢，你是哥哥，要多帮助他，知道吗？"鸣鸣回答说："知道了。"宇宇和鸣鸣又去玩了。[1]

2. 说说下面这位老师与幼儿的沟通做得好吗？为什么？如果换成是你，你要怎么和幼儿沟通？

（1）课间活动，孩子们正玩得高兴。突然，金金急匆匆跑过来说："老师，小杰把圆圆打哭了。"接着洋洋也跑过来说："老师，刚才小杰无缘无故踢我。"对于小杰，老师真是无可奈何。"小杰，你怎么又打人了？你就不能安分一会儿吗？"老师责问道。小杰倔强地偏过头，不肯回答，一脸不服气。这可把老师激怒了："你给我回到座位上去，不用玩儿了！"小杰慢腾腾地坐到自己的座位上。[2]

（2）老师在大班组织了一次爱护动物、保护动物的活动，老师请小朋友们说出自己喜欢的动物以及为什么喜欢它。为了加深幼儿对动物重要性的认识，引出要爱护、保护动物的结论，老师提出这样的问题："如果没有动物会怎么样？"孩子们的发言让老师不知如何回应。"要是没有动物，我们就没有肉吃了，就没有皮毛衣服穿了。""不能用皮毛做衣服，也不是所有的动物的肉都能吃的，要保护动物。""要是没有动物，就地震了，会震死很多人。""没有动物就没有植物了"。[3]

训　练　二

【要求】运用幼儿教师与幼儿沟通技巧，针对各年龄段幼儿出现的具体问题，设计、运用恰当的口语与幼儿沟通。

【步骤】

（1）先阅读情境，进入情境；

（2）自己想一想，再说一说；

（3）小组训练，看谁说得好；

（4）补充修改；

（5）个人汇报，学生点评。

【题目】

1.（小班）莹莹在厕所里哭，原来她尿裤子了。她红着脸，低着头，一副不好意思的样子。原来是她的裤带太紧，脱不下来。请你安慰一下莹莹。

训练提示：

（1）注意幼儿的年龄特点；

（2）注意运用委婉的技巧；

（3）注意语气、语调和态势语。

2. 午饭时间到了，明明慢吞吞地坐在椅子上。每次只要是他不爱吃的东西，他就会吃得很慢，而且看看这，看看那。这次又是这样，小朋友们都吃完饭了，明明的碗里还剩下很多饭菜没吃完。这时，刚好明明最感兴趣的建筑角落有几个已经吃完饭的小朋友正玩得高兴。

[1]　莫源秋，唐翊宣，刘利红. 幼儿教师与幼儿有效互动策略［M］. 北京：中国轻工业出版社，2020：103.

[2]［3］　佚名. 幼师口语沟通技巧PPT［EB/OL］.（2019-06-01）［2022-03-01］. https://www.doc88.com/p-8088499104260. html?r=1.

训练提示：

（1）注意幼儿的特点；

（2）利用幼儿的关注点和兴趣进行引导；

（3）注意幼儿不要因为吃得快而噎着。

3. 回教室的路上，有一名幼儿不小心滑倒了，谭谭看见了，不但没有去拉那名同伴，反而趁势也滑倒，压在同伴身上，其他幼儿也学他的样子，一起跟着压下去，最下面的幼儿哇哇大哭。看到这种情况，你要如何处理？

训练提示：

（1）注意安全教育；

（2）注意集体教育和个别教育相结合；

（3）注意幼儿的年龄特点和性格特点；

（4）注意各种技巧的运用。

训 练 三

【**要求**】能设计情境，运用各种语言沟通技巧，针对不同年龄班的幼儿出现的问题，模拟幼儿教师与幼儿沟通。

【**步骤**】

（1）先预设情境，进入情境；

（2）设计一段话，说一说；

（3）在小组中展示。

【**题目**】

1. 设计一段话，告诉小班幼儿要学会自己吃饭。

2. 设计一段话，告诉中班幼儿弄坏图书要处理好。

3. 设计一段话，告诉大班幼儿不要互相攀比。

🎙 项目小结

《幼儿园教师专业标准（试行）》提出幼儿园教师应以幼儿为本，幼儿教师应正确认识幼儿的权利和地位、正确处理教育与幼儿之间的关系等问题，遵循幼儿身心发展规律和学前教育规律，尊重幼儿年龄差异和个体差异，在平等、公平地对待幼儿前提下与幼儿进行语言沟通。本项目主要从幼儿教师与幼儿沟通的原则和要求、幼儿教师与幼儿沟通常用技巧以及各年龄段幼儿常见问题及沟通技巧等方面进行训练。通过案例引入、理论与方法的学习、案例分析和模拟情境训练，帮助学习者掌握教师与幼儿沟通的原则、要求和基本技巧，学会恰当运用各种技巧与幼儿沟通，帮助幼儿养成良好的行为规范、个性品质和道德品质。在训练技能点同时，培养热爱幼儿、热爱幼教事业的职业情感，并初步树立正确的职业观、教师观、儿童观。本项目遵循理论学习与实践训练相结合的原则，以理论指导实践，以实践强化理论学习。在训练中，由易到难，由案例的分析学习到自主表达，形成阶梯式训练，使学习者能力逐步提高。

项目二 **幼儿教师与幼儿语言沟通的各类教育口语训练**

训练目标

1. 了解幼儿教师与幼儿语言沟通的各类教育口语类型。
2. 掌握幼儿教师与幼儿语言沟通的各类教育口语的运用技巧。
3. 学会用各类教育口语与幼儿沟通。
4. 培养热爱幼儿、热爱幼教事业的职业情感。
5. 认识幼儿教师职业的社会价值和意义，树立正确的教育观。

任务一　沟通语训练

训练要点

1. 学习案例，认识幼儿教师常用的沟通语。
2. 学习理论和方法，掌握沟通语的用法。
3. 训练技能，学会运用沟通语与幼儿沟通。

3-2-1　不爱跳绳的
涵涵

案例

不爱跳绳的涵涵

　　户外活动自由活动时间，有的幼儿比赛跑步，有的幼儿选择拍球，有的幼儿选择跳绳，有的幼儿玩着自创的小游戏，还有的幼儿在观察蚂蚁。涵涵找了一个人不多的位子坐了下来，看着别人蹦蹦跳跳，有说有笑，满眼羡慕。我走过去问他："涵涵，你怎么不去玩呢？"涵涵红着脸说："我不想玩……"看到旁边正好有一根跳绳，我便拿过来："涵涵，你帮老师数数，看看老师可以跳多少个好不好？"涵涵微笑着点了点头，他小声地数着，数得很认真，眼睛都不眨一下。"涵涵，老师跳完了，该你了，你跳我帮你数好不好？""我只会跳几个……""没关系，跳几个已经很棒了，试试看嘛！"他这才接过绳子，每跳一下就看我一眼，偶尔还不好意思地笑笑，不过总算动起来了。[1]

　　在这个案例中，教师恰当地运用了沟通语，了解涵涵的想法，再让涵涵先做自己能做到且乐于去做的事情——帮老师数数，再鼓励涵涵跳一跳，让涵涵动起来。在这个过程中，教师没有说教，没有直接教育他该怎么做，更没有强迫，而是尊重涵涵的情感，和涵涵一起活动，并通过语言沟通让涵涵和老师轮流跳绳和数数，获得涵涵的信任，增强他的信心，让涵涵敢于尝试。

---

[1] 莫源秋，唐翙宣，刘利红.幼儿教师与幼儿有效互动策略［M］.北京：中国轻工业出版社，2020：250.

理论与方法

3～6岁是幼儿身心发展的关键时期，教师的引导十分重要。在幼儿园的教育教学活动中，教师运用符合幼儿的心理特征和认知规律的语言——幼儿教师职业口语来培养幼儿良好素质，提高幼儿认知水平，发展幼儿健康个性。教师职业口语包括教学口语和教育口语。在教育活动中，幼儿教师运用教育口语对幼儿进行思想品德、行为规范的教育，与幼儿进行沟通和交流。幼儿教师常用的教育口语有沟通语、表扬语、激励语、劝慰语、批评语等。

沟通语是教师在教育活动中与幼儿沟通时最常用的一种口语。教师通过运用沟通语，帮助、指导幼儿解决问题，使幼儿提高认知水平和道德水平，掌握学习方法，调整情绪，养成良好的行为习惯。

一、沟通语的运用技巧

沟通语是教师用于与幼儿沟通交流的一种教育口语。幼儿教师运用沟通语与幼儿交流，目的是拉近师幼之间的情感距离，化解幼儿心理障碍，取得他们的心理认同。幼儿教师要在充分了解幼儿兴趣、需要、性格及心智发展水平的前提下，选择符合幼儿特点，能为幼儿所接受的沟通语与幼儿交流。沟通语的恰当运用，能产生良好的师幼互动的效果，幼儿能感受到教师的关爱，接纳教师，大胆表达自己的意见，教师能走进幼儿的内心，发现其所想所需，及时调整教育策略，从而促进幼儿身心的健康发展。

（一）寻找话题，发起谈话

幼儿教师与幼儿沟通，主要是语言沟通，就是运用一定的口语技巧与幼儿进行语言沟通。教师作为教育者，要主动运用沟通语与幼儿沟通。在教育活动中，教师首先要仔细观察幼儿，发现问题，才能及时与幼儿沟通。在观察幼儿的基础上，教师再寻找幼儿感兴趣的话题，选择幼儿可以接受的方式，发起谈话。所谓感兴趣的话题应该是与当时当地教师发现的幼儿的问题有关的，教师可以采用直表的技巧，也可以采用委婉的技巧，帮助幼儿解决问题，在这个过程中，教师要尊重幼儿的情感，鼓励幼儿开口。

（二）善于倾听，语脉接引

语脉就是语言的脉络，是口语表达中说话者的一种思路。教师运用沟通语时，要注意理解幼儿的表达思路，进行引导。沟通是一项双向活动，教师要会说，还要会听。幼儿的理解和表达能力有限，有时可能答非所问，有时可能词不达意，教师在幼儿谈话的时候，要善于倾听，听出他的真实意思并能够理解和进行引导。当幼儿表述自己的意见时，教师不要随意打断，幼儿说完后教师要回应，要顺着幼儿的思路接话，构成话轮，就是新的一轮会话。在一轮一轮的会话中，了解幼儿的心理，引导儿童认同自己的观点。

（三）合理引导，互补交流

在教育活动中，幼儿与教师的沟通有时候不是一帆风顺的，会出现这样那样的问题，比如，幼儿没说到或无话可说的时候，教师要即时引导，适时补上一两句。在这个过程中，教师始终要控制话题，当幼儿把问题岔开去的时候，教师要把话题引回来，引导幼儿表达出真实的意思和情感；当幼儿无话可说的时候，要善于转移，引导幼儿开口说话，才能进行互补交流。常见的引导方法有以下三种。

1. 询问

询问是为了与幼儿更好地进行下一步沟通，或确定方向，或收集更多的信息。幼儿思维比较简单，而且带有跳跃性，口头语言常常表述不太清楚、不太准确，致使沟通不畅。教师的询问，可以引导幼儿一步步完成与教师的有效沟通。询问时最好以聊天的语气切入，亲切自然，语带关心，注意问题的设计，要能对谈话有方向性的引导，保持话题，适当的时候再转移话题。

2. 认同

教师与幼儿沟通时，如果能在一定程度上表现出对幼儿的理解与认同，会激发幼儿进一步表达的欲望，易于达成师幼的心理相容，实现良好的沟通。相反，如果不能表现出认同，甚至是全盘否定，会产生更多的沟通障碍。认同并不意味着赞成孩子说的内容，教师对幼儿表现出一定程度的认同，目的是进一步沟通，达成教育目的。教师对幼儿说的话不赞成，可以对他的态度表示赞同，然后继续引导。可以用比较温和的语言如"不过呀"等来表示转折。

3. 转移兴趣点

在引导过程中，如果幼儿仍然不为所动，说明他对这个话题不感兴趣，教师可以先转移到幼儿比较感兴趣的话题，在适当的时候，再回到原来的话题，或者直接把教师的意思表达清楚，结束话题，以后再寻找时机重拾这个话题。转移兴趣的目的在于鼓励幼儿说话，使沟通能顺利进行。

（四）恰用态势语，增强沟通效果

态势语是教师与幼儿沟通的一种特殊的无声语言，是幼儿园教育教学活动的一种特殊的工具。幼儿教师运用沟通语与幼儿沟通时恰当地运用态势语，能增强沟通效果。可以说，没有态势语参与的沟通活动几乎是不存在的。教师用好态势语能够更好地起到表情达意、示范育人、组织调控的作用，是与幼儿进行有效沟通的需要，是实现成功的幼儿教育的需要。幼儿掌握的词汇不及成人，对较为复杂的语言理解能力有限，思维比较直观，对教师的态势语非常关注。所以，幼儿教师用态势语辅助语言沟通，能产生更好的互动效果，这在幼儿教育活动中显得尤为重要。

二、运用沟通语应注意的问题

在教育活动中，教师不管运用什么技巧与幼儿沟通，都要以爱护幼儿、促进幼儿的发展为核心。

（一）了解和理解幼儿是沟通的前提

运用沟通语时，教师必须要了解和理解幼儿，有了这个前提才能顺利展开谈话，完成沟通。了解幼儿，就是要了解幼儿的年龄特点和个性特点，关注每一位幼儿。理解幼儿，就是要有共情。共情就是同理心、同感。幼儿教师要换位思考，充分体会幼儿的情感，不仅是体会幼儿的处境，还要运用幼儿的思维方式考虑问题，才能真正理解幼儿，关心幼儿，爱护幼儿，才能更好地运用沟通语与幼儿沟通，取得良好的教育效果，促进幼儿健康成长。通过共情，教师还能和幼儿建立和谐关系，使师幼沟通更加顺畅。

（二）尊重幼儿，获得信任

教师要平等对待幼儿，尊重幼儿，才能获得幼儿的信任和尊重。在教育活动中，教师的态度要真诚，要认真、热情，语气要和善，要用真情感染幼儿，获得幼儿的信任，幼儿才愿意与教师沟通，教师才能帮助幼儿，促进幼儿身心的健康发展。运用沟通语时，要尊重幼儿，爱护幼儿，不能说的话不说，不能用的态势语不用。教师不能说的话诸如："你怎么那么笨，大家都会就你不会！""这点小事都不会，爸爸妈妈怎么教你的！""你肯定在说谎，没人会相信你！""就你最坏了！""随便你，不管你！"不能用的态势语是傲慢型的态势语和冷漠型的态势语。傲慢型的态势语是教师与幼儿沟通时挺直身体，双手抱臂或用手指指指点点、目光下视或斜视，幼儿会感觉教师非常厉害，高高在上，感情、心理距离较远，如果总是仰视老师，幼儿还会容易产生自卑感、距离感；冷漠型的态势语是教师与幼儿沟通时距离较远，面无表情，目光冷淡，与幼儿身体无任何近距离接触。

（三）把握时机，灵活应变

幼儿有时候会在活动中出现一些状况，比如，注意力不集中、和其他幼儿说话，总是抢着回答问题，打断教师的话或扰乱教师的活动安排等。如果暂停活动，专门与幼儿进行沟通，可能会影响教学活动、分散其他幼儿注意力等不良情况，因此教师要把握时机，灵活处理。教师应该视情况在事中或在事后与幼儿沟通，也可以事中、事后都与幼儿沟通。在事中与幼儿进行沟通，教师要个别对待，可以顺势引导，也可以用激将法等。对于调皮的幼儿，教师可以多从行为方面去引导他；对于智力超群的幼儿，教师可以从知识方面去引导他，甚至有时可以重新构思指导策略，比如让幼儿当小老师等。

教师要有自信而相容的心理素质、敏捷而深广的思维，才能把握时机，灵活应变。教师首先要不慌不忙，相信自己能够应对，也要对孩子宽容，对他们进行正面引导；然后快速思维，或正向思维，或逆向思维，思维灵活、新颖。教师还要注意运用语言的技巧，通过调整句式，增加重音和委婉的语句来应变。

（四）语言要通俗易懂

在运用沟通语时，教师必须言有所指，明确清晰，避免空洞的说教。要针对具体的问题来展开沟通，多讲通俗易懂的小道理，少讲抽象空洞的大道理。幼儿园教师面对的都是3～6周岁的幼儿，他们在逻辑思维和个人理解能力上都在启蒙阶段。教师运用沟通语与儿童沟通时，要充分考虑年龄心理特点，不要使用幼儿无法理解的词语、成语，或者使用具有一定逻辑和想象思维的语句。幼儿无法理解教师语言里的逻辑、暗示，不理解教师使用的有一定深度的词语或成语，就不能参与沟通，就会产生沟通不畅。

在语言的选择上，教师要尽量选用正面的语言，多用肯定句。比如，要幼儿"不要边吃东西边讲话"，教师可以用肯定句说："来，把这一口吞下去再说话，我们就能听得清清楚楚了。"这样的语言对于幼儿来讲更加易懂，也更有指导性。

🎤 小结

语言是教师和幼儿沟通的桥梁，教师的语言直接影响幼儿的身心发展。教师用好沟通语，能与幼儿建立和谐的师幼关系，有利于师幼互动，可以让教师更好地了解幼儿，从而对幼儿进行更有针对性的教育。教师用好沟通语，可以与幼儿进行良好的沟通，还能给幼儿树立良好的沟通榜样，促进幼儿语言表达能力和社会交往能力的提高，促进幼儿社会性的发展。

3-2-1 通过"共情"建立和谐师幼关系

技能训练

训　练　一

【要求】通过案例分析，掌握沟通语的特点及运用的方法，能用连贯、有条理的话说出自己的意见。

【步骤】

（1）先自己想一想，再自己说一说；

（2）小组讨论，补充修改；

（3）在小组中发言，互相评议；

（4）师生共同讨论。

【题目】

1.说说下列案例中教师的沟通语用得好吗？好在哪里，从中你学到了些什么？

（1）萱萱是一个内向胆小的女孩，不太喜欢体育活动。在一次"跳马"活动中，轮到萱萱的时候，她一个劲儿地说："我不会跳！我跳不过去的！我害怕！"老师决定帮助萱萱树立克服困难的信心，想让萱萱试一试。老师走到萱萱身边，亲切地问道："萱萱，怎么啦？遇到困难了？"萱萱差点哭了："我不会跳，我害怕，我肯定跳不过去的！"老师没有进一步提出要求，而是把她带到练得好的幼儿那里观看。……萱萱看得很认真，看到有的幼儿跳过去，还和同伴一起欢呼。教师对萱萱说："萱萱，小伙伴们棒吗？""太棒了！"萱萱马上回答。"你也可以和他们一样棒哦！说不定比他们还棒呢！""真的吗？我跳不过的！""当然不会，不试试你怎么知道？来，我们来试一试！老师会帮助你的，一定没问题！"在大家的鼓励下，萱萱愿意试一试。于是，教师把"跳马"高度放低了一格："你先试试这个小马，一定能跳过，老师站在边上，你跑过来时，我会保护你的。"……最后萱萱成功完成了跳马动作，随后，老师又让萱萱继续练习和同伴跳一样的高度。[1]

（2）圆圆是个内向的孩子，很少主动和其他人说话，所以伙伴不多，显得有些孤独。马老师发现了这个情况，并且注意到当老师和别的小朋友说话的时候，圆圆也常常会睁大了眼睛仔细听。马老师觉得应该引导圆圆和别人多交流，这样对她的健康成长是有利的。于是，就有了下面的一段对话。

教师：圆圆，喜欢听老师说话吗？

（圆圆点头）

教师：圆圆家里都有什么人啊？

圆圆：爷爷、奶奶。

教师：那爸爸妈妈呢？

圆圆：干活挣钱去了。

教师：去哪里挣钱去了？

圆圆：很远的地方。

教师：你总见不到他们吗？

（圆圆点头，低下了头）

教师：圆圆，你跟爷爷奶奶说话多吗？告诉老师好不好？

---

[1]　冯伟群.幼儿教师临场应变技巧60例［M］.北京：中国轻工业出版社，2013：12.

圆圆:(摇摇头)不多。

教师:你喜欢看动画片吗?

圆圆:喜欢。

教师:喜欢看什么动画片啊?

圆圆:喜欢看《西游记》。

教师:还有别的吗?

圆圆:还有《米老鼠和唐老鸭》《奥特曼》《哪吒》。

教师:哦,有这么多啊,真不错!老师也喜欢看。

圆圆:(眼睛里有了光彩)是吗?

教师:嗯,再跟老师说说,都喜欢动画片的里的什么人啊?

圆圆:嗯,我喜欢……

教师:嗯,这些人也是老师喜欢的。老师还特别喜欢圆圆,喜欢听圆圆说话。你愿意以后多跟老师说话吗?

圆圆:愿意。

教师:那好,以后老师希望能多听到圆圆说话,上课的时候也多回答问题,好吗?

圆圆:好。[1]

(3)梅梅性格外向,活泼可爱,平时特别爱说爱笑,在幼儿园里表现非常好,小伙伴们都喜欢她。可是,最近几天却总是无精打采,闷闷不乐,在幼儿园里表现也不如以前了。教师感到很奇怪,就和她进行下面的对话。

教师:梅梅,你怎么了,为什么看起来不高兴啊?

梅梅:没事,我以后不说话了。

教师:你可是班里最爱说爱笑的,老师可喜欢你了。

梅梅:是吗?老师喜欢我吗?

教师:当然喜欢了。告诉老师,为什么以后不想说话了?

梅梅:我妈妈说我说话太多了,净说没用的话。

教师:因为这个呀,老师明白了。其实呀,老师小时候也特别爱说话,我的妈妈也批评过我。

梅梅:是吗?老师的妈妈也批评过老师啊?

教师:嗯,当然,跟你一样。

梅梅:那后来呢?

教师:后来呀,我就想应该说什么大家才喜欢我呢?想来想去,我有了一个办法,就是把在幼儿园学习的故事讲给他们听,还有,他们工作的时候不去打扰他们,自己可以看故事书,学习知识。大家就都喜欢我了。

梅梅:那我也要像老师那样做。

教师:嗯,这就对了,妈妈一定会喜欢你的。[2]

2.说说下面两位教师沟通语谁用得好,为什么?

上美术课的时候,幼儿都在专心听老师讲课,忽然实习教师看到坐在后排的张磊低下

---

[1] [2]　佚名.幼儿教师教育口语训练〔EB/OL〕.(2020-07-18)〔2022-03-01〕.https://wenku.baidu.com/view/b4082f6e6729647d27284b73f242336c1eb930b9.html.

头，不知在干什么，她很生气，就大声地批评张磊，张磊说："老师，我……""我"字还没全说出来，教师就打断了他："别说话了，好不好，上课不认真听讲，搞小动作，这是不对的!"张磊哭了，哭得很伤心。

指导教师看到后，马上把张磊叫出了教室，和他展开了下面一段对话。

教师：张磊，怎么哭了？

张磊：老师骂我，我难受。

教师：刚才到底怎么了，跟老师仔细说说。

张磊：刚才上美术课的时候，我看见梅梅的好几支水彩笔掉在我脚下面，就想捡起来，给梅梅放到桌子上，可是刚捡了两支，老师就骂我。

教师：哦，是这么回事啊。

张磊：嗯。

教师：那刚才是老师错怪你了，你是好孩子。不过，你看看还有什么好办法？

张磊：好。[1]

训　练　二

【要求】运用沟通语技巧，设计、运用恰当的口语与幼儿沟通。

【步骤】

（1）先阅读情境，进入情境；

（2）自己想一想，再说一说；

（3）小组训练，看谁说得好；

（4）补充修改；

（5）个人汇报，学生点评。

【题目】

1. 红红的妈妈出差了，红红上幼儿园的时候很不开心，请设计一段沟通语，安抚红红的情绪，使她愉快地学习、生活。

　　训练提示：

（1）引导幼儿开口说话；

（2）注意话题的接引；

（3）注意语气、语调和态势语。

2. 语言活动正在进行，教师发现桐桐总是低着头，提醒了几次，桐桐还是注意力不集中，教师很生气，走到桐桐身边，发现桐桐的衣服上有只非常可爱的小熊。请设计沟通语，让桐桐能专心参加活动。

　　训练提示：

（1）语言沟通和非语言沟通的结合；

（2）注意话题的提出；

（3）注意把握沟通的时机；

（4）注意语气、语调。

---

[1]　佚名. 幼师口语沟通技巧 PPT［EB/OL］.（2019–06–01）［2022–03–01］. https://www.doc88.com/p-8088499104260.html?r=1.

3. 小辉在幼儿园的墙上乱涂乱画，还招呼其他小朋友一起来画。教师看见了，要如何运用沟通语和他进行沟通？

训练提示：

（1）语言沟通和非语言沟通结合；

（2）合理地引导；

（3）选择合适的语言；

（4）注意语气、语调。

训　练　三

【要求】能设计情境，运用沟通语技巧，模拟幼儿教师与幼儿沟通。

【步骤】

（1）先预设情境，进入情境；

（2）设计一段话，说一说；

（3）在小组中展示。

【题目】

1. 设计一段沟通语，安抚入园焦虑的幼儿。

2. 设计一段沟通语，告诉幼儿正确的穿鞋方法。

3. 设计一段沟通语，安抚因犯错而内疚的幼儿。

任务二　其他类型口语训练

训练要点

1. 学习案例，了解幼儿教师在教育活动中常用的其他各类口语。

2. 学习理论和方法，掌握表扬语、激励语、劝慰语、批评语的用法。

3. 训练技能，学会运用表扬语、鼓励语、劝慰语、批评语等口语与幼儿沟通。

3-2-2　恒恒没有拿玩具

案例

恒恒没有拿玩具

恒恒是一个有攻击倾向的孩子，孩子们都怕他，老师也经常点他的名。有一次，班上有幼儿找不到玩具，大家都认为是恒恒拿的，恒恒坚持自己没拿，并握紧拳头。老师觉察出恒恒没有拿玩具，眼下是一个不错的教育契机。老师对孩子们说："你们没有看到恒恒拿然然的玩具，就不能随便乱说。老师没有看见的事情也不会乱说的。恒恒虽然有缺点，但是他也有很多优点啊！他上课爱举手，回答问题也很大声。你们谁还能说出他的优点？"同伴们都说出了恒恒的优点。老师看到恒恒的拳头开始放松了，脸上的表情也开始缓和，老师又说："对呀！恒恒有这么多优点，还是好孩子，对不对？他就是有些小毛病，我们一起来帮助他改正，好吗？""好！""那就请每个小朋友上来轮流拥抱一下恒恒，并对他说一句话。"孩子们都拥抱了恒恒，还跟他说了鼓励的话，恒恒的脸慢慢变红，和小朋友们拥抱，并对他们说"谢谢！"[1]

　　幼儿教师要关心、爱护幼儿，公平、客观地对待每一位幼儿，运用教育口语与幼儿沟通。幼儿教育的特殊性决定了幼儿教师教育口语的特殊性，在这个案例中，教师成功运用各种教育口语与幼儿沟通，既对全体幼儿进行了教育，又帮助有不良行为的幼儿改正错误。教师没有因为恒恒经常被批评就简单粗暴地做判断、下结论，而是运用说服语说服、指导其他幼儿要客观地分析问题，按事实说话，"没有看见的事情不能乱说"；又抓住契机，发挥集体教育的作用，运用表扬语、激励语，客观地评价恒恒，鼓励他改正缺点，学会与幼儿友好相处。教师运用这些教育口语与幼儿沟通，取得良好的效果，恒恒愿意和小朋友们友好相处，这对恒恒改正攻击性行为有很大帮助。

理论与方法

　　幼儿期是逐渐形成正确的品德、行为、情感的时候，肯定幼儿的优点、长处，纠正他们的不良行为，是幼儿教师的责任。教师要关注幼儿，对幼儿应该全面客观地进行评价并进行有效的指导，让幼儿感受到教师的爱护和关心，愿意改正缺点，不断进步。教师不能武断地下结论或简单粗暴地对待幼儿身上出现的问题，否则幼儿会自暴自弃，出现更多的问题。幼儿教师要实事求是地指出幼儿的优点和缺点，劝说幼儿和鼓励幼儿，指导幼儿养成良好的行为习惯，提高认识，安慰劝说幼儿，使幼儿快乐健康地成长。除沟通语外，幼儿教师常用的教育口语还有表扬语、激励语、劝慰语、批评语。

一、表扬语

　　表扬语是教师对幼儿肯定性评价用语，主要是为了赞美幼儿正确的观点和行为，并通过表扬巩固其优点，强化教育的效果。表扬是一种正面评价，它让人心生愉快。人人都喜欢被表扬，幼儿更是如此。教师对幼儿的评价目的是促进每一个幼儿的身心健康发展，这就要求教师要根据幼儿心理发展特点，科学灵活地运用评价手段，更好地促进幼儿的身心健康发展。恰当地使用表扬语，可以让幼儿发现自身的积极因素，提高幼儿辨别是非的能力，满足幼儿被尊重、被肯定、被赞赏的心理需要，带给幼儿愉悦的心理体验，激发他们发现自我、完善自我的要求，从而形成积极向上，不断进取的人生态度。同时，在集体教育中，表扬还可以树立榜样，影响集体中其他幼儿。教师的表扬还可以培养幼儿欣赏他人、赞赏他人的健康心态，为其今后形成完善的人格打下良好的基础。

　　"好孩子都是夸出来的。"教师要学会恰当地使用表扬语。

---

[1]　陈雪芸，许晓晖，刘晓红.幼儿教师口语训练教程［M］.北京：北京师范大学出版社，2018：260.

（一）善于发现幼儿优点

幼儿教师要有一双善于发现的眼睛，及时发现幼儿的"闪光点"，及时"热处理""助燃"。有的幼儿身上有很多不足，教师要善于发现幼儿身上的闪光点，及时利用表扬来促进幼儿转变提升，实现育人的目的。

（二）表扬语要明确具体

幼儿教师运用表扬语要明确，有针对性，针对幼儿的某一方面的优点进行表扬。有针对性的、耐心细致的表扬，会让孩子觉得教师重视他，因此，他会特别开心，会做得更好，也会改正自己的不足，这才是有效的表扬。表扬语要具体，表扬幼儿行为过程而非单单表扬结果。首先要有根据，把幼儿行为的结果告诉他，再告诉他这是什么行为，为什么值得表扬。

（三）表扬语多样化

有些教师在表扬幼儿时，不论幼儿做了什么事，说了什么话，取得什么进步或成绩，总是用单调重复的词汇，诸如"你真棒""真乖""太好了"时间久了，重复次数多了，对幼儿的激励作用就会越来越打折扣。幼儿教师的表扬用语一定要针对具体的人和事，尽量减少重复用语。比如：有的幼儿帮助别人整理玩具，教师不应该简单地说"你真棒"，可换做"宝宝帮助小朋友整理玩具，玩具整齐又漂亮，做得好！"

（四）表扬语要恰如其分

表扬对幼儿有激励作用，但是表扬语要注意适度，不能过于夸大。首先，过度赞美可能导致幼儿不能客观正确地看待自己，易产生骄傲自满情绪，也可能会轻视其他人，自我过度膨胀；其次容易使幼儿形成悦人型人格倾向，即为了继续得到表扬，某些幼儿会注意教师对自己言行举止的评价标准，并以此调节自己的行为，取悦于教师，形成悦人型人格倾向。这样的幼儿缺乏独立判断能力，长大后其情绪容易被别人的好恶所左右，抗挫力弱，适应力不强。

（五）表扬语要因人而异

幼儿之间有很大差异，有的幼儿能力强，经常得到教师的表扬，有的幼儿能力发展比较慢，容易受教师忽视。有些教师经常在幼儿群体面前多次表扬个别幼儿，无形之中会让被表扬幼儿产生骄傲的情绪，甚至产生特权思想，欺负其他幼儿，而其他经常没有得到表扬的幼儿受到暗示，自觉相形见绌，更加不敢表现，能力发展更慢。对于经常被表扬的幼儿，教师可以提出更高的要求，或从其他方面提出要求；对于能力较弱或经常会犯错误的幼儿，教师要多发现幼儿的闪光点进行表扬。

（六）语态要真诚，语调要热情

教师运用表扬语不仅要注意内容，也要注意语气语调。教师表扬幼儿的时候态度要热情、真诚，让幼儿感受到教师是真心表扬他而不是敷衍；恰当的语气语调和态势语也能把感情态度表现出来。语气、态势语要亲切自然，语调可以稍微高一点。

二、激励语

激励语就是教师激发、鼓励幼儿时所用的教育口语。幼儿自身的性格、爱好还不确定，情感起伏不定，他们的兴趣和热情很大程度需要老师的激发与鼓励。激励语是教师对幼儿表达的带有强烈肯定和热切希望的话语，对幼儿来说是发展的驱动力。激励语在肯定幼儿行为结果的基础上提出了更高目标，可以培养幼儿的自信心，增强幼儿的自制力，促进幼儿主体性的发展。激励语一般简短精炼，态度肯定，指向明确。

教师运用激励语与幼儿沟通时要注意的几个问题。

（一）从正面肯定入手，帮助幼儿树立信心

激励语常常针对自信心不足的幼儿，教师要用正面肯定的语言、肯定的语气，使他们树立信心、肯定自己。对于主动性不强或胆子比较小的幼儿，教师要多施行正向的鼓动与激发，促使幼儿内心激动起来，响应教师的号召或要求，积极行动，克服畏难心理，勇敢前进。

（二）激励要明确具体，以目标激励，导之以行

教师运用激励语，除了告诉孩子"你能行"之外，还要指出如果怎么做，就能把事情做好。

（三）激励还可以以榜样鞭策，激发上进

在表扬肯定幼儿的基础上，鼓励幼儿以此为榜样，激发他们的上进心。

（四）适当运用逆向激励

逆向激励也叫激将法，有时候运用这种逆向激励的口语会收到出奇制胜的效果。这种方法的运用要适当，一般适合于需要完成的任务要么是幼儿不喜欢做的事情，要么是相对于他们自身能力来说要完成任务稍有些难度，参加者普遍表现出信心不足；对一些比较内向的幼儿也可以采用这种激励语，促使他们完成对自我的突破。

（五）激励语要肯定，语气要亲切，充满热情，还应适当运用态势语技巧

运用正向激励，教师的情绪要高昂，语调要高亢，口语表达节奏偏快，语言富于鼓动性，同时态势语要简洁有力。

三、劝慰语

劝慰语是教师在幼儿心情不愉快时，对幼儿进行劝说、安慰的教育口语。幼儿心智不成熟，自控能力差，适应能力也不强，对外界刺激很敏感，在幼儿园中常常会产生失望、无助的情绪，或者有时候感觉受委屈或遭受挫折，进而情绪低落甚至哭闹，这时候教师应该及时地劝慰幼儿。教师运用劝慰语与幼儿沟通，能够安抚幼儿的不良情绪，化解幼儿心中的消极情感，帮助幼儿尽快走出不良心境，达到鼓励幼儿以积极的状态投入到活动中去的目的。

教师运用劝慰语要注意以下问题。

（一）弄清情况

在幼儿园中，幼儿常会因为各种不适或意愿未被满足等而造成不快，教师要分析其不愉快的原因，运用恰当的劝慰语。教师可以通过观察，然后询问、引导幼儿说出不愉快的原因。

（二）态度明确

幼儿教师在对孩子进行劝慰时，态度要明确，这是运用劝慰语的前提。教师运用劝慰语是

为了更好地与幼儿沟通，引导幼儿，不能把劝慰当作唯一目的，为了劝慰而劝慰，甚至不惜颠倒是非。教师要努力做到劝慰当中有导，安抚过程含教育。比如，幼儿之间发生矛盾冲突，一方或双方需要劝慰时，教师首先要调查清楚事情的始末，分析对错是非，在此基础上进行有针对性的劝慰，引导幼儿走出不良情绪，学会友好相处。

劝慰幼儿，还要注意对幼儿加以同情，但不是怜悯，更不能随意责备。

（三）因人而异

运用劝慰语要注意因人而异。教师劝慰幼儿时，要充分考虑到幼儿的性格特点。对于较活泼外向的幼儿要直接明了，设法转移他的注意力，把他们的焦点从引起其不安、不快的事物中转移，同时劝慰语言要直接、明确；对安静脆弱容易焦虑的幼儿，教师要有耐心，要设法站在他们的角度，表现出同情理解，并给予积极暗示；对于抑郁孤僻的幼儿，教师要不厌其烦，设法引导其转移注意力或离开引发不良情绪的环境，用明快的语言来表达教师关爱，用乐观的情感来带动幼儿，使其情绪逐步走出低谷。

四、批评语

批评语是对幼儿某种不良言行作否定性评价的语言，在幼儿园里是一种不可或缺的教育手段，但是教师要慎用批评语。教师运用批评语与幼儿沟通，目的是指导幼儿纠正缺点或错误。教师运用批评语是对幼儿的错误行为的告诫，是对幼儿正确行为的塑造。每个幼儿都是在犯错误中长大的，教师要允许幼儿犯错误，恰当地使用批评语帮助幼儿认识错误，改正错误，不断进步。

教师运用批评语要注意以下四点。

（一）语言客观，态度平和

幼儿犯的错误，有时会让教师生气，教师一定要控制情绪，批评幼儿不是为了发泄情绪。教师要态度平和，耐心倾听幼儿的心声，用客观的语言去指出幼儿的错误，摆事实，讲道理，指导幼儿改正错误。

（二）就事论事，忌作结论式批评

教师批评幼儿要就事论事，一事一评，忌算总帐，忌作结论式批评。比如说，幼儿犯了错误，教师批评说："你怎么总是这样！""你真坏/真蠢/真笨！""你是一个坏孩子！"这样的语言会伤害幼儿幼小的心灵，甚至让幼儿产生自卑感。这样的语言要杜绝。

（三）适时适当，讲究方式

教师发现幼儿有不良行为或不良行为倾向，要及时提出批评、制止。在不同场合，要选择不同的方法批评孩子；对于不同性格特点的孩子采用不同的批评方法、方式。

1. 直言批评

这是一种直表的沟通技巧。教师发现幼儿的错误后，从正面入手，直奔主题，开门见山指出幼儿的错误，提出改正的办法。这种批评方式，要求教师语言简练，注意说话的力度，适度减轻用词分量，淡化贬义色彩，语速要慢一点，语速语态要平稳。要实事求是，对错误既不夸大，也不缩小。

2. 类比批评

这是一种委婉的沟通技巧。教师在幼儿犯错误后，不直接指出，而是用举例子、讲故事、打比方的方法，让幼儿认识到自己的错误并加以改正。

３．肯定式批评

教师在批评幼儿时，不仅要指出幼儿的错误，还要在批评中伴随着肯定，让幼儿既认识到自己的错误和差距，也看到自己的优点和希望。这样可以减少抵抗心理，容易取得理想的教育效果。

（四）重说危害，情理结合

教师对幼儿批评要摆事实、讲道理，说利弊，

重在让幼儿意识到错误行为可能带来的后果。教师的批评中应含有说服，情理结合，动之以情，晓之以理，让幼儿心服口服接受批评。教师的批评要刚中带柔，让幼儿知道老师的批评不是对他的嫌弃，而是对他的爱。

🎙 小结

教师在与幼儿的沟通中，会用到各种各样的教育口语，这些教育口语的运用不是机械地套用某种用语的方法，教师要遵循教育的原则，充分考虑幼儿年龄特点、心理特征和认知能力，灵活运用各种口语与幼儿沟通，促进幼儿的健康成长。

3-2-2　幼儿教师该说和不该说的话

📝 技能训练

训 练 一

【要求】通过案例分析，掌握不同类型教育口语的特点及运用的方法，能用连贯、有条理的话说出自己的意见。

【步骤】

（1）先自己想一想，再自己说一说；

（2）小组讨论，补充修改；

（3）在小组中发言，互相评议；

（4）师生共同讨论。

【题目】

1. 说说下列案例中教师运用了哪一类型的教育口语，好在哪里，从中你学到了些什么？

（1）孙老师带中班时，有一个调皮好动的孩子，正常的活动常常被他搅乱。每次活动时，他一会儿到处乱跑，一会儿推推这个摸摸那个，害得别的小朋友也不能好好参加活动。老师没少批评教育他，但好像一点效果也没有。就在孙老师对他失去信心的时候，一个小细节却让老师发现了他的一个优点。一次户外活动，他站在台阶上舞动手臂，像模像样地学交警指挥交通。孙老师走过去对他说："你做得真好，真像一个小警察。现在，老师和几个小朋友扮司机和乘客，你当警察，我们一起来玩一个游戏吧。"听了这话，他很高兴，因为平时总挨批评，今天终于受到表扬了。他用兴奋的眼神望着老师："好吧！"老师

进一步鼓励他说："你看小朋友都在等着你做游戏呢，我相信，你一定是一个能干的交通警察。"在老师的鼓励下，他和小朋友们很快投入了游戏。在游戏中他表现不错，老师及时地给予了表扬和鼓励，孩子们也纷纷鼓掌向他表示祝贺。从此以后，这个孩子渐渐地变了，他不仅改掉了以前许多不良行为习惯，而且还经常帮助老师拿各种游戏器材，主动帮助老师收拾玩具，摆放桌椅等。[1]

（2）音乐课上，小朋友们都随着音乐唱歌跳舞，蹦蹦跳跳，非常欢快。王老师希望小朋友自告奋勇到前面表演，在老师的安排下，有几个小朋友得到了机会，高高兴兴地跑到前面，把儿歌和舞蹈给大家演示了一遍。亮亮做得也不错，可是有一个不足：胆子小，不爱在大家面前表现。王老师就看着他，说："亮亮，刚才老师注意到你歌唱得非常好听，舞蹈也跳得挺好！来，到前边来，给大家表演一下，大家都爱看，老师也爱看！"王老师说话的语气亲切而坚定，目光里充满了期待和对亮亮的喜爱，同时边说边用手势示意他到前边来。亮亮受到鼓舞，马上站起身来跑到最前面，开始和着音乐给大家表演。表演结束后，王老师说："亮亮跳得真棒。等放学时老师要告诉你妈妈，说你今天很棒，让妈妈也表扬你。希望下次课亮亮要认真学、好好做，争取还到前面来给大家表演。"亮亮很受鼓舞，点头答应了老师。[2]

（3）明明是个聪明好动的男孩，可是，每当老师和幼儿指出他做错了的时候，他总是百般辩解，不愿认错，还有点不服气。一次美术活动时，教师让幼儿画"长大了的我"。明明画了一会儿，忽然说他没有纸。教师分明看到他画好了自画像，这是怎么回事呢？于是教师就问明明："你的纸呢？"明明说："小组长没发给我。"小组长急忙说："我发了呀！"教师接着说："是不是你撕坏了纸？"明明仍然坚持说没发给他纸。恰好这时那张画纸从他的裤兜里掉了出来。教师正想批评他。只听他嘟哝道："我就是怕老师批评我才胡说的嘛。"教师微笑着把明明领到一边，悄悄地对他说："你是一个好孩子，好孩子也会有做错事的时候。以后不小心做错了事要和老师说，老师保证不随便批评你！我们拉钩好吗？"明明高兴地伸出了小手。这以后他上课更能控制自己，各方面的行为表现有了很大的进步。[3]

2.下列的教师口语，你觉得谁说得好？为什么？结合理论说说你的理由。

（班级中有幼儿不喜欢吃白馒头，把吃了一半的馒头扔进厕所里）

教师A：是谁把馒头扔在厕所里？是谁干的？谁家那么有钱，孩子这么挑食？是想把厕所堵住吗？谁？给我站出来！

教师B：厕所里怎么能扔馒头呢？把厕所堵住了，我们教室是会很臭的。小朋友不能挑食，什么东西都要吃才能长得壮壮的。馒头可有营养了，要和汤一起吃下去，小朋友们都要记住了。如果确实吃不下，交给老师，老师交给收剩饭的叔叔，让他拿回去喂猪，可不能浪费了。这次老师把这半个馒头处理掉，是哪个小朋友不小心把馒头扔进厕所里，等会儿自己悄悄来告诉老师，以后不这样做就好了。[4]

3.下列的教师口语，你觉得说得好吗？为什么？如果是你，你会怎么说？

幼儿园里分发玩具，萍萍想要磊磊那个，磊磊不给，两个小朋友为此发生了争抢，萍萍动手打了磊磊几下，然后萍萍就哭了。老师听到哭声后马上走过来处理这件事。老

[1] [2] [3]　佚名.幼儿教师教育口语训练［EB/OL］.（2020—07—18）［2022—03—01］.https://wenku.baidu.com/view/b4082f6e6729647d27284b73f242336c1eb930b9.html.

[4]　陈雪芸，许晓晖，刘晓红.幼儿教师口语训练教程［M］.北京：北京师范大学出版社，2018：267.

师问:"萍萍怎么哭了,啊? 不哭,不哭了。"萍萍指着磊磊说:"我要玩玩具,他不让。"磊磊说:"我要玩,我要玩。"老师说:"磊磊,你怎么能这样呢? 怎么这么不懂事,都把萍萍弄哭了,做得很不对。"磊磊说:"是她不对,不是我不对"老师严厉地说:"你还说! 就是你不对! 要不是你,萍萍怎么会哭呢?"萍萍哭得更厉害了。老师对磊磊说:"马上给萍萍赔礼认错。"磊磊也委屈地哭了起来。[1]

训 练 二

【要求】根据各类幼儿教师教育口语的特点和要求,针对具体情境,设计、运用恰当的教育口语与幼儿沟通,教育孩子养成良好的行为规范。

【步骤】

(1)先阅读材料,进入情境;

(2)自己想一想,再自己说一说;

(3)小组训练,看谁说得好;

(4)补充修改;

(5)个人汇报,学生点评。

【题目】

1. 上美术课的时候,红红拿着自己的绘画作品(看上去质量较差,黑乎乎的)欣喜地跑到老师跟前,对老师说:"老师,你看我画了好多小朋友,我们都到太空去玩了。"如果你是这位老师,你要怎么说? 请你与红红进行沟通。

训练提示:

(1)态度要明确,不能打击幼儿;

(2)不能只是简单地表扬或批评,要能对幼儿进行指导;

(3)引导幼儿多表达自己的想法;

(4)注意语气、语调和态势语。

2. 中班的佳佳小便时不小心湿了裤子,躲在厕所里不敢出来,你及时发现,请安抚她。(佳佳有一条备用的裤子)

训练提示:

(1)注意保护幼儿的自尊心;

(2)注意语气语调和态势语。

3. 中午,兰兰和几个孩子围在暂停使用的洗衣机旁,我正想招呼他们,只见兰兰悄悄地揭开洗衣机上的盖子,哈哈大笑起来,"快看,里面有好多泡泡啊。"说完,兰兰弯腰捞起洗衣机里的泡泡,小心翼翼地来到洗手池边,手一松,手里的泡泡全部落在水龙头上,旁边的孩子见状也纷纷模仿兰兰,不一会儿,洗手池里的每个水龙头上都戴上了"泡泡帽"。作为老师,你将怎么做,要运用什么教育口语与幼儿沟通?

训练提示:

(1)注意保护幼儿的好奇心;

(2)注意进行安全教育;

(3)注意方式,注意语气、语调和态势语。

---

[1] 莫源秋,唐翊宣,刘利红.幼儿教师与幼儿有效互动策略［M］.北京:中国轻工业出版社,2020:250.

训　练　三

【**要求**】能设计教学情境，讲一段符合教育口语要求的话，初步探索如何运用各类教师口语进行教育活动。

【**步骤**】

（1）先预设情境，进入情境；

（2）设计一段话，说一说；

（3）在小组中讨论和试教。

【**题目**】

1. 设计一段劝慰语，劝慰不开心的幼儿。

2. 设计一段表扬语，表扬认真听讲的幼儿。

3. 设计一段激励语，鼓励不爱发言的幼儿大胆说话。

项目小结

　　幼儿教师是幼儿智力的启蒙者、思维的激发者，更是幼儿认知世界、快乐成长的领路人。幼儿教师要充分认识到幼儿教师职业的社会价值和意义，学会运用各种教育口语与幼儿进行沟通，提高师幼互动质量，促进幼儿健康发展。本项目主要阐述了幼儿教师在教育活动中经常使用的与幼儿沟通的各类口语——沟通语、表扬语、劝慰语、激励语、批评语的运用技巧。学习者可以通过案例引入、理论与方法的学习、案例分析和模拟情境训练，掌握各类教育口语与幼儿进行语言沟通，引导幼儿，帮助幼儿养成良好的行为规范、心理品质和道德品质。本项目强调沟通语的运用，希望幼儿教师能与幼儿多沟通，了解幼儿，给幼儿更多的欣赏和鼓励。本项目遵循理论与实践相结合的原则，在训练中，由易到难，由案例的分析学习到自主地表达，形成阶梯式训练，使学习者能力逐步提高。

项目三　生活活动和户外活动中教师与幼儿的语言沟通训练

训练目标

1. 了解幼儿教师在生活活动中与幼儿语言沟通的技巧。

2. 了解幼儿教师在户外活动中与幼儿语言沟通的技巧。

3. 学会在生活活动和户外活动各环节与幼儿进行语言沟通。

4. 培养热爱幼儿、热爱幼教事业的职业情感。

5. 树立科学的保教理念和依法治教的法律意识。

任务一　生活活动中教师与幼儿的语言沟通训练

训练要点

1.学习案例，了解幼儿教师在生活活动中常用的语言。
2.学习理论和方法，掌握幼儿教师在生活活动中与幼儿语言沟通的技巧。
3.训练技能，学会在生活活动各环节与幼儿进行语言沟通。

3-3-1　都都吃饭

案例

都 都 吃 饭

有一次，教师让幼儿将自己的喜欢的玩具车带到幼儿园，并利用空余时间让幼儿相互交流、探讨。午餐的时候，用餐和盥洗完毕的幼儿一个个来到阳台，捧着心爱的车开心地玩着，可都都还没吃完，嘴里含着饭，眼巴巴地望着伙伴们嬉戏的身影。教师轻轻地走到他身边，悄悄地问道："宝贝儿，你现在也想和他们一起玩，是吗？"都都看了教师一眼，很用力地点点头，"我有一个好办法，可以让你和他们一起玩。"教师微笑着说。教师的话似乎使都都受到了某种触动。教师接着说："再请两个朋友来和我一起帮你吧，这样你就可以更快地和小朋友一起去玩车了。这两个朋友都在你的嘴巴里，一个是牙齿，另外一个是你的喉咙哦。"教师趁势喂了他一口："先请牙齿帮帮忙，把这些饭菜都磨碎。"咦，都都的嘴巴竟然开始跟着动了起来。"磨碎了以后，再请你另外一个朋友喉咙帮一下忙，把饭菜都咽下去。"都都又一次照做了，效果似乎还不错。"太棒了，你的两个朋友真厉害。我请小朋友和你的汽车去说一下，让它等着你，你马上就可以陪它玩，好吗？"这下都都马上点了点头。教师和经过身边的一个小朋友耳语了一番后说道："我请小朋友帮你去和小汽车说了，你要继续加油哦。"接着，都都在教师的帮助下很快就顺利地吃完了他的那份饭菜，然后去玩小汽车了。"小汽车好玩吗？"教师问。都都点点头。"那好，等下次吃饭的时候再请你的两个朋友来帮你，这样你就能比今天有更多的时间玩了，好吗？""好！"这次都都的回答很干脆，教师也更直接地感受到了他的快乐。[1]

餐点是幼儿一日生活的重要内容，在进餐时培养幼儿良好的进餐习惯可以促进幼儿的身心健康。在餐点环节与幼儿进行良好的语言沟通，不仅能促进幼儿身体健康发展，更重要的是能促进幼儿身心和谐发展。本案例中，幼儿不能好好吃饭，吃饭时东张西望，嘴里还含着饭。教师并没有强制都都把饭吃下去，而是通过有趣的语言，指导都都把嘴里的饭菜咽下去，并鼓励都都好好吃饭，使都都愉快地吃完饭。最后又一次对都都强调要好好吃饭，强化对都都的教育指导。

---

[1]　赵晓丹.幼儿教师的沟通与表达［M］.北京：北京师范大学出版社，2018：65.

理论与方法

幼儿园生活活动是满足幼儿生活需要的活动，是幼儿园一日生活的重要组成部分。幼儿一日生活是全面落实幼儿园保教任务的重要途径。教师应该为幼儿提供健康、丰富的生活和活动环境，满足幼儿发展的需要。

一、幼儿园一日作息和活动内容

幼儿园的生活活动主要包括入园、饮水、盥洗、餐点、如厕、睡眠、离园等活动。

在这些活动中，教师要做的工作很多，其中最重要的是与幼儿的语言沟通。教师在生活活动各环节与幼儿进行语言沟通，培养幼儿生活自理、与人交往、自我保护等生活能力及遵守集体生活规则的意识，帮助幼儿养成健康的生活方式和良好的卫生习惯。

幼儿园一日作息和活动内容如表3-8-1所示。

表3-8-1　幼儿园一日作息和活动内容参考表

作息时间	活 动 内 容
7：30—8：00	幼儿入园、晨检及晨间活动（区域活动、自由活动）
8：00—8：45	早操、早餐、如厕
8：45—9：15	教育活动（大班：25—30分钟；中班：20—25分钟；小班：15—20分钟）
9：15—9：30	饮水、如厕等
9：30—10：00	教育活动（同上）
10：00—11：30	户外游戏活动、餐前准备、午餐
11：30—14：00	午睡
14：00—14：45	起床（学习整理床铺、穿衣、穿鞋、喝水、梳洗、吃水果、如厕）
14：45—15：15	午后教育活动
15：15—16：15	户外游戏活动
16：15—17：00	晚餐、餐后活动与离园

二、生活活动中教师与幼儿语言沟通的技巧

幼儿园生活活动是幼儿园一日生活不可或缺的组成部分，是对幼儿进行教育的主要途径。教师要"教养结合，养中有教，教中有养，教养并重"，根据幼儿生理和心理发展的需要规划并建立科学的一日生活常规，引导、支持和鼓励幼儿参与生活规则的建立，培养幼儿良好的生活习惯、卫生习惯和初步的生活自理能力。

（一）迎送环节

幼儿入园、离园，教师必须做好迎送工作，每日迎送是幼儿教师主要的工作内容之一。

1. 迎送环节教师的主要工作

（1）晨间接待

① 配合其他教师做好接待工作。

② 与家长做简短交谈，了解幼儿在家的情况，检查幼儿的口袋。

③ 对患病的幼儿或情绪不好的幼儿要特别关照。

④ 组织、指导幼儿擦桌椅，但不要过多地干涉和要求。

（2）离园

① 在幼儿离园前，指导幼儿整理好活动室的环境、个人的仪表。教师要逐个检查并帮助幼儿整理好衣物、用具，教育幼儿不要私自将玩具带回家，培养幼儿勤劳、整洁、生活有条理等良好的行为习惯。

② 离园前，教师与幼儿进行简短谈话，同他们一起回顾一天的生活，巩固学习收获，表扬、鼓励幼儿的进步，指导幼儿回家后的活动。对幼儿进行安全教育和礼貌教育，引导幼儿安静地等候家长，并能主动与老师、小朋友说再见。

2. 迎送环节教师与幼儿的语言沟通技巧

对于幼儿来说，入园和离园这两个环节都有些特殊，入园时离开父母，总是依依不舍，不少幼儿还会有不同程度的入园焦虑；离园之前的幼儿都盼着父母早点来接自己回家。因此，教师每日迎送的时候，与幼儿的语言沟通就显得尤为重要。

（1）真诚热情。幼儿每日入园是幼儿园一天生活的开始，教师要以真诚热情的语言表达自己对幼儿的爱，在幼儿入园时，让幼儿感觉老师就像亲人，幼儿园是一个大家庭；而离园是在幼儿园一天生活的结束，幼儿盼着早点见到家长，在离园前，教师与幼儿说话，分散幼儿注意力，教师真诚的语言会让幼儿快乐地离园。教师语言的语气语调要轻快自然。

（2）亲切愉悦。教师在幼儿入园的时候要主动与幼儿打招呼，说说话；离园的时候与幼儿互道再见，叮嘱幼儿记住要做的事情。教师迎送幼儿的语言应该亲切温柔，充满愉悦感，让幼儿感觉幼儿园一天的生活是快乐的。教师亲切愉悦的话语能让幼儿快快乐乐入园来，开开心心回家去。对患病的幼儿或情绪不好的幼儿要特别关照：对患病的幼儿教师要轻言细语，了解他哪里不舒服；对那些哭闹的幼儿，教师要询问并倾听他的哭诉，教师温柔的话语和敞开的怀抱会让幼儿感到温暖，情绪会平静下来。

（3）富有童趣。教师还可以用富有童趣的语言如含有比拟、比喻、夸张等表达技巧的语言来迎送幼儿，让幼儿感到亲切有趣，放松心情，更加喜爱幼儿园的生活。

（4）辅以态势语。教师与幼儿语言沟通的时候，还可以辅以肢体语言，对幼儿进行安抚。如在幼儿入园时，微笑着和幼儿打招呼，轻轻招手，轻轻抚摸幼儿的脸、手、头，亲亲、抱抱幼儿等，幼儿离园时给他擦擦汗，整理整理衣服，抱一抱等，这些动作都能让幼儿感受到教师的爱意。教师应主动与幼儿打招呼，如果幼儿不愿意和老师打招呼，切勿强求；要经常抱抱他们、亲亲他们，消除他们的紧张心理。

（二）饮水、餐点环节

饮水、餐点是幼儿一日生活不可缺少的环节，也是培养幼儿饮食习惯的重要环节。

1. 饮水餐点环节教师的主要工作

（1）饮水

① 根据幼儿活动情况及其后变化及时提醒幼儿饮水，随时关注班级饮水桶内水量和水温，注意幼儿接水时的安全。

② 培养幼儿用自己的水杯喝水、喝水时不说笑、不浪费开水、水杯用后放回原处等良好的

饮水卫生习惯。

（2）餐前准备

① 进餐前半小时安排幼儿做比较安静的活动，防止幼儿过度兴奋，影响食欲。组织幼儿有秩序地排队洗手，回到教室后安静地坐在座位上，做好幼儿进餐的准备工作。

② 指导值日生工作，擦净餐桌，准备餐具，创设整洁、愉快的进餐环境，按时进餐。

（3）就餐管理

① 就餐中，教师应精心照顾幼儿，轻声、和蔼地指导幼儿正确地使用餐具，逐步掌握独立进餐的技能。

② 培养幼儿不挑食、不用手抓食物、不剩饭菜、细嚼慢咽、安静进餐的习惯；注意保持餐桌、地面、衣服的洁净和卫生。

③ 多用鼓励、表扬的语言督促幼儿情绪愉快地进餐，严禁教师在进餐过程中训斥幼儿以及议论与进餐无关的问题。一般情况下，不要催促幼儿快吃；特殊情况下，允许幼儿剩饭。

④ 使幼儿养成不剩饭菜的文明就餐习惯。进餐结束时，应教会幼儿有礼貌地离开餐桌，送回餐具，清扫地面，饭后及时漱口、擦嘴、洗手。

（4）餐后活动

① 餐后可组织幼儿进行5～10分钟的安静活动，如看图书、玩玩具等，禁止幼儿在走廊上追逐、打闹，还可以安排5～10分钟的散步，要求幼儿跟着教师有秩序地散步，利用散步引导幼儿观察自然，培养幼儿的观察兴趣，教给幼儿观察方法，让幼儿学会观察。

② 做好睡前准备工作。

2. 饮水餐点环节与幼儿的语言沟通技巧

在餐点环节与幼儿进行良好的语言沟通，不仅能促进幼儿身体健康发展，更重要的是促进幼儿身心和谐发展。恰当地运用语言沟通技巧指导幼儿进餐、饮水，能让幼儿形成与进餐习惯相应的良好的饮食卫生习惯和规则，学习餐桌礼仪，如不争不抢、礼貌谦让、爱惜粮食等，培养良好的个性品质。

（1）循循善诱，培养幼儿良好的饮水和进餐的习惯。对幼儿，教师不能强求其与大人一样饮水、进餐。教师要充分了解幼儿的年龄特点和个性特点，才能更好地指导幼儿饮水、进餐。幼儿年龄虽小，但进入幼儿园之前，已经初步形成自己的饮食习惯，有的饮食习惯可能不正确，如有的幼儿爱喝饮料不爱喝水，有的幼儿挑食、偏食等，教师应先了解幼儿这些习惯形成的原因，充分尊重幼儿及其饮食习惯，同时多用沟通语、表扬语、劝慰语等口语，进行正面引导，循序渐进地帮助幼儿慢慢改掉这些不良习惯。

（2）轻声细语，为幼儿营造温馨的用餐语言环境。进餐时幼儿的情绪愉快，支配消化腺分泌的神经兴奋就会占优势，消化液分泌增多，可促进食物的消化，因此，在进餐时让幼儿保持良好的情绪至关重要，教师应根据各个年龄班幼儿自身的特点，合理组织，通过语言的沟通交流使幼儿有良好的用餐情绪。比如，每次吃饭前，教师可以让幼儿报菜名，说说吃的是什么，哪些菜有营养，让幼儿闻一闻菜的香味，充分激发幼儿的食欲；教师说话要温柔亲切，表情自然，使幼儿心情放松，愉快进餐。教师可以亲切地建议他们多吃些清淡可口的饭菜，不要强迫他们吃掉全部的食物。若幼儿长期饭量不大，但精神状态良好，应尊重幼儿本身的意愿，能吃多少就吃多少。为了保证幼儿吃饭时的良好情绪，教师不要在幼儿用餐时批评、指责幼儿，即使幼儿边吃边玩或发生冲突，也要及时制止，让幼儿继续用餐，在幼儿用餐后才教育幼儿，以免影响幼儿的食欲。

（3）正面引导，让幼儿学习餐桌礼仪。幼儿年龄小，在家可能因为家长的溺爱，会出现一些不良习惯甚至不合礼仪的行为，比如挑食、边吃边玩、争抢食物等。在幼儿园，教师要通过正面引导，改正幼儿的不良习惯，让幼儿在进餐时学习餐桌礼仪。比如，教师可以通过简明的语言，要求幼儿饭前要洗手，有秩序、安静、文明地进餐，吃饭时坐在指定的座位上不乱跑，不直接用手抓食物，盘子、勺子轻拿轻放，摆放整齐，用餐结束要整理餐桌等；对于幼儿挑食，教师可以通过讲故事、打比方、树榜样等语言沟通的方法，告诉幼儿挑食的坏处，耐心地告诉幼儿不能挑食，要怎么做。

（三）如厕盥洗环节

如厕、盥洗是幼儿园一日活动中重要的生活环节，在幼儿园生活教育中，如厕、盥洗环节能培养幼儿最基本的生活自理能力和卫生习惯。

1. 如厕盥洗环节教师的主要工作

（1）如厕

① 指导幼儿正确使用便纸，便后洗手并整理好衣裤，对幼儿进行卫生常识和环境卫生常识的教育，教育幼儿如厕前后必须用肥皂洗手。

② 不限制幼儿如厕，提醒幼儿上厕所要注意安全，以免碰伤、摔伤，掉入便池。

（2）盥洗

① 教给幼儿正确的盥洗方法，养成幼儿手脏、进食前、大小便后用肥皂洗手的习惯。对不会洗手的幼儿，老师要帮助洗，并伴随语言指导。

② 教育幼儿遵守盥洗规则，盥洗时不拥挤，不玩水，不浪费水，不浸湿衣服和地面，培养自觉盥洗的良好习惯。

2. 如厕盥洗环节教师与幼儿的语言沟通技巧

如厕是每个人的生理需求，对幼儿来说更为频繁；盥洗包括洗手、漱口、洗脸等，幼儿餐前、便后、游戏后都需要洗手。在这两个环节中，教师都要用语言对幼儿进行指导。

（1）直白具体，悉心指导幼儿。教师在与幼儿语言沟通时要耐心，用直白具体的语言指导幼儿，才能做好保育工作，培养幼儿良好的卫生习惯。如指导幼儿洗手时，教师可以边讲解边示范，教幼儿怎样卷袖子或往上拉袖口，手心、手背、手指缝和手腕关节活动处都要洗，先用流水淋湿手心、手背等处，然后抹上肥皂，双手心须搓出肥皂泡后再用流水冲洗干净，洗完双手后将小手在水池内甩三下，防止水滴在地上，最后用自己的毛巾擦干双手。教师要不厌其烦，对于小幼儿，还要反复说。

（2）富有童趣，激发幼儿兴趣。对于幼儿如厕盥洗指导要到位，在此基础上，教师还可以通过一些有趣的比喻来提醒幼儿，或者通过儿歌来指导幼儿。如幼儿洗手时可以让幼儿念念《洗手歌》。

（3）表扬鼓励，树立榜样。如厕、盥洗环节能反映孩子最基本的生活自理能力和卫生习惯，教师要及时表扬幼儿在如厕、盥洗时的良好表现，发挥榜样作用，帮助幼儿培养生活自理能力，养成良好的生活习惯。

（四）午休环节

在幼儿园一日生活中，幼儿每天有2～3小时的午休时间，午休环节培养幼儿良好的作息习惯和整理习惯。

1. 午休环节教师的主要工作

（1）入寝

① 教育幼儿午睡前应先如厕，进入寝室保持安静，不高声讲话或嬉笑、喧闹，脚步放轻，上床前，教师应严格检查幼儿口袋里是否有小玩具、危险物品等。

② 督促幼儿将鞋子的方向摆放一致，摆好之后轻轻上床，在教师的指导和帮助下按顺序脱下衣裤、袜子，并规定幼儿将衣服折叠好放在指定地方。

③ 引导幼儿整理好床铺，迅速盖好被子，不东张西望，闭上眼睛，安静入睡。幼儿躺下后，教师要指导幼儿采取正确的睡眠姿势，引导幼儿尽快入睡。

（2）睡眠

① 教师应督促幼儿按时入睡，入睡率达95％以上。午睡时，教师应留在幼儿身边，观察他们的睡眠情况，及时、细致地为每名幼儿盖好被子，纠正不良睡姿，培养幼儿右侧卧或仰卧、不蒙头睡觉的好习惯。

② 看睡教师要注意使难以入睡和醒得较早的幼儿进行安静活动，不出声响，不影响他人。午睡后，可以让小班幼儿逐个起床，让体弱、需要多睡眠和入睡晚的幼儿多睡一会儿。对于年龄较大的幼儿，可以让他们在规定的时间内同时起床，共同整理好床铺。寄宿制幼儿园的幼儿在睡觉前和夜间醒来时，常会想念亲人，教师应对他们倍加关注，走近他们，爱抚他们，给他们盖被子、道晚安。还应该按幼儿的习惯提醒其小便，并逐渐减少次数。

（3）起床

① 按时请幼儿起床，认真询问幼儿的睡眠情况。

② 指导并帮助幼儿整理床铺、按顺序穿衣服：上衣—袜子—裤子—鞋。教师要巡回检查并及时给予帮助，帮助幼儿梳理头发，提醒收拾整齐的幼儿如厕。

2. 午休环节教师与幼儿的语言沟通技巧

幼儿正处于身体快速生长时期，需要优质的睡眠，使神经系统、感觉器官和肌肉得到充分的休息，促进大脑发育、体格生长。幼儿的睡眠质量差，下午活动会没有精神，影响教育教学的质量。因此，教师通过语言沟通，引导幼儿又快又安静地睡好午觉是非常重要的。

（1）语调轻柔，为幼儿营造良好的午休氛围。教师用语言为幼儿创设一个良好的午休环境，语调要轻柔，态度要温和。午休时间，教师不宜多说话，以免刺激幼儿。教师可以言简意赅地告诉幼儿，午休是一件非常好的事情，经过一个上午的学习和游戏，脑子很累了，需要休息调节，只有睡好了觉，下午活动才有精神，才能学到知识、本领，然后提出要求让幼儿自己睡觉。教师可以把午睡的要求编成儿歌，每天午睡时让幼儿边说边做：午睡了，脱鞋袜，不打闹，不说话，闭上眼睛快躺下，休息好了精神好，快乐玩耍身体棒。这样，在教师的引导下，幼儿就可慢慢入睡，每天坚持这样做，时间长了，就形成了良好的午睡习惯。对于确实睡不着的幼儿，教师可让他们安静地躺在床上，要求他们不能影响其他幼儿。教师还可以抓住幼儿喜欢听故事的特点，用轻柔的语调给幼儿讲故事，并协商好听了故事要睡觉。这段时间，教师要给幼儿树立好榜样，要求幼儿安静，教师自己要先安静下来，不训斥幼儿，不和同班的老师讲悄悄话。

（2）辅以态势语，以动作安抚。教师对不能很快入睡的幼儿，可以像妈妈一样轻轻哄着他们，并伴以轻柔的动作，抚摸他们的身体，让他们觉得似乎妈妈就在身边。这样幼儿也能够安静、放松下来，慢慢入睡。

（3）及时表扬，鼓励幼儿好好午睡。幼儿午睡前，教师可以与幼儿沟通，幼儿起床后也可以适时与幼儿沟通，强化幼儿午睡的好行为。教师可以在幼儿睡醒后，让幼儿分享自己做的梦，给幼儿创意表达的机会，及时肯定他们的表达，并表示会把他们的进步告诉家长。教师还要认真观察，如果幼儿这一天好好午睡了，就应该及时表扬、奖励，调动幼儿积极性。幼儿睡醒后的总结、表扬、奖励是为了给下一次幼儿的午睡树立榜样，在下一次午睡前，教师可以延续这一次表扬，让幼儿在愉快的气氛中尽快入睡。

🎤 小结

教师在生活活动中与幼儿进行语言沟通，能有效地促进幼儿发展。教师要在日常生活中多与幼儿进行语言沟通，倾听幼儿的声音，与幼儿平等对话，捕捉教育契机，通过具有规范性、针对性、启发性、情感性、激励性、形象性、趣味性的语言与幼儿沟通，引导幼儿在生活和活动中生动、活泼、主动地学习。

3-3-1 在一日生活中倾听幼儿的情绪情感表达

技能训练

训 练 一

【要求】通过案例分析，掌握生活活动中幼儿教师口语的特点及运用的方法，能用连贯、有条理的话说出自己的意见。

【步骤】

（1）自己先想一想，再说一说；

（2）小组讨论，补充修改；

（3）在小组中发言，小组评议；

（4）师生共同讨论。

【题目】

1. 说说下列案例中教师的口语用得好吗，为什么？把教师说的话说出来，体会其妙处。注意语音和态势语技巧。

（1）文文是一名刚入园不久的幼儿，每次来园的时候都会哭闹。这一天，教师在文文来园的时候，拿出一只玩具熊，对哭泣的文文说："看，我的小熊可爱吗？它还会翻跟头，它只表演给不哭的孩子看哟！"教师又模仿小熊说话："小朋友，你不哭我就翻跟头了，我还会跳舞呢，你想看吗？"[1]

（2）琪琪是个挑食的孩子，这也不吃，那也不吃。这天的午餐，琪琪又不吃黄瓜了。教师走到琪琪身边，贴着她的耳朵故作神秘地说："我有个秘密只告诉你一个人哦，今天的黄瓜有特异功能呢！"琪琪立刻扭过头一脸不可思议地看着教师，教师接着说："你不知道吧？今天的黄瓜会唱歌，你把它放进嘴巴里嚼两下就能听见'咯吱咯吱'的声音呢，要不你试一试？"琪琪将信将疑地吃了一口，说："好像有。"教师又说："你少放点，它就小声地唱歌。你多放点，它就会大声地唱歌，你要不要试一试？"听了教师的话，琪琪又继续"黄瓜唱歌"的游戏，一转眼，一大半的黄瓜就被她吃掉了，一边吃还一边说："这个会唱歌的黄瓜还是蛮好吃的。"[2]

2. 下列的教师口语，你觉得说得好吗？为什么？如果是你，你会怎么说？

（1）吃晚饭时间，唐老师坐在前面监督孩子们吃饭。月月吃饭的时候和旁边幼儿小声说话，还用手抓住他的手臂。唐老师见状，马上发出指令："月月，把手背在后面！"月月没有按老师的指令做，拿着叉子的手在空中晃了几下。

唐老师再次发出指令："月月，你听见的老师说话没有？把手放到后面去，先别吃饭了！"月月仍然不理会老师。唐老师走到她身边说："你站起来！"月月没有站起来，也没有

---

[1] 赵晓丹.幼儿教师的沟通与表达［M］.北京：北京师范大学出版社，2018：52.

[2] 陈泽铭，王先达.优秀幼儿教师教育艺术99例［M］.上海：华东师范大学出版社，2011：9.

说话。唐老师只能用手去拽她，使她站起来。

唐老师生气地说："你不认真吃饭，影响到旁边的两个小朋友。好好吃饭，记住没？"月月不说话。"记住了没有？说！"老师重复道。月月不乐意地说：记住了。"唐老师说："下次别再这样了。好好说'记住了'。"月月敷衍地说："我记住了。"唐老师看她态度不端正，说："再重复一次！"月月最后说："好好吃饭，我记住了。"唐老师这才满意地回到座位上。

（2）在盥洗室里，小朋友们都在排队洗手。东东一边洗手，一边慢悠悠玩着肥皂泡。排在他后面的小朋友催促他："你快点儿，别玩了，我们都还没洗手呢。"东东一边做鬼脸，一边说："就不，我还要玩！"爱打抱不平的可可冲上来，一把关了水龙头："别洗了，浪费水。"东东不甘示弱："偏不，我就玩，我就是要洗。"说完又打开了水龙头。两个小朋友争执着，可可一不小心把水喷到了东东身上，于是东东叫来老师："李老师，可可不让我洗手，还把水洒在我身上。"在教室里忙着的李老师走过来看到湿淋的东东，便把可可拉过来："你这就不对了，不会排队吗，抢什么抢？"可可说："不是我的错，我不是故意的，是……"没等可可说完，李老师就打断了他："别说了，我还忙着呢，你们不要争，好好排队洗手。"说完她转身回教室忙去了。

训　练　二

【要求】根据生活活动中幼儿教师口语的特点和要求，针对具体情境，设计、运用恰当的口语与幼儿沟通，教育幼儿养成良好的行为规范。

【步骤】

（1）先阅读材料，进入情境；

（2）自己想一想，再自己说一说；

（3）小组训练，看谁说得好；

（4）补充修改；

（5）个人汇报，学生点评。

【题目】

在下列情景中，教师应该怎么处理，怎么说？把教师要说的话说出来。注意语音和态势语技巧。

1. 午餐的时候，老师发现君君的桌子底下总是有一些蛋黄被踩得粉碎。

训练提示：注意饮水餐点环节的教师口语运用的要求。

2. 一诺是一位中午不睡觉的小朋友，每次睡下不到十分钟，就开始叫："老师，我要小便。"小便解了不到五分钟，他又叫："老师，我要小便。"反正叫个没完没了。如果不给他解，他就解在裤子上，然后对老师说："老师，我小便解在裤子上了，给我换一下。"不理他呢，他就一直叫呀叫，吵得大家都醒了。没办法，只好由着他解好大便、解小便。

训练提示：

（1）注意时机的把握，其他小朋友已经睡了，教师教育幼儿要注意不影响其他小朋友；

（2）选择合适的教育口语；

（3）注意语气、语调和态势语。

3. 天气凉了，这几天的饮水时间，很多小朋友不怎么喝水。教师总是提醒孩子们多喝水，但是亮亮说："我不喝水，老师自己都不喝水。"

训练提示：教师要善于应变，态度要真诚。

训　练　三

【要求】

设计情境与幼儿沟通，初步探索如何在生活活动各环节与幼儿进行语言沟通，帮助幼儿过好幼儿园一日生活。

【步骤】

（1）先预设情境，进入情境；

（2）设计一段话，说一说；

（3）在小组中讨论和试讲。

【题目】

1. 吃饭之前，教孩子洗手。

2. 对午睡时不好好睡觉的幼儿说几句话。

3. 教幼儿穿好鞋子。

任务二　户外活动中教师与幼儿的语言沟通训练

训练要点

1. 学习案例，了解幼儿教师在户外活动中与幼儿沟通的语言。

2. 学习理论和方法，掌握幼儿教师在户外活动中与幼儿语言沟通的技巧。

3. 训练技能，学会在户外活动中与幼儿进行语言沟通。

3-3-2　老狼老狼几点钟

案例

老狼老狼几点钟

户外活动时，老师带着孩子们玩"老狼老狼几点钟"的游戏。老师先跟孩子们说明游戏规则，孩子们玩得很起劲。游戏第一遍的时候，老师说："我说五点的时候，大灰狼就会来抓小白兔了，小白兔要跳回家哦。"老师说五点的时候，孩子们就学小白兔双脚"跳回家"。游戏第二遍，老师说："小朋友们听清楚了，八点的时候大灰狼就来抓小鸭子了！"孩子们在"八点"的时候学小鸭子的动作"走回家"。游戏第三遍，老师说："刚才大灰狼没有抓到一只小白兔，也没有抓到一只鸭子，它很生气。它决定在十二点的时候去抓小乌龟，小乌龟一定要用手脚爬回家，膝盖不能着地！"孩子们在"十二点"的时候都很快用手脚"爬回家"。[1]

---

[1]　陈泽铭，王先达.优秀幼儿教师教育艺术99例［M］.上海：华东师范大学出版社，2011：6.

　　户外是一个广阔的天地，是教师用于开展教育活动的重要场所。教师要充分利用户外这一天地，通过恰当的语言组织活动，培养幼儿参加户外活动的兴趣，增强体质，锻炼意志力、注意力等心理素质，提高对环境的适应能力和合作能力，培养勇于创新的精神。本案例中，教师用比拟的手法，用有趣的语言组织户外游戏活动，在活动中让幼儿完成各种身体动作，锻炼幼儿身体。教师语言生动形象，充分调动幼儿积极性；指令清楚，幼儿能够按老师的指令完成各种动作。幼儿在活动中不仅锻炼了身体，而且也学会了倾听和按指令行动。

理论与方法

　　户外活动是幼儿园体育活动的重要组织形式。户外活动从幼儿的兴趣、爱好、能力、水平出发，具有趣味性和自由度，给幼儿提供了更多自由活动的机会。户外活动不仅能培养幼儿参加体育活动的兴趣和习惯，增强幼儿体质，提高幼儿对环境的适应能力，而且有利于培养幼儿坚强、勇敢、不怕困难的意志品质和主动、乐观、合作的态度，有利于建立良好的师幼、同伴关系，让幼儿感到温暖，心情愉快，产生安全感、信赖感。

一、户外活动中教师与幼儿的语言沟通技巧

　　教师要热情鼓励幼儿积极参与户外活动。活动中幼儿或多或少会碰到问题，教师进行适宜的引导是非常必要的，这样不但能使幼儿主动、愉快、积极地参与活动，促进身心发展，还能更好地完成教学目标。教师是幼儿的引导者、支持者、合作者。在活动过程中，幼儿教师应通过恰当的语言沟通技巧，不断用口语进行沟通，或者亲身参与，鼓励幼儿积极参加户外活动并保证和提高户外活动的质量，让幼儿接触自然，充分体验户外活动的快乐，在户外活动中提高身体素质和心理品质，培养集体意识和积极向上、敢于挑战的精神。

　　幼儿教师户外活动中与幼儿语言沟通的技巧主要有以下三个方面。

（一）正面引导，鼓励幼儿喜爱户外活动

　　教师在组织户外活动时，应努力运用好语言艺术，让幼儿在引导、启示、激励中前进，积极参加户外活动。教师还可以结合语言、艺术等领域的教学内容，用生动形象的语言组织活动，把活动寓于有情节、有角色、有竞赛的游戏情景之中，调动幼儿参与活动的积极性。

　　1.在沟通中引导

　　教师应联系实际，用通俗易懂的沟通语与幼儿沟通，引导幼儿开展活动。例如，在组织户外游戏时，要言简意赅地讲清游戏的方法，讲解游戏时要注意的地方，讲解过程可以提问，引发幼儿思考，这样能促使幼儿大脑积极思维，有利于提高幼儿活动的积极性。对于个别幼儿不参加活动，要通过询问，了解情况，然后运用沟通技巧进行沟通，指导幼儿愉快地参加活动。

　　2.在表扬中引导

　　教师应以表扬为主，正面教育，充分调动幼儿学习的积极性。

　　例如，"这一组站得真神气！""这位小朋友真勇敢！""这位小朋友做得真好！"……这些简

短的表扬语，肯定和鼓励了受表扬的幼儿，同时也给其他幼儿树立了良好的榜样，激发了幼儿的上进心。

3. 在激励中引导

教师用激励语，可以激发幼儿的自尊心和荣誉感，发挥出潜在的能力。如对不敢走平衡木的幼儿，教师可以对他说："不用怕，试试看，一定能走过去，老师站在边上，你走的时候，我会保护你的。"这样正面的激励语比训斥或惩罚性的负面语言要好得多，可以引导幼儿放下心理包袱，愉快练习。

（二）指令清楚，指导幼儿愉快参加活动

教师的语言是个性的表现，是活动中作为信息处理的工具。对于幼儿来说，感受语言是他们接受外界信息最主要的方式。在户外活动中，教师要语言明确清晰，指令清楚，幼儿才能领会教师的意图。在户外活动中，教师的语言可分为三种：有声语言、动作语言、表情语言，这三者是伴随进行的，对幼儿有视觉的冲击力和听觉的刺激感。

1. 有声语言简明扼要

户外活动由于活动现场较分散，幼儿的注意力主要是在自身活动的过程上。所以，教师提出的指令要求必须完整、简明，减轻幼儿的认知负担，明确任务、要求。适当的语言提示，往往能够刺激幼儿的练习态度，提高幼儿的练习兴趣，达到好的练习效果。例如，在集体原地踏步的练习中，教师不要一味地用"一、二、一"的口令来指挥幼儿，在长时间的练习中，幼儿会感到很乏味，注意力下降，动作变形，如果用"一、二、一，目视前方，两臂摆动，两腿抬高，一、二、一"这样的口令，幼儿会感到新鲜、明确，注意力集中，提高完成动作的质量。

2. 动作语言形象直观

动作语言在活动中可用来增强口头语言的效果。一个恰到好处的动作具有很强的感染力和示范性。教师在讲解某一种需要幼儿掌握的动作技能时，可适当地做些示范动作，有助于幼儿的理解和掌握。这样既可纠正幼儿的错误动作，又能使幼儿明确正确动作的要领和概念。最重要的是动作示范过程，教师一定要用语言进行讲解，并且讲清要领，关键的地方要重复，特别提醒幼儿，不能只做不说，或语焉不详。

3. 表情语言有效调控

在户外活动中，教师的表情语对于幼儿来讲是一种无声的指令。如活动中不失时机地对幼儿报以点头微笑，同时给予赞许的目光，幼儿就能接到动作或任务完成正确的指令，必然能激发信心，感受到成功的喜悦；当幼儿在活动中有过失、做出危险举动时，教师给以一个制止的目光和严肃的表情，就等于给一个无声的警告，幼儿就会停止或纠正。

（三）讲清规则，引导幼儿加强安全意识

组织户外活动，教师须树立安全第一的观念。户外场地大，幼儿分散活动，给幼儿活动带来了一些不安全的因素。教师在活动前须用明确、清晰的语言把活动规则和注意事项讲清楚，重点的地方要特别强调，甚至不厌重复。在活动中要随时用简洁的语言进行提醒，及时纠正幼儿的危险动作，发现问题进行必要的安全指导和教育，发生突发事件，用语要冷静。

二、户外活动中教师与幼儿进行语言沟通应注意的问题

幼儿园户外活动是幼儿教育的一个重要内容，是实现教育目标、促进幼儿身心全面发展的重要途径。幼儿教师在户外活动中要与幼儿进行有效的语言沟通，指导幼儿科学开展户外活动。

（一）注重观察，适当参与

户外活动不是放任幼儿自己活动，教师要进行引导。观察幼儿是教师引导的基础，教师要对活动中的幼儿进行观察，了解幼儿的特点和兴趣爱好，了解不同年龄、不同性格幼儿的差异，才能有针对性地与幼儿进行语言沟通，指导幼儿开展活动。教师还要转变角色，适当参与幼儿活动，真正体会幼儿在活动中的乐趣，了解幼儿碰到的问题，才能增进与幼儿的互动，站在幼儿的角度与幼儿沟通，平等对话。

（二）创设自由宽松的环境

户外活动要遵循幼儿身心发展的需要，为幼儿创设自由宽松的环境。活动前，教师可以与幼儿共同讨论活动的内容、方式、所需的材料；活动中，与幼儿一起体验活动的乐趣，探讨更好的活动方式，让幼儿充分发挥想象力和创造力，在不同情境中玩得更加尽兴；活动结束后，可以与幼儿一起总结，丰富幼儿经验。

（三）加强安全教育，增强幼儿安全意识

户外活动中，教师既要给幼儿自由，又要特别注意幼儿安全。教师在活动前，活动中都要向幼儿强调活动的规则，保护幼儿。在活动过程中发现幼儿的危险动作，要及时制止和矫正，还要注意听取幼儿的交谈和评价，及时发现幼儿的问题并进行安全教育，增强幼儿安全意识。教师也要注重活动中将幼儿的好奇心引向正轨，在保证安全的前提下，满足幼儿兴趣的需要，体现对幼儿个性的培养。

🎤 小结

教师要重视户外活动的重要性，开展丰富多彩的户外游戏和体育活动，培养幼儿参加体育活动的兴趣和习惯，增强体质，提高对环境的适应力。在户外活动中要恰当地运用语言沟通技巧，引导幼儿积极参加户外活动，强调安全问题，保护幼儿安全，使幼儿身心健康在户外活动中得到提高。

3-3-2　户外活动中教师对幼儿的观察与指导

技能训练

训　练　一

【要求】通过案例分析，掌握不同类型幼儿教师教育口语的特点及运用的方法，能用连贯、有条理的话说出自己的意见。

【步骤】

（1）先自己想一想，再自己说一说；

（2）小组讨论，补充修改；

（3）在小组中发言，互相评议；

（4）师生共同讨论。

【题目】

说说下列案例中教师的口语用得好吗，好在哪里？你从中学到了些什么？

（1）在户外游戏"不走原来的路"中，老师说："小朋友，今天我们来玩一个帮助解放军叔叔取情报的游戏。下面，听老师的要求，从脚下的这条线出发，画白线的是取情报的路，中间的圆圈里是敌人岗哨，小朋友走的时候要小心，靠近岗哨时要脚步轻轻地从旁边绕过去，然后从没有岗哨的路走回来。不准跑，哪一队先回来就是优胜队，现在听我吹哨子，哨声一响，就开始！"（游戏开始）教师不时提醒幼儿："走过岗哨，脚步要轻！""不准跑，要轻轻地走！""从没有岗哨的路走回来，郝奇走错了，回去重走！""沈溪这一队又快又好！""为优胜队鼓掌！"[1]

（2）在带着皮球跟随音乐进行了准备活动以后，幼儿们已经迫不及待地玩起了手中的球，晰晰、月月、悠悠几个女孩子开始拍皮球，一边拍、一边数；云鸿、雨书、瑞杰几个男孩子在地上依次滚球；还有几个孩子自抛自接球……只有同同自己一个人独自用脚踢球，我走过去问他："同同，我和你一起玩可以吗？"同同高兴地答应了，说："我们来踢足球吧。"于是我们玩起了用脚传的游戏。由于我的加入，很快吸引了很多幼儿的围观，有些幼儿很快就开始模仿我们的游戏，三三两两开始踢球，越来越多的幼儿开始用脚来玩球。这时，我将幼儿集中起来，对同同刚才与众不同的表现给予了表扬："同同刚才想出了和大家不一样的玩法——用脚来玩球，真棒，希望大家都来开动脑筋，想出更多不同的用脚玩球的方法，比比谁能想到更多和别人不一样的方法。"幼儿们带着这个任务开始了新的游戏，有的独自尝试，有的两三个好朋友一起合作玩，幼儿们兴趣浓厚……孩子们在愉快、满足与成功的气氛下结束了游戏。[2]

（3）户外体育活动时，跳跃区的老师突然发现，在起点处出现了排队拥挤的现象，许多幼儿着急地喊："哎呀，真慢，怎么这么挤呀！"循声望去，原来是小班幼儿然然正在跳跃区中活动，她的动作非常慢，一点一点往前跳过障碍，导致后面中、大班的幼儿着急地催着她。教师走过去先对后面的幼儿说："前面有一个小妹妹，她跳障碍的动作还不太熟练，大哥哥大姐姐别着急，稍微等她一下。如果愿意，你们可以先看看别的人少的活动区，玩完一遍再回来也可以。"有几个大哥哥大姐姐选择了别的活动区。教师接着开始指导然然正确的跳跃方法，并请她后面的大哥哥到她前面做示范，带着她慢慢地跟着大哥哥的节奏，她的速度也快起来。跳过去以后，然然还兴奋地回过头来说："老师，你看我棒吗？"并高兴地追着前面的大哥哥边跑边说："谢谢大哥哥！"[3]

训 练 二

【要求】根据各类活动中幼儿教师口语的特点和要求，针对具体情境，设计、运用恰当的口语与幼儿沟通，教育幼儿养成良好的行为规范。

【步骤】

（1）先阅读材料，进入情境；

（2）自己想一想，再自己说一说；

---

[1] 人民教育出版社中学语文室.听话和说话［M］.北京：人民教育出版社，2005：155.

[2][3] 幼儿园活动.https://www.docin.com/p-2106328861.html.

（3）小组训练，看谁说得好；

（4）补充修改；

（5）个人汇报，学生点评。

【题目】

1. 几个中班的孩子在户外玩"警察捉小偷的游戏"，游戏情节进展到"警察"去抓住了"小偷"，而"小偷"拼命挣扎，"警察"和"小偷"打了起来。你作为教师，看到这种情况应怎么做，怎么说？

训练提示：

（1）注意语言引导；

（2）教师可以参与活动，并且巧妙地用语言重申游戏规则。

2. 在户外玩沙子的时候，几个幼儿在沙池里挖了一口池塘，可蓄水时遇到了问题，池塘无法蓄水。有的幼儿提议用布做隔层，失败后有的幼儿提议用纸，有的幼儿建议用蛇皮袋，有的建议用棉花……你作为教师，看到这种情况应怎么做，怎么说？

训练提示：

（1）教师要鼓励幼儿尝试；

（2）指导幼儿使用更恰当的方法。

3. 户外活动时，爱滑滑梯的大大总是插队，挤上滑梯，抢着滑。作为教师，你看到这种情况应怎么做，怎么说？

训练提示：

（1）要进行规则教育；

（2）要进行安全教育。

训　练　三

【要求】设计情境与幼儿沟通，初步探索如何在户外活动中对幼儿进行指导，帮助幼儿愉快地参加户外活动。

【题目】

1. 鼓励不大喜欢户外活动的小班幼儿参加户外活动。

2. 指导中班幼儿开展民间游戏"跳格子"。

3. 与户外活动中总喜欢争第一的大班幼儿进行沟通。

🎤 项目小结

《幼儿园保育教育质量评估指南》明确指出：幼儿教师要树立科学的幼儿保育教育理念，坚决按照幼儿教育的法律法规和有关政策、指导意见精神，对幼儿进行保育教育。在幼儿一日生活中，教师通过语言沟通，帮助幼儿建立合理生活常规，养成良好的生活卫生习惯；通过语言沟通，指导幼儿进行自我服务，养成劳动习惯、环保意识和集体责任感；通过语言沟通，指导幼儿开展户外体育活动，增强幼儿体质。本项目重点是从幼儿一日生活中的生活活动和户外活动两个方面，对幼儿教师与幼儿沟通的语言技巧进行训练，通过案例引入、理论与方法的学习、案例分析和模拟情境训练，掌握幼儿教师在生活活动和户外活动中与幼儿语言沟通的技巧，学会运用语言沟通技巧在活动中引导幼儿,帮助幼儿养成良好的行为规范、个性品质,增强体质,在技能训练的同时,树立科学的保教理念和依法治教的法律意识。本项目遵循理论与实践相结合的原则,在训练中,由易到难,由案例的分析学习到自主地表达,形成阶梯式训练,使学习者能力逐步提高。

模块 四

幼儿教师与幼儿家长的语言沟通技巧

项目一 → 幼儿教师与幼儿家长语言沟通的基本技巧训练

项目二 → 幼儿教师与幼儿家长语言沟通的各类口语训练

　　本模块在幼儿教师语言表达和沟通基本技巧学习的基础上，针对幼儿教师与幼儿家长沟通的特点，提出幼儿教师与幼儿家长语言沟通的基本要求和原则，从幼儿教师与幼儿家长语言沟通常用技巧和具体的语言运用方面，特别是针对幼儿教师与幼儿家长不同形式的语言沟通，和与不同类型幼儿家长的语言沟通提出训练的内容及方法，帮助学习者了解幼儿教师与幼儿家长语言沟通的基本要求，掌握幼儿教师与幼儿家长语言沟通的常用技巧，学习用正确、适宜的语言与幼儿家长进行家园沟通。

>> 思维导图

```
                        ┌─ 幼儿教师与幼儿家长语言沟通的  ┬─ 了解幼儿教师与幼儿家长语言沟通的基本要求
                        │  基本技巧训练               └─ 幼儿教师与幼儿家长语言沟通的常用技巧训练
幼儿教师与幼儿家长 ──┤
的语言沟通技巧          │  幼儿教师与幼儿家长语言沟通的  ┬─ 幼儿教师与幼儿家长不同途径语言沟通的技巧训练
                        └─ 各类口语训练               └─ 幼儿教师与不同类型幼儿家长语言沟通的技巧训练
```

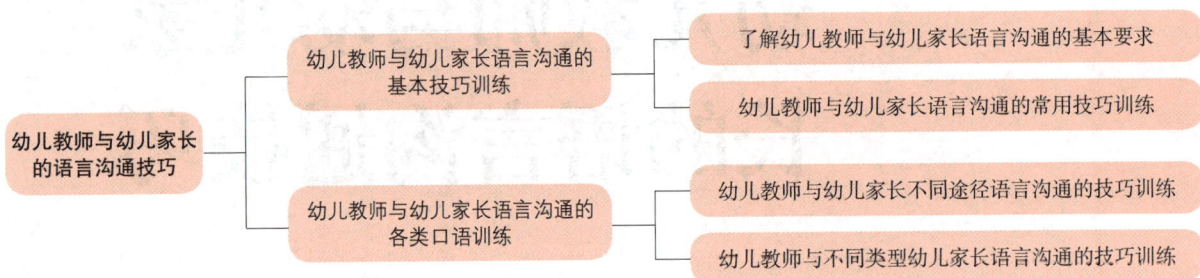

项目一　幼儿教师与幼儿家长语言沟通的基本技巧训练

训练目标

1. 了解幼儿教师与幼儿家长语言沟通的基本要求。
2. 掌握幼儿教师与幼儿家长语言沟通的常用技巧。
3. 学会用正确、适宜的语言与家长沟通。
4. 培养指导、服务家长，热爱幼教事业的职业情感。

任务一　了解幼儿教师与幼儿家长语言沟通的基本要求

训练要点

1. 通过案例，了解幼儿教师与幼儿家长语言沟通的特点。
2. 学习理论和方法，掌握幼儿教师与幼儿家长语言沟通的原则和要求。
3. 训练技能，在家园沟通中学会运用正确、适宜的语言与家长进行沟通交流。

4-1-1　摔跤了

案例

摔　跤　了

　　小小是班上一位活泼好动的孩子，一天户外活动的时候，小小去追皮球，不小心自己摔了一跤，膝盖上磕破了一点皮。张老师马上带小小去卫生室，请保健医生给小小进行处理，并安慰小小，同时打电话联系了小小的妈妈。当小小妈妈焦急地赶到幼儿园卫生室时，张老师主动上前把前后经过及处理过程和她说了，并马上道歉："对不起，小小妈妈，没有照顾好小小是我的失职，我也是做妈妈的，知道孩子是妈妈的心头肉，实在抱歉啊。"小小妈妈友好地说："理解，理解，您要照顾这么多的孩子，我只管小小一个已经手忙脚乱了，孩子出现磕磕碰碰是难免的，没关系，没关系。让您费心了。"

　　这个案例中，教师没有表现出若无其事，也没有把责任推给幼儿，或一个幼儿地责备幼儿，而是第一时间带幼儿到卫生室处理，并及时联系家长，与家长沟通，如实反馈，真诚表达歉意。教师在与家长沟通时能换位思考，了解做父母的感受，体会家长的心情和需求，把责任归于自己，最终得到了家长的理解。幼儿在户外活动时难免会磕着、碰着，作为家长把孩子送到幼儿园，孩子出问题、有情况的时候感到心痛是在所难免的，教师能从家长的角度出发，理解家长的心情，及时沟通反馈，语言真诚，恰当地表达了自己的歉意，从而使家长觉得教师关心、在意自己的孩子，达到了较好的沟通效果。

理论与方法

　　家园共育，是幼教工作重要的内容之一。家园共育的关键在"沟通"二字，家园双方通过沟通，交流彼此的观点、感情，取得相互理解和相互支持。家园沟通简而言之是指家长和幼儿园管理者及教师的交流和沟通，一般包括日常面对面的语言沟通和通过其他媒介如微信、家长园地等书面的沟通。本模块幼儿教师与幼儿家长的语言沟通主要是指幼儿教师与家长通过语言就对幼儿的评价与教育的态度、方法上相互交换意见，传递信息，交流思想，并达成一致的认识，从而采取共同行动的沟通。幼儿教师及时地与幼儿家长进行语言沟通可以加强相互了解、促进合作，使幼儿教师和家长情感相融，从而对幼儿进行方向一致的教育；幼儿教师及时地与幼儿家长进行语言沟通为教师和家长消除了一些不必要的心理隔阂，真正形成教育合力，成为共同教育孩子的前提，也是坚强的后盾。幼儿园教育与家庭教育的一致，是幼儿身心健康发展的一个必要条件。为了促进幼儿园与家庭的合作，幼儿教师必须加强与幼儿家长的语言沟通，在沟通的过程中，教师运用语言表达恰当与否，某种程度上决定了沟通的最终效果。

一、幼儿教师与幼儿家长进行语言沟通应遵循的原则

　　幼儿的健康、健全成长，仅靠幼儿园或仅靠家庭都是不够的。教师观察不到幼儿在家的情况，家长也很难看到孩子在园的表现，教育需要两者的共同努力。当然，如何与幼儿家长面对面沟通是一个深奥的问题，如何让家长明白幼儿园、教师只是协助他们进行教育的，让家长成为幼儿园工作的支持者，也是幼儿教师工作的重要内容之一。

　　幼儿教师与家长语言沟通时应遵循因人而异、及时性、互动性和互通性等原则，真正做到与幼儿家长进行有效的沟通。

（一）因人而异原则

　　因人而异原则指的是幼儿教师与幼儿家长进行语言沟通的时候，需要根据家长及家庭的不同情况进行沟通。家长的文化背景有差异，即使是来自同一幼儿家庭的家长在育儿观念、教养态度、方法和措施等方面也会存在明显差异。因此，幼儿教师与幼儿家长进行语言沟通的时候，要根据不同的家长和家庭情况，因人而异，并且尊重家长、尊重幼儿，帮助家长了解幼儿园的教育教学目标及科学的育儿知识和方法，让幼儿能够在系统、一致的家园共育环境下成长。幼儿教师面对不同家庭的家长以及来自同一家庭不同的家长要注意采用不同的沟通内容和方法，这样才能使家园沟通通畅，达到家园共育的教育目的，避免产生误解。比如同样是幼儿不吃水果，针对年轻的爸爸妈妈图省事、认为一样有营养，给孩子喝果汁代替吃水果的情况，可以和爸爸妈妈沟通咀嚼对幼儿牙齿等生长发育的益处；针对祖辈家长包办代替，比如橘子皮都剥好，幼儿基本不动手操作的情况，可以和祖辈家长沟通让幼儿自己动手操作力所能及的事，不仅锻炼手眼协调能力，还能让幼儿感受到自己能力提升的自豪感，从而引发幼儿自己动手的兴趣。

（二）及时性原则

　　及时性原则指的是幼儿教师与幼儿家长进行语言沟通的时候，需要及时交流、沟通和反馈幼儿的在园情况，以便及时调整教育策略和方法。虽然幼儿的发展是一个渐进的长期过程。与幼儿家长的沟通是一项长期的、持续性的活动，教师应该和家长建立长期的联系，但同时及时和家长沟通幼儿在园的各方面情况，使家园沟通常态化，以便双方及时采取一致措施，促进每个幼儿在其原有基础上的发展，实现家庭和幼儿园的同步教育，也是日常沟通中需要做到的。幼儿教师应该尊重家长的知情权。特别是突发情况发生时，更应及时通知幼儿的家长，及时告知家长真实情况，还可征求家长的处理意见，不要等到家长来园接幼儿时才说，或者等到家长事后询问时再说。比如前面的案例"摔跤了"，幼儿教师就是遵循了及时性原则，第一时间和家长进行了沟通，得到了家长的谅解和理解。

（三）互动性原则

　　互动性原则是指幼儿教师与幼儿家长进行语言沟通的时候，需要就沟通的话题引导家长，与家长互动。首先，幼儿教师要鼓励家长积极主动参与幼儿的教育，共同关注幼儿的健康成长，为沟通提供开放的大环境。其次，在沟通的过程中，幼儿教师要引导家长共同参与商讨幼儿的教育方法及解决问题的措施等，让沟通具有互动性。真正有效的家园沟通不是幼儿教师一个人在说话，而是幼儿教师与家长共同对话。幼儿教师要善于提出话题，引导家长，在与幼儿家长语言沟通的互动中更全面地了解幼儿和家长各方面的情况。

　　例：

　　小班开学入园后天天午睡总是睡不着，班级教师和天天奶奶沟通。

　　老师：天天妈妈，您好！开学这周几天我们天天午睡都没怎么睡着，不过天天很懂事，从来不影响别的小朋友午睡的。不知在家我们天天午睡情况怎么样啊？

　　妈妈：在家每天都午睡的啊！

　　老师：那我们天天一般几点睡到几点啊？在幼儿园我们一般12点睡到2点一刻左右。

　　妈妈：天天在家里基本上1点要睡到3、4点。

　　老师：哦，那是比在幼儿园睡得晚一点，不知道我们天天午睡有什么特别的习惯吗？

妈妈：天天在家喜欢一直抱着自己的小恐龙睡觉的，我都说他好多次了，他就不肯。

老师：正常正常，很多宝宝都有这个情况的，要不我们就先试着把天天的小恐龙玩具带到幼儿园？这个小恐龙是长毛绒玩具吗？要是天气好的话，您这两天先把小恐龙洗干净，然后再让天天带来。看看有小恐龙陪着睡觉，我们天天会不会睡着。

妈妈：这样太好了。我就是怕老师不同意，所以就没好意思说。天天睡不着，我也着急，怕给老师添麻烦，影响其他孩子。

在这个案例中，幼儿教师在与幼儿家长语言沟通的过程中很好地运用了互动性原则，就午睡的话题与天天妈妈展开对话，从而逐步、全面地了解了天天在家午睡的情况，在一问一答中有效互动，同时幼儿教师也给出了解决问题的相应办法。

（四）互通性原则

互通性原则是指幼儿教师与幼儿家长语言沟通的时候，要和所在班级的其他教师包括保育员事先或者事后及时商量、沟通，以便信息全面、真实、完整，从而保持与幼儿家长语言沟通的内容一致，如反馈的情况、给予的建议等，避免家长产生疑惑或误会。比如发现刚进园的小班一幼儿尿床，班级三位保教人员互通情况后，连续观察，发现主要原因是午睡前幼儿在漱口的时候，喝了大量的水，于是在该幼儿午餐后漱口时及时关注、提醒，午睡中尿床的情况明显好转。在与该幼儿家长进行沟通时，保教人员都从这一角度进行表述，不仅让家长感受到班级保教人员的专业、认真态度，同时也会非常放心自己的孩子在这样的班级中成长。

二、幼儿教师与幼儿家长语言沟通的要求

教师被喻为人类灵魂的工程师，幼儿教师更是人类灵魂的最初启蒙者。在幼儿教师与幼儿家长语言沟通的过程中，幼儿教师要掌握与幼儿家长语言沟通的要求，这是提高与幼儿家长沟通效果的基础，有助于形成良好的沟通与交流，产生吸引力、向心力，有利于家园共育。

幼儿教师与幼儿家长语言沟通一般有如下要求：

（一）尊重家长，尊重幼儿

教师应尊重家长、幼儿的人格，与家长保持平等关系，这是保证与家长顺利沟通的必要条件。

1. 平等友好

教师要以一种平等友好的态度来对待家长，将家长视为朋友，尊重家长的意见，切忌居高临下、盛气凌人，或以指导者自居，直接向家长灌输理论知识，带着理论上的条条框框，简单地否定或者批评家长的早期教育观念或者方式。

2. 保护隐私

尊重家长还包括保护幼儿家庭隐私。幼儿教师在与家长沟通交流的过程中能有意识地为家长不同的文化价值观、居住条件、经济条件、就业状况等保守秘密，而且还能对家长不妥的兴趣爱好、残缺的婚姻状态、不和的家庭关系等方面的信息严加保密，不在大庭广众之下揭家长的短处，对家访中看到的不良现象不点名道姓，使家长能消除顾虑，愿意与教师沟通，这可为幼儿教师与家长的和谐交往、家园共育打下坚实的基础。

3. 听取建议，乐于沟通

幼儿教师要虚心听取家长的建议，乐意与家长沟通。多用"我"代替"你"，如多说"我们的宝贝某某"，少说"你家某某"。教师与家长进行沟通时，尽量不要当众责备幼儿，更不能训斥、指责家长，要尊重家长成人的身份和角色，尊重幼儿的个性差异和年龄特点。教师与家长的

沟通是双向的，教师是专业人员，在与家长沟通中要更主动一些，本着一切为了幼儿的原则，真诚地与家长交流，平等对待家长，着眼点应是共同商讨教育幼儿的良策，而不是简单命令家长怎么做，生硬地提出要求，让家长支持自己的工作，进而与家长建立持续、频繁、充满信任感的沟通关系。

例如，幼儿教师在与家长讨论如何帮助幼儿改正挑食习惯时，教师可以建议家长："要不就像我们幼儿园午餐时一样？先挑他能接受的蔬菜，比如芹菜。先盛一点，吃完就肯定小小，然后再添加一点。我们在家里也可以试着把蔬菜和肉一起烧，小小只要吃一点点，就表扬，然后一点点增加，不要着急。或者变变花样，试着把绿菜叶切碎一些，和肉做菜馅儿，包馄饨或者饺子。"从幼儿可以接受的角度，给出可行的、合理的化建议，这样才能真正帮助到家长。

（二）态度真诚，语气温和

真诚的态度、温和友善的语气是教师和家长建立良好情感的基础。

1.幼儿教师与家长沟通时，态度首先会给家长留下深刻的印象

教师的专业素养、对幼儿的了解等，都会在与家长沟通时的态度和表达方式上得到体现。教师与家长沟通时应语气委婉温和、语调亲切自然、语势平稳恰当。教师向家长反映情况要客观，不能掺杂主观色彩，态度要真诚，语气要温和，这样便于家长接受教师的意见和建议。家长与教师交流沟通，最关心的往往不是教师说了什么，而是教师说话的态度。他们会观察教师是否温和、亲切，是否受孩子喜欢。

2.幼儿教师在与家长沟通时，真诚的态度还表现在选用什么样的语言上

幼儿教师与家长在沟通中要多用描述性语言，少用或不用专业术语，少用判断性语言和下结论，与家长深入交流，一起分析他们的教育观念和孩子成长之间的关系，引导家长逐渐提高分析教育问题的能力，让家长一听就明白，并从与幼儿教师的沟通中受到启发。比如教师与家长就幼儿挑食的问题沟通时，幼儿教师可以使用描述性语言，如"发现他肉吃得相对多一点，蔬菜吃得相对少一些""差不多1份荤菜3份蔬菜"等，没有使用专业术语，没有下结论，没有戴有色眼镜，这样家长就容易听得进，愿意接受教师的建议。

（三）全面沟通，获得支持

教师与家长沟通，要尽量避免令家长出现超限反应。超限反应是指同一刺激对人的作用时间过长，强度过大，频率过高，会使神经细胞处于抑制状态，让人产生极不耐烦的心理体验。如果教师总是向家长反映幼儿同一性质的问题，尤其是幼儿的不良表现，家长就会因同一刺激过强而产生超限反应，这样不利于家园沟通合作。

幼儿是不断成长变化的，幼儿的表现也是多方面的。因此，教师要从多个角度观察幼儿、了解幼儿多方面的变化和进步，不要总是用一成不变的眼光看待幼儿，在与家长沟通时全面进行反馈，着重肯定幼儿的进步。每个人都有其闪光点，教师可以采取"扬长促短"的沟通方法，即先肯定幼儿的优点，然后点出不足，这样可以让家长感到教师是了解和重视自己的孩子的，期盼自己的孩子能健康成长，家长就会愿意与教师交流来解决问题，而不会对教师不服气、不信任。这样也有助于增强家长的教育信心，有助于调动家长与教师沟通的积极性。要淡化幼儿的缺点和错误，幼儿教师不能以成人的标准去要求幼儿。家长担心的不是幼儿犯下的错误，而是幼儿教师对于幼儿所犯错误的认识与态度。因此在与本来就心情紧张的家长沟通时，幼儿教师要表达一种愿望，即让家长明白：指出幼儿的不足，并不是不喜欢或是讨厌他的孩子，而是希望得到家长的支持，寻找更好的方法来解决问题，以便家园共同引导幼儿健康成长。例如前面天天午睡睡不着的案例，幼儿教师不是仅仅多次提出问题，而是既肯定幼儿的优点，又指出幼儿的不足，与家

长进行全面的沟通，最后还提出解决问题的方法，让家长对幼儿园的保教工作充满信心，能更好地进行家园共育。

（四）主动沟通，解决问题

幼儿教师不能等幼儿犯了错误后才去与家长沟通，找家长告状，在日常工作中就应主动和家长沟通，反馈幼儿在园情况，以拉近与幼儿家长之间的距离。同时值得注意的是，幼儿教师主动与家长沟通幼儿的发展问题，出发点是善意的，但是不能总是以提要求、布置任务的语言提醒家长应该注意幼儿的这个问题或者那个问题，这会给家长一种消极的暗示："你孩子的问题我已经和你说了，我的责任已经尽到了，作为家长你得注意好好教育孩子了，孩子出现问题都是因为你们的教育方法不当造成的。"幼儿教师要善于分析不同幼儿家庭的教育现象，把握家长在教育过程中遇到的实际难题，针对不同阶段幼儿及家长可能面临的问题，如小班入园焦虑、中班习惯养成、大班幼小衔接等，多从教育幼儿的具体方法上与家长进行语言沟通，给予支持、建议和帮助，真正关心家长在日常生活中的教育细节，这样家长获得的才是积极的暗示与帮助，才能共同解决幼儿出现的各种问题。

（五）把握时机，适时沟通

教师在家园沟通时，要把握好沟通的时序，特别是碰到突发事情，可以避实就虚，即不要一开始就切入主题，待家长心情趋于平静的时候再自然引出主题。如果家长的情绪过于激动，就不是沟通交流的最好时机。同时幼儿出现问题的时候，教师不要急于给家长更多的建议和意见，可以小步递进，根据幼儿发展、支持的需要，逐步给予实践的指导，等待时机成熟后再做进一步的交流，这样家长才会更乐于接受。比如前面案例"摔跤了"，如果该幼儿经常摔跤，教师通过观察发现这可能和幼儿走路姿势不正确有关系，可以在这之后与该幼儿家长进行沟通："小小妈妈，您好，上次我们小小摔跤后，我们在园又观察了一段时间，发现可能和我们小小走路姿势有关系，您看要不方便时带我们小小去儿童医院检查一下？"教师把握时机提出建议，能让家长更易接受。

（六）学会倾听，恰当运用态势语

赞扬幼儿、赞扬家长是幼儿教师与家长语言沟通的法宝。同时幼儿教师在与家长沟通的过程中，要注意倾听家长的表达。当家长谈到幼儿在家中的良好表现时，幼儿教师要及时或适时地赞赏幼儿，肯定家长良好的教育方式，以激起幼儿和家长的自尊、自信、自爱的心理，在这种心理的推动下，家长在日常才会更愿意配合教师的工作。任何教师都不可能把复杂的教育工作做得十全十美、不出差错，家长的教育方法也有许多值得教师学习和借鉴的，因此，幼儿教师在聆听的过程中，要放下"专业人士"的架子，通过倾听家长意见，及时了解家长的需要、困难，获取幼儿更全面、真实的信息，从而有针对性地交流、讨论。同时，要虚心听取家长的批评和建议，经常向家长征求意见，以改进自己的工作。这样做，也会使家长觉得幼儿教师可亲、可信，从而诚心诚意地支持和配合教师的工作，维护幼儿教师的威信，真正有效地与幼儿教师沟通。例如，教师在与家长沟通时，发现家长因幼儿内八字脚需要矫正感到焦虑，可以先肯定幼儿在园自理能力方面的良好表现："我们小乔能干得很，矫正鞋有点难穿，每次自己都穿得很好。"这样能很好地抚慰、缓解了家长的焦虑心理，使家长有信心为幼儿矫正内八字脚，愿意积极配合教师的日常工作。

幼儿教师在与家长沟通口语中应注意在表情、体态、动作等态势语上支持和鼓励家长表达自己的观点，如注视家长的眼睛，用简短的话语回应家长，用点头表示认同等，使家长在沟通中感到教师是真诚的，从而愿意与教师进一步交换意见。

小结

　　幼儿教师与幼儿家长良好的语言沟通能有效地提高家园共育成效，帮助家长与教师达成教育共识。同时，可以帮助幼儿教师与幼儿家长和谐相处，能够使幼儿教师的教育、教学和班级管理工作的效果事半功倍，真正帮助幼儿健康成长。幼儿教师应不断完善自己，明确自己的神圣职责，加强职业道德修养；勤奋学习，理论联系实际，掌握丰富的科学知识和高超的教育技能，努力提高自身素质，并且应充分利用时间向书本学习，博览群书；向媒体学习，了解有益的知识、技能，把自己培养成一专多能的教师，具有良好的语言沟通品质，掌握与家长语言沟通的策略。

4-1-1　幼教师面向个体家长时的文明用语

技能训练

训　练　一

【要求】通过案例分析，掌握幼儿教师与幼儿家长语言沟通的原则和要求。

【步骤】

（1）先自己想一想，再自己说一说；

（2）案例在小组中讨论，补充修改；

（3）在小组中发言，用准确连贯的一段话说出自己的意见；

（4）每组派一个同学代表小组发言；

（5）师生共同讨论。

【题目】

　　1. 下列案例中，幼儿教师与幼儿家长语言沟通是否遵循口语沟通的原则，是否符合要求，为什么？

　　（1）小小妈妈和班级老师关系不错，一天早上送小小来园后，看到天天正在教室里玩玩具，马上向班级老师打听："听说天天爸爸打人被关到派出所去了？"班级老师马上示意小小妈妈到教室外面走廊，然后说："小小妈妈，昨天小小午睡自己脱了外套，叠得也非常整齐……"

　　（2）小小的妈妈得知小小在幼儿园里"闯祸"了，把自然角的金鱼缸不小心打破了，来园后忐忑不安地等待教师的批评，老师拉着小小的手对小小妈妈说："我们小小非常喜欢自然角的金鱼，想给它们喂鱼食吃，小小，你告诉妈妈后来发生了什么呀？"

　　（3）天天上幼儿园由她奶奶接送，老师每到接送时就会说天天在园的表现："天天午餐挑食，每天都要有肉才肯吃饭。"同时问一问奶奶天天在家的情况。

　　2. 下列案例中，哪位老师与家长的沟通更成功，为什么？

　　（1）小班的幼儿小便在身上。

　　A 老师："你家小小今天又小便在身上了。"

　　B 老师："我们小小今天比昨天进步了，会告诉老师要小便了。小小，明天我们再早一点点告诉老师。"

（2）户外运动做操时，小小不小心摔倒了。老师马上扶起小小，并带到保健室请保健医生检查，确定没有什么问题。

A老师马上打电话："小小妈妈，刚刚小小做操不当心摔倒了，我们已经请保健医生做了检查，我们小小没问题，您放心。"

B老师第二天上午小小来园时才对小小妈妈说："好像昨天上午小小做操不当心摔倒过。"

训　练　二

【要求】根据幼儿教师与幼儿家长语言沟通的原则和要求，针对具体情境，进行有效的家园沟通。

【步骤】

（1）先阅读情境，进入情境；

（2）自己想一想，再自己说一说；

（3）小组训练，看谁说得好；

（4）补充修改；

（5）个人汇报，同学互评。

【题目】

1. 连着几天中班的小小来园都迟到了，请与小小家长在接小小时进行沟通。

训练提示：

（1）肯定小小以前准时来园及发展情况；

（2）倾听家长阐述的原因，根据情况给予建议和帮助；

（3）注意语气语调和态势语。

2. 小班刚开学，连着几天班级里都有幼儿说自己带来的小汽车玩具给天天拿去了，天天却说这些小汽车都是他的，不还给其他小朋友。教师该如何与天天的家长沟通，可以怎么说？

训练提示：

（1）要了解天天分不清自己和他人的小汽车的原因；

（2）根据和家长的沟通，综合幼儿的年龄特点，给出合理的建议；

（3）注意语气语调和态势语。

3. 大班新学期开学，班级里布置自然角。班级里其他幼儿都带来了动植物，只有天天说爸爸不让他带。请与天天爸爸在接送时进行沟通。

训练提示：

（1）要了解天天没有带的真实原因；

（2）注意语气语调和态势语。

训　练　三

【要求】能模拟情境，讲一段符合幼儿教师与幼儿家长语言沟通要求的话，初步探索如何与家长进行语言沟通。

【步骤】

（1）先预设情境，进入情境；

（2）设计一段话，说一说；

（3）在小组中展示。

【题目】

1.设计一段话，与家长沟通，让幼儿在家自己动手进餐。

2.设计一段话，就幼儿在园运动时摔倒手蹭破一点皮的事情与家长沟通。

3.设计一段话，就幼儿遵守作息时间来园的问题与家长沟通。

任务二　幼儿教师与幼儿家长语言沟通的常用技巧训练

训练要点

1.通过案例学习，认识幼儿教师与幼儿家长语言沟通的常用技巧。

2.学习理论和方法，了解如何运用幼儿教师与幼儿家长园沟通常用技巧。

3.训练技能，在家园沟通中初步掌握与幼儿家长语言沟通技巧，增强幼儿教师与幼儿家长语言沟通的表达效果。

4-1-2　挑食

案例

挑　食

老师：小小妈妈，您好！开学这几天我一直观察小小吃饭的情况，发现他肉吃得相对多一点，蔬菜吃得相对少一些。不知道小小在家吃饭的情况怎么样啊？

小小妈妈：他在家吃得倒不少，但确实是肉吃得多，蔬菜吃得少，尤其不喜欢吃绿叶菜。

老师：荤菜、蔬菜都要吃，比例还要合适，差不多1份荤菜3份蔬菜，这样营养才能全面，身体才能长得好。咱们得想想办法，让小小多吃点蔬菜。

小小妈妈：我们也想让小小多吃点蔬菜，可是，他就是不吃，老师，你有什么好办法？

老师：要不就像我们幼儿园午餐时一样？先挑他能接受的蔬菜，比如芹菜。先盛一点，吃完就肯定小小，然后再添加一点。我们在家里也可以试着把蔬菜和肉一起烧，小小只要吃一点点，就表扬，然后一点点增加，不要着急。或者变变花样，试试把绿菜叶切碎一些，和肉做菜馅儿，包馄饨或者饺子。

小小妈妈：这办法好，谢谢老师，我回家试试。

在这个教师与家长沟通的案例中，教师开门见山，讲述幼儿的情况客观，语气平和，易于家长接受；教师问得自然，尊重家长、幼儿；教师听得仔细，针对家长的问题，及时给家长提供了有经验的做法，给予了家长适当的指导。可见，幼儿教师与幼儿家长语言沟通得当，就能准确传递和表达自己的想法，并帮助家长更好地教育幼儿。

理论与方法

幼儿教师与幼儿家长良好的语言沟通是架设与家长沟通的一座桥梁，能使双方及时了解幼儿的情况，建立起家园共育的积极关系，不仅使家长更多地了解幼儿园工作特点，理解并尊重教师的工作，也能使幼儿教师进一步熟悉家长，更好地指导家长开展家庭教育。在与幼儿家长语言沟通的过程中，幼儿教师沟通语言运用是否得当，决定了幼儿教师能否准确传递和表达自己的想法，能否为家长所接受，从而达到家园共育的目的。

一、幼儿教师与幼儿家长语言沟通常用技巧

幼儿教师与幼儿家长的语言沟通具有双向互动性。双向互动性是指乙方接收到甲方的信息后引起反应，然后将这种反应反馈给甲方，便构成双向的交流，即双方均参与传递信息的活动，相互影响。说者和听者的地位在不断变化中求得平衡，乙方是信息传递者时，甲方即为信息接收者；当甲方变为说者时，乙方就成了听者。甲乙双方在交流中呈现出双向循环的互动过程。如上例中幼儿教师与小小妈妈在语言沟通中角色的互换及互动。

幼儿教师与幼儿家长的语言沟通就是一种双向传输语言信息的活动，受到时间、场合、传递方式的种种制约，主客体是互变的，即幼儿教师与幼儿家长沟通过程中，听、说互换，问、答交替。幼儿教师与幼儿家长在语言沟通时做到主动说、认真听、有效问、专业答，对与幼儿家长沟通的融洽、高效、成功具有重要的作用。

（一）使用礼貌语

使用礼貌用语能拉近教师与幼儿家长的距离，促进沟通的有效进行。

1. 称呼语

称呼是家园沟通的序幕。家长对称呼常常是十分敏感的。礼貌而恰当的称呼能加深教师与家长之间的感情，促使沟通成功，反之，会导致不愉快的情绪，以致沟通出现障碍。

汉语口语中同一种称呼常有褒贬尊卑之别，用褒称、尊称是有礼貌和尊重家长的表现，特别是对年长的家长更应注意。在与家长的语言沟通中，教师一般以幼儿为参照称呼家长，可以用幼儿的昵称，再加上家长与幼儿关系的称呼，例如：小小妈妈，小小奶奶等。一方面容易分辨，另一方面家长也会在称呼中体会到教师对自己及孩子熟悉的程度。尽量避免在其他家长面前按职位称呼幼儿家长，如黄经理、何院长等。

如果是第一次见到的家长，不知如何称呼合适，可以请幼儿帮忙，比如小小爷爷第一次来接小小，老师不认识，可以问："小朋友们，请问这是谁的家长来接你了啊？"小小自然就会说："老师，这是我爷爷，他来接我的。"老师就可以接下去："小小爷爷，您好。"

2. 招呼语

看到家长，一般以态势语点头、微笑表示打招呼，有时也用招呼语，这是有礼貌的表

现。招呼语视双方身份、时间、场合的变化而不同，幼儿教师与幼儿家长沟通中常用的是"您好!""您早!"等，一般情况下，看到家长的祖辈时，教师作为晚辈、小辈先打招呼问候。

打招呼问候时要面带微笑，语气亲切，音量适中，不要给家长以生硬、勉强的感觉。教师应当尽量主动向家长打招呼，让家长感受到教师对自己、对幼儿的喜爱，让幼儿在园的一天生活愉快地开始或结束。需要注意的是，在向家长打招呼后，不要忘了接着跟幼儿打招呼。一般情况下，早、晚接送打招呼可以说：

（1）小小妈妈，您早啊。（同时对幼儿说："小小早。"）

（2）小小奶奶，您别急，不用跑，没迟到。

（3）小小爷爷您慢走，小小再见。

3. 赞美语

赞美语不仅是幼儿教师与幼儿家长沟通中的一种礼貌语言，也是家园沟通的重要手段。"赞美如阳光，人人不可少。"赞美能使家园关系和谐、协调。不仅幼儿，包括家长，人人都需要赞美，这是满足自尊和增强自信的正常心理需求。

赞美语不应是虚情假意的恭维和客套，贵在真心诚意，重在发现家长及幼儿身上潜在的美，用语要有分寸。幼儿教师与幼儿家长语言沟通时，赞美语一般可以直接指向幼儿，比如可以说："我们小小今天手工做得非常认真!""我们小小不仅自己会穿衣服，今天还帮天天穿衣服呢!"等等，也可以指向家长，比如家长的教育理念等，但都是围绕幼儿的话题。赞美语要注意对象、时间、场合，也要注意口语的习惯表述。

4. 致谢语与致歉语

班级工作中得到家长的支持、帮助要致谢，这不仅是礼貌的表示，也能起到家园沟通的作用。幼儿教师对家长说"谢谢"时，必须真心诚意，可以微微点头，目光注视被谢的幼儿家长并伴以真挚亲切的微笑，语音要清晰，说话自然、认真，不要给家长以敷衍了事的感觉。

幼儿教师误会了家长或者给家长添麻烦要道歉，这不仅是礼貌与认错，也是真挚与诚恳的表现。道歉要及时，时间拖得越久，就越难启齿。道歉时不要自卑，勇于认错会赢得家长的尊敬。道歉要真心诚意，要目光友好地凝视家长，语气温和坦诚但不谦卑，并多用"打扰""对不起""请包涵""请指教"等礼貌用语。当家长表示谅解时，切忌再重复、啰唆。

（二）把控话题

家园沟通中，幼儿教师与家长语言沟通的时候，一般幼儿教师都确定了明确的沟通目标和内容，多数时间幼儿教师是主动沟通、控制话语权的一方，决定着沟通内容的指向。

1. 善于提出话题

幼儿教师与幼儿家长沟通时要善于提出话题。提出话题的方法有以下三种：开门见山法；迂回入题法；创设情境法。

（1）开门见山法。幼儿教师与家长语言沟通的时候，教师直截了当地从正面提出沟通的话题，表明沟通的目的，或提出要询问的问题，明确探讨的重点，这样有助于教师和家长双方很快"进入角色"。比如案例"挑食"，采用的就是开门见山法。

（2）迂回入题法。幼儿教师与家长语言沟通中，有的时候教师直入正题，但还与家长之间缺乏心理、情感基础，或者估计沟通的时候家长会有唐突之感，可以先沟通一些别的话题，边谈边分析家长的反应，消除家长的戒心，缩短心理距离，待"时机"成熟，再巧妙切入，这样沟通成功的概率会大得多。比如前面"天天午睡睡不着，要小恐龙陪着"的案例，幼儿教师就是采用了迂回入题法。

（3）创设情境法。在幼儿教师与家长语言沟通中，有时遇到"敏感"的话题，幼儿教师不便直接提出，可以创设情境做好铺垫。该方法常用于疏导、说服、劝慰的家园沟通中，容易使家长感悟，接受教师的建议。例如对于经常与别的同伴抢玩具的幼儿，教师可以和家长反馈幼儿一日活动中与同伴相处的视频，向家长解说相关的情况，分析幼儿行为产生的原因：不会及时用语言表达自己的需求，与同伴沟通，而是用动作"抢"解决。家长就能心平气和地接受教师的建议，并听取教师的建议。

2.善于控制话题

幼儿教师与幼儿家长沟通时要善于控制话题。在一般"即席性"的沟通中，例如来离园的沟通中，沟通的教师和家长可以随时提出自己感兴趣的话题，因而常常也会出现话题随着交谈的进行而自由转换的情况。即使事先做出限制，如果中途不加以控制，沟通会没有重心，容易出现"跑题"，幼儿教师在沟通前一定要思考"即席"的主要话题，始终围绕主要话题与幼儿家长进行沟通。幼儿教师可以采用提醒、重申、引导等方法控制话题。同样还是前面"天天午睡睡不着，要小恐龙陪着"的案例，教师就是引导天天妈妈一直围绕午睡的话题进行沟通。

3.善于转换话题

幼儿教师与幼儿家长语言沟通时也要善于转换话题。幼儿教师与家长语言沟通的时候，恰当地提出话题，主动地控制话题，这是与家长语言沟通成功的重要条件。但是在某些特殊情况下，需要幼儿教师巧妙地转移话题。转换话题时要掌握时机，讲究技巧，以避免给家长造成唐突或不礼貌的感觉。例如幼儿教师与单亲幼儿的家长沟通父母在家庭教育中的重要作用时，就要注意避免让单亲家长尴尬的情况出现，及时转换话题。

（三）认真倾听

认真倾听是幼儿教师与幼儿家长语言沟通的一个重要环节。

1.充分认识倾听的重要性

有效的沟通始于真正的倾听。戴尔·卡耐基认为，"在沟通的各项能力中，最重要的莫过于倾听的能力"。可见，学会倾听是沟通成功的关键，在幼儿教师与家长的语言沟通中同样如此。社会学家兰金也指出，在人们日常的语言交往活动（听、说、读、写）中，听的时间占45%，说的时间占30%，读的时间占16%，写的时间占9%。这说明，听在人们交往中居于非常重要的地位。对于幼儿教师来说，在客观、主动说的同时，只有学会有效倾听，才能打开家长的心扉，走进家长内心的真实世界，与家长真正有效地沟通。

2.有效倾听的技巧

有效倾听就是要求幼儿教师与家长语言沟通时认真倾听，获取有效信息并及时做出反应。

（1）精神专注。

精神专注是要求教师把所有的注意力都集中在说话的家长身上，要心无旁骛地听家长讲话，最忌"左耳朵进，右耳朵出"。倾听时专注的神情不仅可以让家长感受到教师的尊重，更重要的是专注倾听可以准确捕捉家长发出的信息，领会家长谈话的意图。做到精神专注要注意四点：

① 注意自身的姿势，一般来讲，经常将身体倾向家长是表达专注的方式，但要注意前倾的程度不能太过。

② 注意倾听时的表情，人的面部表情在人际交往中起着十分重要的作用，它能反映出一个人的情感，传达着一个人的肯定或否定的态度。幼儿教师认真倾听家长谈话时的表情应该是面带微笑、真诚友好的，这样可以让家长感到轻松愉快。

③ 面部表情还应该随着说话的情绪而变化，家长从中看出了幼儿教师的专注、用心，就会保持良好的说话兴致，使交流顺利进行下去。

④ 注意保持目光交流。眼睛是心灵的窗户，是传递信息尤其是心理活动信息最有效的器官。

家长如果与幼儿教师保持目光接触，通常表示家长对谈话很有兴趣；相反，家长避免或中断目光接触，通常是家长对幼儿教师不感兴趣，或对谈话内容不感兴趣的表现。因此，幼儿教师应以亲切友好的目光注视家长，始终与家长保持目光交流。

（2）积极反馈。

反馈使沟通成为一个双向的交互过程。在沟通中，双方都不断地把信息传递给对方，这种信息回返过程叫反馈。反馈可将接收者在接收和理解信息时的状态告知发送者。因此，在倾听的过程中，幼儿教师并不是自始至终双唇紧闭、纹丝不动地坐着。倾听是一个积极主动的过程，幼儿教师要对家长的谈话内容做出反应，这样在沟通过程中就是一个合作者而非被动的接收者。倾听过程中的反馈可以是语言的反馈，也可以是非语言的反馈。

① 语言的反馈。幼儿教师与幼儿家长沟通时，在倾听的过程中，语言的反馈可以通过不时地说"是的""原来如此""对，我们某某宝宝就是这样"等话语来表示自己在认真倾听。适时地插入"某某妈妈您说得对""是这样的"等话语，可以极大地鼓舞家长，使交谈愉快地进行下去。如果对家长谈到的内容感兴趣，可以先点点头，然后简单地表明自己的态度，最后说"某某妈妈请接着说下去""这件事某某妈妈您觉得怎么样""某某妈妈您还有其他事情吗?"等，这样会使家长谈兴更浓。如果对家长的谈话不感兴趣，也可以委婉地转换话题，如"我想某某妈妈我们是不是可以谈一下关于……的问题"等。

通常情况下，幼儿教师可以通过复述来帮助自己理解和弄清家长的意思。幼儿教师可以把家长刚刚讲过的话按照自己的理解陈述一遍，如"我听下来，感觉某某妈妈您说的是……"，这样就可以避免曲解、误会家长的意图。

② 非语言的反馈。幼儿教师在倾听的过程中，要运用眼神、表情、肢体动作等动作态势语来表示自己正在认真倾听，尽可能以柔和的目光注视着家长，并通过点头、微笑等方式及时对家长的谈话做出反应。

如果对家长的话语明确表示欣赏、赞同，可以不时地交流目光，点头微笑。在倾听家长谈话时，适度地点头是对家长谈话的积极反馈，它既表示了幼儿教师在认真地倾听，又表示幼儿教师理解或者同意家长的意思。如果家长话没讲完，幼儿教师就频繁地点头超过三次以上，则表示幼儿教师对家长说的话不耐烦或不赞同；如果幼儿教师点头的动作与家长谈话的节奏不相符，表示其不专心。不同的手势可以传递不同的态度。

俗话说，"眼睛是心灵的窗户"，眼睛可以反映人的情绪、态度和情感变化。幼儿教师在与家长进行语言沟通中，许多信息都需要通过自己的眼睛去搜集和接收，同时也通过眼睛传递情感和信息。幼儿教师与家长的目光接触可以传达肯定或否定、提醒、鼓励、督促等信息。同时幼儿教师目光与家长接触并配合适当的点头，是对家长的肯定或鼓励；相反，则表示否定或不赞同。另外，幼儿教师目光接触配合适当的停顿，能提醒家长注意或确认家长有没有听懂。

（3）思考、梳理。

幼儿教师在倾听的同时，还要进行思考、梳理。思考和梳理的内容可以从三个方面着手：第一是事实。通常人们在倾听的时候，会依据自己的经验、记忆和习惯进行主观的解释和评判。这里的事实是指幼儿教师在与幼儿家长语言沟通时，不用自己的想法和固有观念对家长的话进行评判，客观地接受家长谈话中的信息，努力把握家长话语中的客观事实，不带偏见看问题，这样才能更好地了解幼儿及幼儿家长。第二个是感情，这是指幼儿教师在倾听事实的同时，通过语音、语调乃至肢体语言感知家长的感情，与之共情，并把自己的感觉反馈给对方。第三个是意图，这是指把握家长真的想要什么，真正的意图是什么。有些家长不擅于表达自己的意图时，说出来的话跟真正的意图会有很大差异。在家长说话意图不明确时，更需要教师正确地把握意图。比如教师可以问："某某外婆您想要说的是不是……（即便对方没有明确表明，但听者知觉感受到），对吗？"

听话听音，幼儿教师在与幼儿家长语言沟通中要准确理解家长的情感和意图，抓住家长说话的要点，并且要善于体察家长谈话的言外之意、弦外之音，注意家长的语气、用词，理解潜藏在话语中不便说出的深意，从而提高家园沟通的质量和效率。幼儿教师要正确运用自己的动作态势语，合理表达，顺畅交流。例如：家长说话时，幼儿教师如同意家长的说法就微笑点头，目光直视家长，鼓励、示意家长继续说；不要一直低头看自己的手机，更不要随意地回复"嗯，嗯"。

幼儿教师还需要正确理解家长的动作态势语，从动作态势语方面感知家长的心理状态、思想感情，有利于家园沟通的和谐顺畅。同时，也应不断培养自身敏锐的观察能力，善于从家长不自觉的姿势、动作中发现家长内心的真实想法。例如：早晨来园沟通时，家长一直在看手表或手机，教师就要尽快结束对话，以免影响家长上班考勤，不利于顺畅沟通，这时可以说："哦，某某妈妈，早上您要上班，后面方便时我们再约时间聊哈。"

（四）有效问询

幼儿教师与家长语言沟通时，有效的询问、提问等，可以较好地提升沟通的质量，拓展沟通的深度。在与家长的语言沟通中，幼儿教师要有意识地引导家长输出，更多、更全面地提供幼儿在家的真实发展等情况，可以进行有技巧的询问，例如可以用"我感觉我们的宝贝……"等等。在沟通中，幼儿教师也可以适时进行回放式的询问，以确认或复述家长的观点，从而达到理解一致。如："某某妈妈，您是怎么理解的呢？""某某奶奶，您看我这样理解是否正确？"同时换位思考，幼儿教师仅仅站在自己的角度企图去说服家长并不容易，可以多站在家长以及幼儿的角度去思考和沟通，更容易达到家园沟通的目的。在谈到幼儿的时候，多用"我们"，少用"我""你们"。多用"我们"这个词，更能强调家园是幼儿教育的共同体、统一战线，更容易拉近距离，赢得家长的信任。

（五）专业应答

回答家长的问题，教师要很好地运用教育、心理、生理及营养卫生等方面的专业知识，但同时又不要过多地使用专业术语及书面语，应该尽可能使用家长耳熟能详的词汇把专业的问题深入浅出地解释、说明清楚，最重要的是能够给家长提供在日常生活中可以实践操作的、可行的建议。如本任务中的"挑食"案例，教师的专业回答就很容易让家长接受并在家庭中实施。

🎤 小结

幼儿教师与幼儿家长的语言沟通受到时间、场合、传递方式的种种制约，在语言沟通的过程中，听、说是互换的，问、答是交替的，主客体是互变的，这就要求幼儿教师在与幼儿家长语言沟通时做到善用礼貌语、招呼语等，主动沟通，认真倾听，把控话题，有效问询，专业应答，这对于与幼儿家长语言沟通的融洽、高效、成功具有重要的作用。

4-1-2　你的身体会说话——改善身姿的18种方式

拓展阅读

技能训练

训　练　一

【要求】通过案例分析，掌握幼儿教师与幼儿家长语言沟通的常用技巧。

【步骤】

（1）先自己想一想，再自己说一说；

（2）案例在小组中讨论，补充修改；

（3）在小组中发言，用准确连贯的一段话说出自己的意见；

（4）每组派一个同学代表小组发言；

（5）师生共同讨论。

【题目】

1. 说说下列案例中幼儿教师与幼儿家长的语言沟通是否恰当，为什么？自己把案例中教师说得好的话练习说一说，对说得不好的或做得不对的，请予以改正。

（1）（早上来园）王经理好啊，小小早，（小小爸爸送小小上幼儿园给自然角带了许多植物）这个是送给我们班级自然角的花吧？也太多、太好看了吧！

（2）小小妈妈，你今天背的这个包是某某牌子的吧？真适合您！

（3）（小小爸爸年龄比较大，第一次来幼儿园接小小）老师："爷爷，你接哪个孩子啊？"

2. 说说下列案例中，这位老师与幼儿家长沟通的语言用得好吗？为什么？

一次家长开放日活动，小西始终不乐意举手回答问题。小西的妈妈很着急，示意老师请小西回答发言，但是老师始终没有，小西妈妈很不高兴。活动过后，老师主动跟小西妈妈交谈起来。

老师：小西妈妈，我看见您刚才示意我了。

妈妈：（一脸不高兴）那你怎么没有叫小西起来发言呀？

老师：您别着急，听我给您解释。小西确实是那种性格比较内向、不太爱举手发言的孩子，我们在平时都会给她提供、创造适宜的机会让她多说。今天开放活动，人很多，小西有些不适应。她不举手我们最好也不要强迫她。您想，如果她没有举手就把她叫起来，万一她不想说或紧张说不好，可能会更打击她的自信心，使她以后更不喜欢发言了。不着急，我们慢慢来，小西妈妈您觉得呢？

妈妈：（脸色缓和多了）老师，您说我怎么做才能让她变得爱发言呢？

老师：这个我们需要一起来努力。我们小西在家最喜欢做什么事？

妈妈：看书，一个人能看很长时间。

老师：小西在班上也很爱看书，我们常常鼓励她讲一讲书里的内容。您在家也可以试着这样做。不要让她一个人看，而是让她讲书里的故事，讲顺了再来幼儿园给小朋友们讲。这样有准备的发言会让她感到轻松，更容易获得成功感，自信心也慢慢增强了。小西妈妈您看这样好吗？[1]

3. 先分析下列案例，再进行模拟训练，自己把这些话说出来，体会其妙处。注意与幼儿家长语言沟通技巧的运用。

---

[1]　瞿亚红.幼儿教师语言［M］.北京：北京大学出版社，2013：233.

一位幼儿教师初访某幼儿家庭时，见客厅里有两位年纪相仿的成年男子，她凭着与幼儿容貌的相似程度，向其中一位说道："您好，我是某某的老师。如果没有猜错的话，您就是某某爸爸。"对方点头称是。另一位指着幼儿的父亲插言道："他是我们总经理。"老师微微一笑答道："这一点我从幼儿登记表中知道了。不过，我这次来家访是找某某父亲的。"

训　练　二

【要求】运用幼儿教师与幼儿家长语言沟通的常用技巧，针对具体情境，进行有效的家园沟通。

【步骤】

(1) 先阅读情境，进入情境；

(2) 自己想一想，再自己说一说；

(3) 小组训练，看谁说得好；

(4) 补充修改；

(5) 个人汇报，同学互评。

【题目】

1. 早上老师想和小小奶奶沟通一下昨天小小与天天打架的事，没想到小小奶奶却一个劲地说天天不好。

训练提示：

(1) 注意话题的转换；

(2) 倾听小小奶奶的阐述，客观分析，给出合理的建议；

(3) 注意动作态势语。

2. 昨天刚刚说过天天和小小打架的事儿，今天天天离园妈妈来接时，老师要和天天妈妈沟通天天午睡尿床的事儿。

训练提示：

(1) 注意沟通的迂回；

(2) 倾听天天妈妈的意见，综合幼儿的年龄特点，给出合理的建议；

(3) 注意动作态势语。

3. 小小妈妈听奶奶说小小与天天打架，早上来园时找老师，老师（正在接待别的家长和幼儿，不耐烦地，看也不看小小妈妈）："小小妈妈我在忙，等会。"

老师这样的沟通对吗？如果你是老师，你会怎么做，怎么说？

训练提示：

(1) 注意回答的方式；

(2) 注意态势语的运用。

训　练　三

【要求】能模拟情境，讲一段符合幼儿教师与幼儿家长语言沟通要求的话，初步探索如何与家长进行沟通。

【步骤】

(1) 先预设情境，进入情境；

(2) 设计一段话，说一说；

（3）在小组中展示。

【题目】

一次户外活动，天天和小小玩耍时发生争抢，天天抓伤了小小的脸，留下了明显的伤痕。小小妈妈平时对小小百般疼爱、呵护，小小稍微不舒服小小妈妈就十分焦虑，而天天主要是奶奶接送，奶奶总是袒护天天。老师犯难了：该怎么把小小受伤的事告诉小小妈妈呢？又要怎么样告诉天天奶奶天天抓伤了别人呢？

1. 把小小受伤的事告诉小小妈妈。

2. 把天天抓伤小小的事告诉天天奶奶。

项目小结

本项目主要通过案例，帮助学习者了解幼儿教师与幼儿家长语言沟通的特点和常用技巧。通过学习理论和方法，使学习者掌握如何运用幼儿教师与幼儿家长语言沟通的原则和要求。采用技能训练的方法，帮助学习者在家园沟通中初步掌握与幼儿家长语言沟通技巧，增强幼儿教师与幼儿家长语言沟通的表达效果，逐步学会在家园沟通中用正确、适宜的语言与家长进行沟通交流，培养学习者指导、服务家长，热爱幼教事业的职业情感。

项目二　幼儿教师与幼儿家长语言沟通的各类口语训练

训练目标

1. 通过案例，了解幼儿教师与家长语言沟通的不同途径。
2. 掌握幼儿教师与不同类型家长语言沟通的技巧。
3. 能有效地进行家园沟通。
4. 培养指导、服务家长及热爱幼教事业的职业情感。

任务一　幼儿教师与幼儿家长不同途径语言沟通的技巧训练

训练要点

1. 通过案例，了解幼儿教师与家长不同途径的语言沟通。
2. 学习理论和方法，掌握幼儿教师与家长不同途径语言沟通的技巧。
3. 训练技能，学会运用语言技巧通过不同途径与家长进行沟通交流。

案例导读

4-2-1　大门偶遇

大 门 偶 遇

小乔每周二下午要去医院接受足内翻畸形治疗。妈妈一般在午饭后来幼儿园接她。这天，小乔妈妈在幼儿园门口等着，正好班级王老师外出培训回来碰到。

王老师："小乔妈妈，您好，来接我们小乔去看脚吧。"

小乔妈妈："是啊。唉……"

王老师："小乔妈妈别担心，现在我们小乔还小，及时治疗，一定能矫正的。"

小乔妈妈："但愿如此吧。"

王老师："我以前带过的孩子也有这种情况的，个别比小乔发现得晚，情况还严重呢，后来都矫正了。您放心！"

小乔妈妈："真的吗？小乔矫正鞋穿了快一个月了，不知道还要多长时间？"

王老师："我听说现在矫正鞋也迭代了，上周我看我们小乔走路姿势比以前好很多，准能纠正过来，就是辛苦您了。我们小乔能干得很，矫正鞋有点难穿，每次自己都穿得很好。"

小乔妈妈："谢谢王老师，您这么说我有信心了！"

王老师："就是嘛，您放心——我先进班，帮您看看小乔出来了没有。"

这个案例中，幼儿教师与家长的沟通不是预先约定好的，但是幼儿教师很好地抓住了这个日常随机与幼儿家长沟通的机会，从家长当下最关心的孩子的事说起，想家长所想，急家长所急，沟通中注意称谓语、招呼语等的运用，多处使用"我们小乔"指代孩子，让家长感受到教师关注自己的孩子，且把小乔当成了自己的孩子。同时，教师还及时分享了自己观察到的幼儿的成长和进步表现，让家长欣慰，并及时用合适的结束语表达了自己后面的工作，衔接自如、自然。

理论与方法

日常工作中，幼儿教师与家长语言沟通途径很多，最常见的有来离园接待、家访、家长会及日常随机等途径，幼儿教师通过不同途径与幼儿家长进行语言沟通的要求不尽相同，幼儿教师必须具备通过不同途径与幼儿家长语言沟通的能力，并能掌握不同途径与幼儿家长语言沟通的方法。只有了解、掌握来离园接待、家访、家长会及日常随机等不同途径与家长语言沟通的方法，并能够运用相应的语言技巧进行沟通，幼儿教师才能使自己的语言沟通能力得到有效提升，与家长进行有效沟通，促进幼儿健康发展。

一、幼儿来离园时幼儿教师与家长语言沟通的技巧

幼儿来园是幼儿在园一日生活的开始，而离园是幼儿在园一日生活的结束。这两个时间点都有些特殊，幼儿来园离开父母，总是依依不舍，一些家长有时也会舍不得幼儿；离园之前的幼儿都盼着父母早点来接自己回家，家长接幼儿时希望能向教师了解到幼儿当天的有关

情况。幼儿教师在这两个特殊时间点特别关注与幼儿语言沟通的同时，也应注意与家长的语言沟通。幼儿教师利用家长每天接送幼儿之际与之进行简短的语言沟通，是幼儿教师使用频率最高、也是效果即时显现的一种与家长语言沟通的途径，其特点突出体现为及时、简短、针对性强。

（一）幼儿来离园时与家长语言沟通的技巧

幼儿教师在幼儿来离园时与家长沟通一般主要有两种形式，一是教师根据平时的观察，针对幼儿某方面的问题与家长进行的有计划、有准备的沟通；二是家长根据自己的需要主动沟通时幼儿教师的反馈，或是就某方面的问题向幼儿教师进行的相关咨询。不管哪一种形式，教师都要恰当运用语言沟通的技巧。

1. 礼貌得体

沟通时幼儿教师要使用正确的敬辞、招呼语和称谓语以及致歉语等，礼貌、得体地与家长及幼儿说话，幼儿教师在来离园的时候应微笑面对每位幼儿、家长。

2. 态度亲切真诚，语气恰当

幼儿教师态度要亲切真诚，以恰当的语气，客观地谈幼儿的行为问题，让幼儿家长放心，使家长感到教师在关注自己孩子的成长和进步，发现幼儿教师比自己更了解孩子。

例如，离园时幼儿教师和幼儿家长沟通幼儿午餐吃虾的情况：

（1）针对会剥虾的幼儿，可以和家长说："我们某某宝贝今天不仅自己吃虾剥得又快又干净，还教小组里其他小朋友剥虾呢！"

（2）针对学着剥虾的幼儿，可以和家长说："我们某某宝贝今天自己第一次学着剥虾，吃得可开心了。我们宝贝在家里也可以自己动手剥虾哟。"

（3）针对老师帮忙剥虾的幼儿，可以和家长说："我们某某宝贝可喜欢吃虾了，今天已经学着剥虾了，下次在家里爸爸妈妈让我们宝贝自己剥虾吃哟！"

3. 适应语境，保持互动

交谈内容以幼儿的教育为主，及时了解幼儿在家的情况，多征求家长的愿望、需求、意见，避免和家长聊家常；另外，对一些祖辈家长要多加关照；对于家长提出的问题尽量给予解答，如果不清楚，可以请家长咨询相关部门或者主动帮助家长询问清楚再转告家长，切不可模棱两可或随意答复。

4. 保护家庭隐私，不涉及家长隐私

来离园的时候，幼儿家长相对集中，幼儿教师与幼儿家长语言沟通的时候，注意沟通的内容等不涉及家长或家庭等方面的隐私。例如，和单亲家庭妈妈沟通时，不要随意提及或询问幼儿父亲的情况。

（二）幼儿来离园时与家长语言沟通需注意的问题

1. 面向全体幼儿，关注每位幼儿和家长

来离园沟通是幼儿教师与幼儿家长沟通的途径之一，幼儿教师要有计划、有目的地通过此途径与班级中全体幼儿家长沟通交流，使家长感受到幼儿教师关注到班级的全体幼儿。例如，班级中每天都有早到及晚接的幼儿，如果家长时间允许，就可以尝试与家长沟通，在交流幼儿近期发展情况的同时，可以了解幼儿来得早或接得晚的原因，并适当给予家长帮助或建议。

2. 客观评价

幼儿成长的过程中可塑性很强，对幼儿的评价要客观。幼儿教师与家长沟通时，既不要过度夸奖幼儿，更不可以把幼儿说得一无是处，以免使家长对幼儿丧失信心，增加幼儿的逆反心理，影响幼儿的身心健康发展。

3. 把握时机

幼儿教师要抓住时机向家长了解幼儿的情况，以请教的态度耐心地听取家长的意见，使家长产生信任感，从而乐意与教师进行充分的交流，以达到预期的目的。利用来离园环节，可汇报幼儿近来的发展情况，分享幼儿的成长与进步，例如，幼儿教师可以在此时和聚集在教室门口接孩子的其中一位幼儿家长说："刚开学，发现我们某某宝贝可棒了，口渴了，自己会主动去拿茶杯喝水，而且每次都站在一米线后面排好队等同伴们。"既告诉了这位家长自己孩子的在园表现，又巧妙地侧面提醒了班级其他家长在教室门口排队等候孩子；还可以了解幼儿在家庭中的表现及家长的教育方法；提出解决问题的建议和方法，帮助家长解决育儿困惑及需要家长配合做的事情。

4. 专业扎实

沟通中需要教师有扎实的理论基础和实践经验，对幼儿各方面有详细的了解。教师要加强理论的学习，使自己拥有扎实的学前教育、心理学等方面的理论基础，同时用理论指导实践，不断提升自己的实践经验，认真观察幼儿，熟悉幼儿在各领域的发展、进步及存在的问题，直接向家长反映幼儿的学习效果。比如：今天幼儿或幼儿之间发生了什么？幼儿表现出哪些行为？哪些地方发展得好？如前面幼儿教师与幼儿家长沟通的幼儿自己喝水并排队的内容，就反映了幼儿在园发生的事、幼儿的行为表现、幼儿发展好的方面（幼儿自己拿茶杯主动喝水并排队）等，如果时间允许，幼儿教师可以结合幼儿的自理生活能力提升、有规则意识和良好的社会化行为（与同伴共同行动时会等待）等，向家长慢慢渗透科学的教育理念和教育目标，帮助家长逐步在思想上达成共识，以获得家长的理解和支持。

5. 事先沟通

班级中的保教人员之间要事先交流、沟通，并针对幼儿发展情况统一认识，与家长沟通时彼此保持一致，以免出现家长不知听谁的尴尬情况。

二、家访时幼儿教师与家长语言沟通的技巧

家访是教师对幼儿家庭进行的上门访问，是教师与家长在其家庭中进行的面对面语言沟通的一种形式，是教师与单个幼儿的家长进行沟通的一种途径。它在家园沟通中具有不可替代的作用，是教师与家长交换意见的方式，也是家园共育的一种途径，能够帮助教师在真实情境下，快速、准确、详细而全面地了解幼儿及其家庭和成员的各方面信息，充分体现了教师对幼儿的关注、对家长的尊重与理解。

家访一般主要有两种情况，一是对新入园幼儿进行的家访，对于绝大多数幼儿园来说这是家园共育中的一项常态工作；二是根据幼儿或家园共育中某些特殊问题进行的个别家访，如当幼儿发生突发事件后，当幼儿长期缺勤需要了解原因时等。

（一）家访时与家长语言沟通的技巧

家访是教师关爱幼儿的一种表现，教师在进行家庭访问之前，一定要做好充足的准备工作，掌握家访的基本程序与基本方式，注意着装与沟通语言上的要求，使家访达到最佳效果。

1. 态度谦和，不盛气凌人

幼儿教师要本着尊重家长的谦和态度，与家长平等交流，注意使用正确的敬辞、招呼语和称谓语。在家访的过程中，既不要以教育者自居，高高在上，也不要因地位有差别，唯唯诺诺。当与家长意见不一致时，要避免与家长争吵，更不能命令家长，对家长的建议和意见要巧妙地提

出来。为了使家访取得实质性的效果，教师应把说教降到最低限度，对某些问题以听为主，可以先不发表自己的看法，也不要轻易否定家长的某些做法、想法，而是讲一些实例，让家长自己去分析、辨别，避免家长被动接受；鼓励、支持家长积极主动地参与，在平等的交谈过程中受到启迪，掌握科学的育儿方法。

2. 听说结合，不随意发挥

幼儿教师既要有准备地充分表达家访的目的，同时也要认真倾听家长，了解幼儿在家的情况，发现幼儿出现问题存在的原因，听取家长的意见和建议。例如，家访时，幼儿教师可以这样询问幼儿家长："不知我们宝贝在家午睡吗？"如果家长说"睡的"，但是需要很长时间才能入睡，教师可以继续询问："我们宝贝午睡的时候需要拿自己的玩具陪伴吗？还是需要爸爸妈妈陪着睡？"如果家长表示是要玩具陪着睡，幼儿教师可以告诉家长："刚入园的时候，可以把平时陪着我们宝贝睡觉的玩具洗干净以后带到幼儿园，这样能缓解宝贝的入园焦虑，帮助我们宝贝尽快适应在幼儿园午睡。"

3. 肯定为主，不否定批评

幼儿教师与家长谈及幼儿在幼儿园的表现及成长时，尽量从正面说，从肯定话语开始。多听家长谈，特别是没见过面的新生家长，不要否定其观点，要多了解家长对幼儿园教师和自己孩子的看法。

4. 通俗明了，少用专业术语

幼儿教师家访时沟通语言要尽量通俗明了，少用专业术语，针对家长的不同类型，使用适宜的语言表达方式。例如，家访时询问幼儿乡下来的奶奶："我们宝贝在家日常作息时间您是如何安排的啊？"可能就会让奶奶不知所云，无法回答。如果调整为"奶奶，请问我们宝贝在家吃饭睡觉上都是什么时间啊？一天大概大小便几次啊？什么时候出去玩呀？"可能奶奶就会如数家珍一般说出孩子在家的作息情况。

（二）家访时与家长语言沟通需注意的问题

1. 主题要明确

一般来说，幼儿教师应有明确的主体或带着问题进行家访，当家长在交流时，教师须神情专注地倾听，不要随意打断家长说话，如有必要可以记录家长谈话的要点，作为日后改进的依据。

2. 内容要客观

家访谈话沟通的内容应客观翔实，针对幼儿的年龄特点沟通出现的问题，使家长感受到教师的专业性。

3. 氛围要和谐

幼儿教师与家长沟通时，要营造和谐的氛围。家访是教师、家长、幼儿的"三方会谈"，要注重教师、家长、幼儿之间的互动，教师要避免自己"一言堂"，口若悬河、滔滔不绝。教师在与家长的谈话过程中，不要忽视幼儿的存在，可以让幼儿坐在旁边玩，在幼儿游戏时偶尔介入。或让幼儿参与老师和家长的谈话，发表自己的看法和想法，并对幼儿的一些表现积极肯定，让幼儿感到老师的亲切可信。

例如，前面询问幼儿午睡的情况，如果此时幼儿在旁边，手里抱着小熊玩具（家长刚刚提到的陪伴幼儿入睡的玩具），幼儿教师就可以和幼儿对话："宝贝，中午睡觉的时候是不是也抱着这个小熊啊？到时候可以带这个小熊一起来幼儿园，让它继续陪宝贝午睡。"如果幼儿没有拿玩具（家长表示日常不需要玩具陪伴），可以和幼儿说："宝贝本领很大的，是自己一个人睡觉的，对不对啊？"

三、幼儿教师与家长日常随机语言沟通的技巧

由于工作关系，幼儿教师日常会有许多与家长随机语言沟通的机会，如日常生活中的偶遇、春秋游同行时的交流等等。许多教师遇到这样的机会因为不知道说什么好，往往有些胆怯，甚至避而远之。然而这些日常随机语言沟通却能在与家长沟通中起到有效的作用，对教师开展班级工作很有帮助。

（一）与家长日常随机语言沟通的技巧

教师要充分利用与家长日常沟通的机会，多方面了解幼儿及幼儿家庭，有针对性地开展幼儿保教工作。

1.灵活得体

因为随机，在非特定情境下，可能对家长不够熟悉，所以要采取灵活方式确认幼儿家长，如果是祖辈家长要特别注意态度言辞恭敬，抓住隔代亲的特点，用幼儿的优点表达对家长的尊重，拉近与幼儿家长的距离，更有利于沟通。如幼儿一起，可先与幼儿打招呼，这样可以避免认错不太熟悉、不常来园的家长。例如，前文幼儿园大门偶遇案例，幼儿教师就充分发挥了日常随机与家长语言沟通的作用。

2.把握话题

幼儿教师可以从最了解的幼儿日常在园情况说起，像关心朋友一样适度关心幼儿、关心家长。

3.提出建议

幼儿教师听到家长有育儿的烦恼时，可以及时提供一些有针对性的、科学的育儿建议。

（二）与家长日常随机语言沟通需注意的问题

1.把握时间

幼儿教师偶遇家长，需要把握语言沟通的时长，不必谈太久，以免耽搁彼此的时间。

2.亲切友善

幼儿教师的沟通语言要给家长留下友善亲切、关注幼儿的印象，方便日后开展家长工作。

四、组织家长会时幼儿教师与家长语言沟通的技巧

家长会是由教师组织幼儿家长共同参加的集体会谈。召开家长会前，教师要精心准备，思考如何介绍幼儿园、班级概况、幼儿的学习情况及表现、需要家长配合解决的问题等，对家长可能提出的问题要有一定的思想准备，以便在家长会上应付自如，不打无准备之仗。

（一）组织家长会时与家长语言沟通的技巧

家长会上教师与家长语言沟通的特点是"一对多"。教师的语言要从正面赞扬入手，不要点名批评幼儿，以使家长难堪，更不要把家长会变成"告状会"，而应该创造同喜同忧、和谐融洽的谈话氛围，争取获得家长配合，顺利完成既定的教育任务。

1.诚恳、亲和

开家长会时，教师说话语气要诚恳、亲和。少用"你"，多用"我们""咱们班"，如在家长会上的发言，教师经常使用的就是"我们"这样一种表述。尊重、平等地对待每一位家

长，居高临下的指挥者态度只会让家长退缩。注意话题要围绕本班幼儿的成长与发展，在启发家长的同时又能诠释此年龄阶段幼儿的特点。如果必须要指出幼儿的不足，应尽量用委婉的口气，不要伤害家长的自尊。这样做既能拉近家长和教师之间的距离，又能使整个家长会的气氛轻松、愉快，同时也能很自然地让家长理解教师的辛苦。家长正确的意见和合理的建议要真诚接受。

2. 穿针引线

家长会上教师是组织者、引导者，但是教师不能"一言堂"，要起到"穿针引线"的作用。教师要善于把握家长的心理，鼓励家长有话想说、有话愿说，让家长感觉自己不仅仅是被动的倾听者也是家长会的发言者。有的家长教育经验丰富，可以请他来谈谈自己教育孩子的方法和经验；有的家长获取网上信息很方便，可以请他帮忙查找一些专题性家长会所需的资料，给大家进行介绍等。

3. 表扬、肯定幼儿

对幼儿的表扬、肯定一是能让多数家长感到幼儿园教育的成功，树立科学的教育信念；二是可以让家长看到自己孩子发展的方向。可以通过各种方式表扬每个幼儿不同方面的闪光点，同时肯定家长，感谢家长平时对班级工作的支持，点名表扬家长用正确的教育方法教育孩子的典型事例，表扬家长为班级工作所做的付出。例如，家长会时反馈家长志愿者参与情况，肯定家长的这种行为让幼儿看到了家长乐意为他人服务的奉献精神，给幼儿做出了榜样示范，幼儿教师可以说："我们某某宝贝妈妈早上七点半就带着宝贝来幼儿园做晨检的向导志愿者，某某宝贝在班级角色游戏的时候就扮演了这个志愿者的角色，还学着妈妈的样子和谢谢他的小朋友说，'这是我应该做的'。"

（二）组织家长会时与家长语言沟通需注意的问题

1. 创设轻松愉悦的家长会环境，热情接待，营造双向互动、尊重、平等的交流氛围，消除家长与教师之间的距离感、陌生感和紧张感，调动家长参与的积极性，提高家长会的效率。

2. 幼儿教师介绍班级目标要简明扼要，条理清晰，针对性强。

3. 关注平时对幼儿园或班级交流少或有意见的家长。利用家长会开始前、结束后的时间，抓住时机，主动与平时交流少或对幼儿园、班级工作有想法的幼儿家长沟通。

五、组织亲子活动时幼儿教师与家长语言沟通的技巧

亲子活动是指幼儿园依据学期目标、幼儿发展需求和现状或主题开展到一定阶段后，根据幼儿的身心发展规律，在教师的指导下，以游戏活动作为主要教育手段，组织家长与幼儿共同参与的家园互动形式。亲子活动能促进幼儿多方面能力的发展，同时提升家长的育儿观念和方法。在开展亲子活动的过程中，不仅能使家长和孩子体验到亲子活动的快乐，增进亲子感情，更重要的是能增进教师与家长间的相互沟通和了解，融洽关系，增进感情。

在亲子活动中，教师的活动组织一般按五个环节进行，分别为教师根据幼儿发展目标设计活动、对家长介绍活动内容、教师进行示范活动、家长和孩子共同活动以及教师进行活动点评。

（一）亲子活动中与家长语言沟通的技巧

亲子活动既是教师面对全体家长进行沟通的一种形式，也是教师在家长群体面前进行个别家园沟通的一种特殊途径，对教师的语言沟通能力是更大的挑战。

1.真诚、平等

幼儿教师与参加家长会的家长都要及时打招呼，不要表示出对家长有亲疏的态度。教师要引导家长积极鼓励幼儿完成任务，尊重幼儿意愿和幼儿间的个性差异。

2.明确、简练、有针对性

在介绍活动内容、示范讲解及活动点评中，幼儿教师的沟通语言尤为重要。

（1）在介绍活动内容时，教师要清楚地说明活动的目的、意义、流程，这样才能达到普及科学育儿知识的目的，便于家长参与进来。

（2）在进行示范活动时，教师的语言要简练，活动规则要介绍清楚，并提示家长注意事项，以便活动顺利开展。

（3）在进行活动点评时，教师主要评价活动的效果，感谢家长的积极参与，有针对性地帮助家长指导幼儿，使每个幼儿获得自身的最大发展，使家长充分了解活动效果，以便能够充分肯定和信任教师的工作，为下一次活动的开展奠定基础。

3.灵活、及时

幼儿教师随时与家长沟通交流信息，促进家园间的有效互动。亲子活动中，难免出现幼儿与幼儿之间的小摩擦，教师面对的是双方的家长，因此要正面、及时、随机灵活地处理某些突发事件。例如，亲子活动中，幼儿发生争抢的情况，幼儿教师可以尝试说："我记得你们是团结友爱的好朋友啊，一定有好办法解决的。比如你们可以像以前一样猜拳，我们和爸爸妈妈一起做裁判。"

（二）亲子活动中与家长语言沟通需注意的问题

1.充分发挥家长的积极性和主动性

通过沟通，充分发挥家长合作伙伴的作用，邀请热心的家长参与到活动的组织、筹备中来，调动家长参与和配合幼儿园教育的积极性、主动性，听取他们的意见，让家长不是被动的参与者，也是活动的组织者。同时可以将家长的好做法引入到亲子活动中，家长也不是被动的学习者，他们也有丰富的经验和方法，可以请家长分享、交流成功的策略、方法。

2.教师要发挥沟通和指导作用

在亲子活动中，教师要很好地发挥沟通和指导作用，在全面了解家长和幼儿心理需求的基础上，针对亲子活动中随机出现的问题，及时进行调整和改进，以保证幼儿之间，家长之间，幼儿、家长和老师之间互动的质量。在活动中，教师既要引导家长关注、了解幼儿的表现，又要引导家长学会观察幼儿的方法。在与家长的接触过程中及时纠正家长的一些不正确做法和想法。如有的家长能主动参与活动，有的则在一旁观望。教师要针对具体情况巧妙引导，切忌以居高临下的态度教导家长，应引导家长耐心地去观察幼儿的活动过程。

六、约谈时幼儿教师与家长语言沟通的技巧

约谈是家长与幼儿教师围绕幼儿教育中双方共同关注的问题有目的、有计划展开的深层次沟通。约谈是家园沟通的一种方式，一方面可以使家长全面了解幼儿在园的生活和活动，了解幼儿在园生活和学习的情况；另一方面教师也能了解家长的内心想法，缩短教师与家长之间的距离，密切家园联系。约谈通常为家长与教师间一对一的交流，约谈的发起方有时可能是教师，目的是解决幼儿某个发展阶段中表现出来的突出问题或幼儿在园发生意外事件（详见本任务第六点）等，或是与家长在育儿方面与幼儿园教育等方面达成共识；也可能由家长发起，家长因平时工作忙无暇与教师沟通，单独预约时间与教师沟通，以便对幼儿在园情况有全面深入的了解。

（一）约谈时与家长语言沟通的技巧

约谈的形式一般包括来园约谈与电话约谈。不论是来园约谈还是电话约谈，不管是教师发起的还是家长主动的，幼儿教师都要热情接待家长，态度要谦和诚恳，认真听取家长的意见并有针对性地做出解答。约谈时幼儿教师应该掌握以下方面的技巧。

1. 亲切自然

开始时，教师可说一些幼儿在班级中有趣的事情，在沟通中要面带微笑，亲切自然，如可以问一问："我们某某宝贝最近在家怎么样呀？上幼儿园后在家都有哪些变化？"这样的问题家长比较好回答，从而能自然地交谈。

2. 注意体态和语气

教师始终要把家长视为家园共育中的亲密合作伙伴，不要采取居高临下的态度教训家长，比如："你们家长必须怎么样……""你们家长应该怎么样……"更不能责怪家长。注意换位思考，体会到家长的心情，多倾听家长的诉说，请家长介绍幼儿在家的生活和行为习惯、存在问题。让家长感觉到教师十分关注孩子的成长变化。在与家长谈话时，教师态度要诚恳，语言要简练，就事论事。针对不同类型的家长采取适宜的交谈方式。在向家长介绍幼儿在园各方面的表现以及幼儿的个性特点时，要用具体的实例，多表扬幼儿的优点，避免使用定性式的语言。多以商量的口吻、建议性的语言进行沟通。沟通时教师要注意观察家长的表情、反应，随时调整说话方式和语气。

3. 明确收获

在约谈结束时，幼儿教师向家长明确约谈后的收获。约谈结束时，要向家长的到来表示感谢，对于家长的合理化建议，能做到的教师应及时采纳或改进；而由于客观条件限制一时不能做到的，教师则要向家长耐心解释，以取得家长的谅解。鼓励家长随时与教师沟通，当发现幼儿有了积极的变化时，双方都及时给予表扬和鼓励，强化幼儿的积极行为。例如，约谈幼儿家长结束的时候，幼儿教师可以尝试说："多谢您今天百忙之中抽出时间，和我们一起交流了宝贝某某方面的情况，后面根据今天的交流讨论，我们一起继续努力，相信我们宝贝会进步（或有变化）的。我们今后及时沟通。"

4. 实事求是

幼儿教师沟通幼儿的情况要客观和实事求是。在向家长反映幼儿的情况时，要如实反映客观事实，不要有个人的感情色彩，不要"戴有色眼镜"和"贴标签"。在沟通中可以让家长自己观察幼儿在园的真实表现。

5. 有针对性

幼儿教师在事实的基础上与家长分析原因。得到家长对幼儿表现的认可，教师就可以与家长共同从主观到客观分析现象形成的原因。针对幼儿的个性、行为习惯，教师可以提出有针对性的建议，并与家长共同实施，期待幼儿的进步与发展。

（二）约谈时与家长语言沟通需注意的问题

1. 做好约谈前的准备工作

幼儿教师征得家长同意后，共同确定约谈的时间、地点与内容。在约谈前，班级搭班教师及保育员之间要互通信息，针对幼儿的年龄特点等将幼儿各方面发展的情况进行有效地分析，并向家长提供具体的实例。

2. 营造安静、宽松的环境

幼儿教师要为约谈创设一个安静、不易被人打扰的环境，保证沟通在轻松、舒适的环境中进行。有些家长对约谈会感到拘束、不自然，所以教师要营造轻松的氛围，使家长消除顾虑，轻松地沟通。同时注意进行约谈的时间尽量安排得宽裕些，以免影响约谈效果。

3.沟通时记得表示欢迎家长的约谈

如果家长是随机来访，更是有急需解决的问题与困惑，教师要理解家长的心情，热情接待家长，欢迎家长来找教师约谈。

七、突发事件后幼儿教师与家长语言沟通的技巧

幼儿在幼儿园里生活、运动、学习和游戏过程中，因为活泼好动、对任何事物都充满好奇心，但身体协调性差，缺乏自我保护意识，而且常常不能预见自己的行为会产生什么样的后果，不可避免地会发生一些意外伤害事故。如擦伤，磕碰，骨折，异物入鼻、耳等。作为幼儿教师要特别注意防范这类突发事件的发生。面对这些突发事件、意外事故，如果处理不当，不但会延误幼儿的治疗时间，给幼儿造成痛苦，而且还会造成家园之间、不同幼儿家庭之间的矛盾纠纷，给幼儿园的管理工作带来不便。当遇到此类突发事件、意外事故发生时，教师需要及时采取措施，帮助、救治幼儿的同时，第一时间与家长沟通。

（一）突发事件后与家长语言沟通的技巧

突发事件后与家长的语言沟通，从某种意义上来说是一种特别的与家长约谈，此时幼儿教师与幼儿家长的语言沟通尤需谨慎。

1.设身处地，控制情绪

幼儿教师此时要将心比心，体谅家长的焦急心情，始终尊重家长。如果幼儿家长的嗓门大，幼儿教师说话的声调就要轻，语速要慢。幼儿教师应以诚恳的态度与家长进行沟通，安抚家长的焦虑不安情绪。

2.实事求是，表达情绪

幼儿教师在向家长详细地介绍意外事件的过程和原因时，应本着实事求是的态度如实、诚恳地讲述事情经过，教师的态度越诚恳就越容易赢得家长的理解。幼儿教师需要学会克制自己，注意可以"表达自己的情绪"，但不要"情绪地表达"，以免让家长过度着急、焦虑和紧张，同时避免矛盾激化。例如，户外活动时，幼儿自己奔跑，不当心摔倒了，与幼儿家长沟通时可以尝试说："我们某某宝贝跑得太快了，没注意，自己一下摔倒了，可把我们心疼坏了。不过，宝贝很勇敢，一点儿也没哭。"如果幼儿表达能力强，也可以鼓励幼儿自己向家长讲述经过；千万不能情绪化地表达为："某某户外活动就是喜欢跑，平衡能力又差，真是的，没有人碰，自己都会摔倒。"

3.分清责任，适当回避

幼儿教师在语言沟通过程中，不要为了安抚家长的过激情绪而随意包揽不应承担的责任，如"对不起，都是因为我们没有照顾好"等。如情况严重则适当回避。要让家长将不满、抱怨甚至愤怒发泄出来，如果家长的言辞带有侮辱性，可以暂时找个借口回避，以后再谈。

（二）突发事件后与家长语言沟通的问题

1.如实相告，及时表达歉意

幼儿教师要做好两个"及时"。第一个"及时"是指对突发事件或幼儿的伤情作及时处理，同时及时告知家长。第二个"及时"是指并非事无大小一定要立刻把家长找来，但当家长来到的时候一定要及时相告。同时，向家长表示深深的歉意，接着如实介绍幼儿的情况，使家长感到他

的孩子是受老师和同伴关爱的，事件是突发的、意外的。如果家长未及时赶到，幼儿园应如实地将检查结果连同病例和治疗过程及时反馈给家长。告知家长在家中护理幼儿的相关注意事项，并告诉家长如果要做进一步的检查时，应第一时间通知幼儿园，由老师与保健医生陪同一起去医院就诊。教师要在当天到受伤幼儿家里去探望。下班后，班级教师一起到幼儿家中探望幼儿，以表示对幼儿的关心与重视。在探望的过程中，再次与家长沟通，增进彼此间的理解和信任。

2. 认真倾听，换位思考

如果遇到家长态度不冷静、有过激行为或确实难以沟通时，幼儿教师应多换位思考，体谅家长的心理感受，适时调整与家长的沟通策略。

3. 接受建议，诚恳保证

幼儿教师要挑选合适的机会，保证今后将尽力避免发生类似事情，接受家长的建议，希望家长今后对自己的工作多提意见。这样有利于化解家长心中的怨气，谅解教师。

小结

幼儿教师与幼儿家长日常通过各种途径进行语言沟通，首先幼儿教师应该了解与幼儿家长语言沟通的不同途径，主要包括幼儿来离园、家访、日常随机沟通、家长会、亲子活动以及约谈包括突发事件后的沟通等，同时也需要掌握不同途径语言沟通中的不同技巧，尤其要注意幼儿来离园、日常随机沟通以及突发事件发生后与幼儿家长个别的语言沟通技巧，这样才能真正做到与家长进行有效的沟通，建立高质量的家园关系，从而更好地促进幼儿的健康发展。

拓展阅读

4-2-1 家长会发言稿

技能训练

训 练 一

【要求】通过案例分析，掌握幼儿教师与家长不同途径语言沟通的技巧。

【步骤】

（1）先自己想一想，再自己说一说；

（2）在小组中讨论案例，补充修改；

（3）在小组中发言，用准确连贯的一段话说出自己的意见；

（4）每组派一个同学代表小组发言；

（5）师生共同讨论。

【题目】

1. 下列案例中，教师与家长的语言沟通是否合适，为什么？

（1）乘车去游玩时。

小班亲子游，王老师与甜甜妈妈母女俩坐一排。王老师坐下后，微笑地打了招呼。

王老师："甜甜妈妈，您好！您平常很忙吧，我看见都是我们甜甜爷爷来接。"

甜甜妈妈："是啊，今天也是请假的，他爷爷昨晚有点不舒服。"

王老师："没什么事吧，这个季节一会冷一会热，老人和孩子都很容易感冒呢。"

甜甜妈妈:"还好,年纪大了没办法。平常带甜甜也辛苦。"

王老师:"对的,现在养个孩子都不容易,多亏有甜甜爷爷奶奶帮忙。甜甜在幼儿园挺乖的。"

(2)亲子活动时。

亲子活动"揪尾巴"中,小小不小心把天天撞倒了,天天妈妈表现出了不乐意的表情,面对小小的道歉,天天妈妈没有理会,而是瞥了一眼,抱起天天,嘴里嘟囔着什么。这时小小妈妈也不乐意了,四岁的孩子能及时道歉已经很棒了,因此对天天妈妈的态度也很不满意……这时,教师说:"小小能大声给天天道歉,真有礼貌。我们天天也是一个特别勇敢的孩子,对吧!小小向你道歉,那天天应该说什么呢?"教师引导天天说"没关系"。这时,教师又说:"好了,小小和天天都是乖巧懂事的好孩子,爸爸妈妈看到你们这么能干,特别高兴,现在老师和爸爸妈妈为你们鼓掌啦。"

(3)天天上厕所滑了一跤,手蹭破了一点皮。下午天天妈妈来接的时候,老师说:"你们家天天真是不听话,进厕所就跑,结果摔了一下,把手蹭破了,不过不要紧,已经消过毒了。"

2.下列案例中,哪位老师与家长的沟通更恰当,为什么?

(1)春游时午餐时。

春游中午班级幼儿和家长坐在草坪上午餐。老师吃好在边上散步,看到小小奶奶领着小小走过来。

A老师:"小小奶奶,您好,吃好饭了。"并笑着看看小小:"小小,你吃了什么呀?"

B老师:"奶奶,你要好好说说你家小小,总是胆小,不回答问题。"

小小奶奶:"A老师,你看我这孙子就是不会说话。"

(2)休息日在街上。

星期天,老师和小小一家在街边相遇了。

A老师:"小小,你好啊,跟爸爸妈妈出去玩啊,今天真漂亮。您好,小小妈妈,您好,小小爸爸。"

B老师:"小小妈妈,你们一家出来逛街啊。"

家长:"小小,有没有叫老师好啊?"

A老师:"我们小小乖。"

B老师:"小小就是胆子有点小。"

训　练　二

【要求】根据幼儿教师不同途径与家长语言沟通的技巧,针对具体情境,进行有效的家园沟通。

【步骤】

(1)先阅读情境,进入情境;

(2)自己想一想,再自己说一说;

(3)小组训练,看谁说得好;

(4)补充修改;

(5)个人汇报,同学互评。

【题目】

1. 亲子活动，小小爸爸送小小来得早，与其进行沟通。

训练提示：

（1）感谢小小爸爸参加亲子活动；

（2）根据来得早幼儿少的情况，借助环境，聊聊小小的发展。

（3）注意语气语调和态势语。

2. 小班家长约谈，小小妈妈诉说小小在家挑食的烦恼。老师该如何与小小妈妈沟通，可以怎么说？

训练提示：

（1）要了解小小在家挑食的原因并反馈在园的进餐情况；

（2）综合在园在家进餐情况点及以往类似幼儿经验给出合理的建议；

（3）注意语气语调和态势语。

训 练 三

【要求】能模拟情境，设计不同途径与家长语言沟通的内容，初步探索如何与家长进行沟通。

【步骤】

（1）先预设情境，进入情境；

（2）设计一段话，说一说；

（3）在小组中展示。

【题目】

1. 设计一段在小班新生家长会上的发言。

2. 设计一段双休日在超市碰到午睡有问题幼儿的家长的对话。

3. 设计对一个中班午睡尿床幼儿的家访谈话提纲。

任务二　幼儿教师与不同类型幼儿家长语言沟通的技巧训练

训练要点

1. 通过案例认识幼儿教师与不同类型幼儿家长进行语言沟通的技巧。

2. 学习理论和方法，了解幼儿教师与不同类型幼儿家长语言沟通的技巧。

3. 训练技能，在家园沟通中学会与不同类型的幼儿家长沟通。

4-2-2　一直和老师沟通的小小妈妈

案例

一直和老师沟通的小小妈妈

——妈妈每天接送——，看到老师就会滔滔不绝地说起来，"——昨天说他午饭吃了好多肉圆，谢谢老师哈！""——早上就是不肯穿运动鞋，非要穿凉鞋。"……有时别的幼儿和家长与老师打招呼，——妈妈也在旁边说个不停。

　　家长有不同的类型，有的与幼儿教师沟通的意愿高，有的与幼儿教师沟通的意愿低，上例中的家长就属于沟通意愿高的，幼儿教师和这一类型的家长要本着尊重、理解家长内心对孩子爱的态度去沟通。所以与这一类型的家长沟通时，最好的沟通方式就是能耐心地倾听，很多时候家长们只是想请教师多关注自己的孩子，通过这种方式急切地把自己爱孩子的心或是对事情的想法表达出来。

理论与方法

　　幼儿教师与幼儿家长的沟通工作中最重要的就是语言沟通。幼儿家长来自不同的文化背景、家庭和工作岗位，其文化修养、思想素质、教育观念都不尽相同，因此幼儿教师和不同类型的家长语言沟通，要讲究语言沟通的艺术，要因人而异，采取不同的语言沟通方式，以达到最佳的语言沟通效果。家长的类型有很多种，根据家长与教师沟通的意愿高低和幼儿发展的不同情况，本教材将家长划分为四种类型，见图4-2-1。

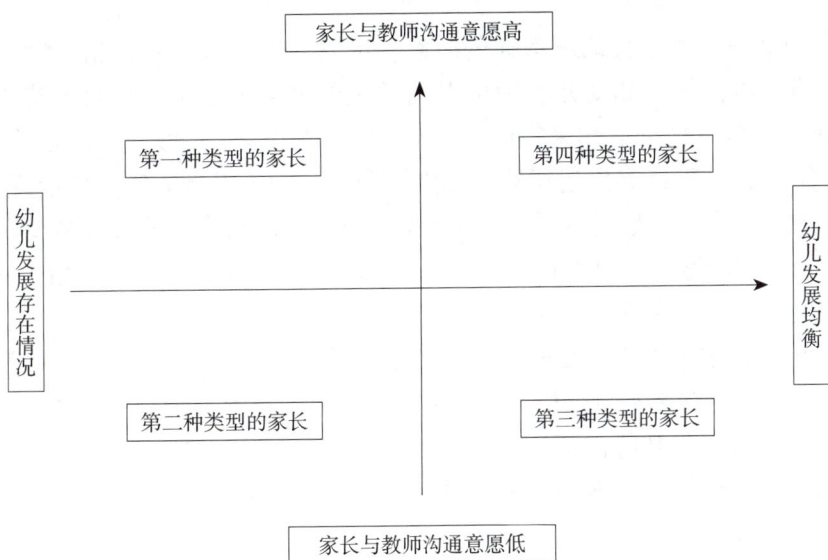

图4-2-1　家长的类型

　　其中第一种类型的家长是指与教师沟通意愿高或者说日常与教师沟通意愿强，沟通得多，但幼儿发展存在情况的家长；第二种类型的家长是指与教师沟通意愿低或者说日常与教师沟通少，且幼儿发展存在情况的家长；第三种类型的家长是指与教师沟通意愿低或者说日常与教师沟通少，但幼儿发展均衡的家长；第四种类型的家长是指与教师沟通意愿高或者说日常与教师沟通多，且幼儿发展均衡的家长。针对这四种类型的家长，教师与其语言沟通的技巧和方法是不一样的。

一、幼儿教师与第一种类型家长的语言沟通技巧

与教师沟通意愿高或者说日常与教师沟通意愿强，沟通得多，但幼儿发展存在情况的这一类型家长，相对工作不是特别忙，日常与幼儿接触比较多，但对于幼儿发展存在的情况发现不了或发现了没有合适的解决办法和策略。幼儿教师与这一类型家长在语言沟通的时候主要技巧是：化解"隔靴搔痒"式沟通。

1. 认真倾听

这一类型的家长相对性格开朗、亲和力强，虽然有时间、愿意与教师沟通，但常常找不到解决孩子发展存在情况的有效方法，与教师沟通的时候常常隔靴搔痒，不能进入正题，无法实质性地支持、促进幼儿的发展。针对这种情况，幼儿教师在与家长语言沟通的时候，时间充足的情况下可以听家长把话说完。如果时间有限，那就和家长针对最重要或主要的方面进行交流，并委婉地告诉家长："真不好意思，我今天时间有限，咱们长话短说哈。"或者说："真不好意思，我今天时间有限，要不我们约个别的时间谈，您看如何？"

如果家长是因为对教师工作不满，不好意思直接表达，用这种方式间接地传递这个意思，教师一定要找个机会，婉转地征询家长对教师的意见，让彼此敞开心扉。如，在家长请教师多照顾自己孩子或表达自己孩子某些能力欠缺时，教师可以对家长说："您放心，我们会精心照顾每个孩子，不过，因为孩子多，难免有不周的地方，所以如果我们忽略了什么，还希望您多提醒。"当家长提出自己的意见时，教师要针对性地与家长深入谈话，以免家长心中积攒一些不满，使问题扩大化。

2. 直击问题

幼儿教师在与这一类型家长语言沟通的时候，可以直接进入正题，指出幼儿在园近阶段的发展、进步以及存在的问题，如幼儿教师可以说："我们某某宝宝午睡一直不错，但最近午睡的时候入睡比以前晚，是不是早上起来得晚了一点啊？"教师首先给家长一个反馈，让家长定心（宝宝午睡一直不错），再告诉家长近期幼儿在园出现的问题（最近入睡比以前晚），找原因（是不是早上起来得晚了一点），然后倾听家长的反馈，积极主动围绕幼儿存在的情况分析，互相商量对策，给予家长切实的帮助，出谋划策。如可以指导家长和幼儿一起做计划，并针对幼儿的性格特点和实际问题，提供一些科学有效的方法。

幼儿教师如果在日常工作中发现幼儿在某方面确实存在着明显的问题，却因为担心家长接受不了或解决不了，最终选择不与家长沟通相关情况，或者与家长沟通的时候只是听家长说，这容易导致虽然家长一直在与教师沟通，但教师没有及时指导、反馈，家长与教师的沟通没有支持、促进幼儿的发展，最终反而教师与家长的关系越来越疏远。还有的幼儿教师虽然责任心很强，但因为语言沟通的方式方法不当，表达有问题，使得家长不能了解教师的初衷，让家长误以为教师嫌弃自己的孩子，造成不必要的误会。

3. 指明方向

在与这一类型家长语言沟通前，幼儿教师可以提前做好以下几方面的"功课"，明确沟通的目标，为幼儿的发展指明方向，以保证沟通的效果。

第一，在与家长进行深入谈话前，一定要对幼儿的行为表现进行充分的观察，积累大量真实、客观的案例。这样在与家长语言沟通时，才能让家长更准确地了解自己的孩子，令家长信服。必要的时候教师可以在征得家长同意的情况下，将幼儿在园的表现用录像的形式展示给家长，或者请家长在不影响幼儿活动的情况下，进入班级亲自观察自己的孩子。

第二，与搭班教师沟通。与搭班教师沟通不仅可以全面了解幼儿是否存在这样的问题，以及幼儿行为的发展和变化，还可以在搭班教师那里了解是否针对此问题与家长进行过沟通，以及

家长的态度、对此事的看法等信息，从而达到知彼的目的。

第三，结合所学的专业知识或查找相关教育心理学资料，进一步分析问题的性质。幼儿出现的问题，有的是性格使然，也有的是受家庭教育等因素的影响，还有的则属于行为、心理、精神方面的问题。教师在与家长沟通前一定要尽可能多地查找相关资料，弄清楚幼儿行为出现的真实原因，有的放矢地与家长沟通，为幼儿发展指明方向。

二、幼儿教师与第二种类型家长的语言沟通技巧

与教师沟通意愿低或者说日常与教师沟通少，且幼儿发展存在情况的这一类型家长，常常并不完全因为工作忙或者不善言辞，有部分原因是因为幼儿发展存在情况或问题，家长不知如何与教师沟通。幼儿教师与这一类型家长在语言沟通的时候主要技巧是：破解冰山封冻式沟通。

1. 主动沟通

这一类型的家长相对个性内向，针对这种情况，教师可以主动沟通，开始时从幼儿日常发展较好的方面入手，以了解家长的性格，以便有针对性地开展谈话。但在与家长沟通时不要过于直接，最好选择合适的时间先在日常交流中给予点滴的反馈，热情地向家长介绍幼儿在园的表现情况，让家长心理上有所准备，避免家长产生心理抗拒（见图4-2-1）。在这个过程中，教师可以清楚地了解到家长对自己孩子在家中的观察、评价，为后面与家长的沟通做好准备。在正式与家长沟通时，教师要注意循序渐进。比如，可以先向家长反馈一下幼儿各方面的发展情况，包括幼儿自身的优点、发展及进步，或者讲一讲幼儿在园里发生的一些趣事以及幼儿告诉教师的在家的事情，让家长感受到教师对自己孩子的关注和喜爱。同时也可以让家长介绍一下幼儿在家的情况，教师从家长的介绍中找到沟通的切入点，再向家长详细反馈自己发现的问题，这样会更加自然。

2. 共同分析

在向家长反馈孩子的问题时，教师要避免对孩子进行主观地评价，不要随意说如"我认为您的孩子可能有某某症倾向""您的孩子可能患有某某症"等这样的话。最好先向家长客观地描述自己观察到的几件具有代表性、能说明问题的事情，然后和家长一同分析问题的性质、原因。同时可以提出一些问题，如，"您觉得孩子之所以出现这种情况，可能是什么原因呢？""您在家里是否发现类似的问题呢？""您认为这个问题会对孩子有什么影响吗？"等等，这样既能避免家长对教师产生误会，又可以从家长那里获得更多的信息，使教师对问题的分析更加准确。

3. 及时指导

帮助家长发现自己孩子发展中存在的问题并不是幼儿教师的最终目的。作为幼儿教师有责任指导家长采取适当的教育方法，引导幼儿获得更好的发展。因此，教师在和家长沟通前需要思考：应该提供什么建议给家长，其中，既要包含在园时间，教师准备如何做；也要包含在家里，希望家长如何做，以及双方如何配合。当然，除了之前预设的，教师还要根据与家长的沟通内容，针对幼儿近期表现出来的问题，以及家长的想法，及时完善自己的建议，并真诚提出相应的、具体详细且实践性强的、可行性的教育措施和建议，并请家长后期及时给予反馈，以更好地进行下一步的指导与教育工作。

三、幼儿教师与第三种类型家长的语言沟通技巧

对于与教师沟通意愿低或者说日常与教师沟通少，但幼儿发展均衡的这一类型家长，幼儿教师在语言沟通的时候主要技巧有：催化温吞水式沟通。

1. 有的放矢

这一类型的家长大多工作比较忙，或者不善言谈，因幼儿发展比较均衡，常常会造成这一类型的家长与教师沟通比较少，但这并不意味着这一类型的家长不想了解自己孩子在幼儿园里各方面情况，相反，这一类型的家长和其他类型的家长一样，渴望了解自己孩子在园的情况及各方面发展的水平，只是由于时间关系或不愿给老师添麻烦等原因而没有主动与老师沟通。教师可充分利用家长接送孩子等日常接触的机会，有目的地、言简意赅地表述幼儿发展的情况，如对小班这一类型的幼儿家长可以说："我们某某宝宝拿调羹自己吃饭，右手手指配合得好，吃得特别干净。"这样可以让家长在有限的时间内充分了解自己孩子发展的情况和水平，感受到幼儿教师对自己孩子的关注。

2. 分享成长

在日常的沟通中，教师可以主动询问幼儿在家的表现，并把观察到的幼儿在园情况及时反馈给家长，如："我们某某宝宝在幼儿园午睡时都是自己动手穿脱衣服的，不知道在家里情况如何啊?"及时分享幼儿在园的进步和成长，吸引这一类型的家长主动参与到班级的教育活动中来，并逐步养成和教师多沟通的习惯。

3. 激发热情

面对这一类型的家长，幼儿教师要讲清日常工作中的一些"为什么"，如：幼儿园规定来园因病需要吃药的幼儿，家长必须填写服药委托记录单，这是为了保证给幼儿按时、正确地用药、吃药，保证幼儿的安全和身体健康。如果不这样做，就可能出现服错药或者服药不准时的情况。再如，家长按幼儿园班级教师的要求协助幼儿收集主题活动的一些材料，在增加亲子互动机会的同时，幼儿可以积累感性经验，进而有可能深入地参与到主题活动。幼儿教师可以及时地通过日常沟通、通知、温馨提示等方式让家长了解教师的用意，让家长了解这种配合对幼儿的帮助，并且可以向这一类型的家长提出合作请求，用教师的真诚激起家长的热情。

四、幼儿教师与第四种类型家长的语言沟通技巧

与教师沟通意愿高或者说日常与教师沟通意愿强，沟通得多，且幼儿发展均衡的这一类型家长，一般自身具有良好的教育理念和教育意识，日常愿意与教师沟通自己孩子的成长情况，交流自己的教育经验。幼儿教师在与这一类型的家长语言沟通的时候主要技巧是：拓展活火山式沟通。

1. 细节指导

对于这一类型的家长，教师的沟通要偏重于教育技巧的指导与教育细节的提示，更多地体现教师教育上的专业性。教师可以利用家长平时接送孩子的时机，根据幼儿当天的表现，随时给与一些细节提示，如礼貌用语的使用；教师也可以详细分析幼儿近期的表现，对家长进行比较具体的相关教育技巧指导，如对幼儿愿意表达和插嘴如何进行不同引导；在班级举行一些集体活动时，教师可抓住时机，提醒家长关注一些教育细节，引导家长有意识地做到身体力行，如排队等候喝水等。

2. 肯定鼓励

幼儿教师要鼓励这一类型的家长参与幼儿园教育，多肯定这一类型家长好的教育方法，积极采纳这一类型家长的合理建议。这样做可以充分调动家长的积极性、主动性，让家长拥有参与幼儿教育的兴趣，使家长感到自己有价值，产生成功感和自尊感，同时可以充分发挥这一类型家长在家长群中的影响力，促进家长对幼儿园班级工作的配合，充分形成班级教育合力。

3. 拓展话题

面对这一类型的家长，幼儿教师要充分发挥她们在班级家长中的作用，可以适时交流一些

教育的技巧，及时和这一类型的家长交换一下教育看法等，相互间切磋教育的敏感话题，以互相学习取长补短。幼儿教师在沟通中可以有意识地拓展话题，如："某某妈妈，我们宝宝进餐习惯挺好的，不知日常在家您是如何做的啊？方便时可以和其他家长聊一聊吗？"

五、幼儿教师与祖辈家长沟通的语言技巧

家长除了上述分类方法中的四种类型外，还可以按照家庭成员分，幼儿教师日常工作中主要与幼儿妈妈、爸爸以及祖辈等沟通，由于日常教养、接送幼儿祖辈参与得比较多，因而幼儿教师与幼儿祖辈的语言沟通尤为重要，这里主要就与幼儿祖辈的语言沟通展开。

（一）与祖辈家长语言沟通的要点

1. 正确使用敬辞、招呼语和称谓语

作为教育者，教师应尊敬幼儿祖辈，尊重幼儿祖辈，沟通中注意使用正确的敬辞、招呼语和称谓语。同时沟通中要随时注意主动关心幼儿祖辈的健康，这能令幼儿祖辈心情舒畅，如天气冷热变化的季节，提醒幼儿祖辈："某某奶奶，最近降温了，您多当心哟！"同时尊重幼儿祖辈在教育幼儿方面好的经验、做法等，注意把握语言沟通的分寸，对待幼儿祖辈要更加细致、热情，不要与幼儿祖辈争执。

2. 通俗自然，容易被接受

与幼儿祖辈语言沟通的时候，语速要慢一点，尽量少用专业术语，音量稍大些或者写好字条请幼儿祖辈带回家给幼儿的父母。教师要通过自己的语言沟通和幼儿祖辈之间建立起一定的感情，让幼儿祖辈感受到教师对其的尊敬与照顾。

（二）与祖辈家长语言沟通的方法

1. 重要的事情和父母谈

如果有些事情实在无法和祖辈说清楚，教师可以和父母谈，让父母协助教师做祖辈的工作。如，有的幼儿某方面的行为习惯不好，教师在与祖辈进行沟通后，不能取得他们的支持，观念上无法达成一致，教师可以与幼儿父母进行沟通，并嘱咐父母就此事与祖辈再次进行交流，取得祖辈的理解和配合。

2. 适时引导

教师要心中有数，可以单独组织幼儿祖辈家长会或用约谈的方式，浅显地传递祖辈家长一些教育原则和教育方法，告诉他们迁就孩子并不是爱，要对孩子有要求，从小培养孩子的独立能力。

3. 主动沟通

教师要主动与幼儿祖辈沟通，帮助幼儿祖辈转变教育观念，掌握一定的教育方法，取得教育上的协调一致。为幼儿祖辈提供学习的机会，开拓幼儿祖辈的视野。借助教育知识讲座、家教书刊或介绍一些好的教育实例来丰富幼儿祖辈的教育知识，提高教育质量，当发现幼儿祖辈的教育方法不恰当时，应侧面提醒，帮助幼儿祖辈改变教育态度和方法，指导幼儿祖辈更多地关注幼儿的心理健康。如，幼儿教师可以通过家长会的形式向幼儿祖辈介绍幼儿心理特点，用幼儿的具体实例来帮助幼儿祖辈分析如何对幼儿进行正确的指导，分析不良的教养方式给幼儿心理发展造成哪些影响，对幼儿目前存在的问题提出指导建议。同时也可采用个别交流的形式与幼儿祖辈共同分析幼儿发展现状，在教师对幼儿祖辈的理解基础上，提出家园共育措施，自然地向幼儿祖辈渗透教育观念与方法。

小结

针对家长与幼儿教师语言沟通的不同类型，幼儿教师要学会采用不同的语言沟通技巧。同时幼儿教师可以为家长提供多种沟通交流的平台，采用多种沟通形式，如，定期举办"家长交流会""家长论坛"或者利用网络平台如微信班级群等，根据幼儿普遍存在的问题，提供一些可供家长集中讨论的话题，发动不同类型家长积极参与，为家长创造更多沟通交流的机会，带动更多班级的家长积极参与、支持教师班级工作及促进幼儿发展、成长。

拓展阅读

4-2-2 关于心理抗拒的理论

技能训练

训 练 一

【要求】通过案例分析，掌握幼儿教师与不同类型家长沟通的语言技巧。

【步骤】

（1）先自己想一想，再自己说一说；

（2）案例在小组中讨论，补充修改；

（3）在小组中发言，用准确连贯的一段话说出自己的意见；

（4）每组派一个同学代表小组发言；

（5）师生共同讨论。

【题目】

1. 下列案例中，教师与不同类型家长的语言沟通哪个好？为什么？

（1）春节过后天天奶奶每天送天天来园。教师离园时和奶奶沟通："天天奶奶，您好，这两天又降温了，天冷路滑，您慢点走，不着急接天天哈。"

（2）小小喜欢阅读绘本，认识绘本中的很多字。教师请小小妈妈向其他家长介绍经验："小小妈妈，您方便时和我们班级其他家长说说怎么教小小认识那么多字儿的，好吗？"

2. 下列案例中，哪位老师与家长的沟通更成功，为什么？

（1）天天别的都挺好，就是爱挑食，教师希望通过与一直接他的奶奶沟通，达成共识，帮助天天改掉这种不良的饮食习惯。

A 教师和奶奶说："天天不喜欢吃青菜，可喜欢吃肉了。"

B 教师和奶奶说："天天胃口好，长得也壮，要是能多吃点青菜就好了。"

（2）新生入园，小小班级的教师发现小小是左利手。于是与早晨送小小来园的、当大学老师的妈妈沟通。

A 老师："小小妈妈，小小是左撇子吗，别人都说左撇子智商高。"

B 老师："小小妈妈，开学这两天我发现小小左手用得多，很灵活。"

训 练 二

【要求】根据幼儿教师与不同类型家长的语言沟通技巧，针对具体情境，进行有效的家园沟通。

【步骤】

（1）先阅读情境，进入情境；

（2）自己想一想，再自己说一说；

（3）小组训练，看谁说得好；

（4）补充修改；

（5）个人汇报，同学互评。

【题目】

1. 小小午睡一直尿床，请与小小的妈妈（全职妈妈）进行沟通。

训练提示：

（1）确定小小妈妈属于哪一类型的家长；

（2）肯定小小午睡其他方面的情况；

（3）倾听家长的阐述，给予建议和帮助

2. 中班天天小朋友来园仍一直哭，请问教师该如何与偶尔来园接天天的家长（平时保姆接送）沟通？

训练提示：

（1）确定天天家长属于哪一类型的家长；

（2）要了解天天来园哭的原因；

（3）根据和家长的沟通，综合幼儿的年龄特点，给出合理的建议。

训　练　三

【要求】 能模拟情境，讲一段符合与不同类型家长沟通的话，初步探索如何与不同类型家长进行沟通。

【步骤】

（1）先预设情境，进入情境；

（2）设计一段话，说一说；

（3）在小组中展示。

1. 设计一段话：亲子活动日与很少来园的、常迟到幼儿的爸爸个别沟通。

2. 设计一段话：离园时与一直主动和教师沟通的挑食幼儿的妈妈个别沟通。

3. 设计一段话：与肥胖儿奶奶的个别沟通。

🎤 项目小结

本项目主要通过与家长沟通的不同途径以及与不同类型家长沟通两个方面对幼儿教师与家长语言沟通进行训练。通过案例导入、理论与方法的学习、案例分析以及模拟情境训练等，帮助学习者掌握幼儿教师与家长不同途径的语言沟通技巧以及与不同类型家长语言沟通技巧。让学习者认识到与家长良好的语言沟通能有效地提高家园共育成效，帮助家长与教师达成教育共识。教师与家长沟通时使用有效的语言，可以帮助教师与家长和谐相处，同时能够使教师的教育、教学和班级管理工作的效果事半功倍，真正帮助幼儿健康成长。

主要参考文献

1. 国家语言文字工作委员会普通话培训测试中心.普通话水平测试实施纲要［M］.北京：商务印书馆，2004.
2. 章晓琴.教师口语实用技能训练教程（第2版）［M］.北京：北京师范大学出版社，2013.
3. 马显彬，赵越.普通话教程［M］.广州：暨南大学出版社，2002.
4. 崔元，孙明红.幼儿教师口语.北京：人民教育出版社，2011.
5. 李莉，李莉.教师口语训练教程［M］.郑州：郑州大学出版社，2007.
6. 陈雪芸，许晓晖，刘晓红.幼儿教师口语训练教程（第2版）［M］.北京：北京师范大学出版社，2018.
7. 冯健，许晓晖，冯旖旎.潮汕人普通话水平测试手册（2011机测版）［M］.广州：广东人民出版社，2011.
8. 吴雪青.幼儿教师口语［M］.上海：华东师范大学出版社，2012.
9. 张锐，万里，教师口语训练手册（试用本）［M］.北京：北京师范大学出版社，1994.
10. 钱维亚.幼儿教师口语［M］.北京：高等教育出版社，2008.
11. 马宏.幼儿教师口语［M］.北京：北京师范大学出版社，2011.
12. 人民教育出版社中学语文室.听话和说话（第一册）［M］.北京：人民教育出版社，2014.
13. 陈怡莺.幼师口语沟通技巧［M］.北京：高等教育出版社，2009.
15. 王丽娜.幼儿教师讲故事技巧［M］.上海：复旦大学出版社，2019.
16. 惠亚爱.沟通技巧（第2版）［M］.北京：人民邮电出版社，2013.
17. 荀伟平.人际沟通的10条白金法则［M］.北京：中国纺织出版社，2011.
18. 南勇.共情沟通［M］.南京：江苏凤凰文艺出版社，2019.
19. 周建武.经典逻辑思维名题365道［M］.北京：化学工业出版社，2016.
20. 汇智书源.沟通力！把话说到客户心里去（图解案例版）［M］.北京：中国铁道出版社，2017.
21. 莫源秋，唐翔宣，刘利红.幼儿教师与幼儿有效互动策略［M］.北京：中国轻工业出版社，2015.
22. 尹坚勤，管旅华.《幼儿园教师专业标准（试行）》案例式解读［M］.上海：华东师范大学出版社，2013.
23. 赵晓丹.幼儿教师的沟通与表达［M］.北京：北京师范大学出版社，2013.
24. ［美］穆尼.让幼儿都爱听你说：幼儿教师说话的艺术［M］.马希武，马燕，译.北京：中国轻工业出版社，2014.
25. 冯伟群.幼儿教师临场应变技巧60例［M］.北京：中国轻工业出版社，2013.
26. 陈泽铭，王先达.优秀幼儿教师教育艺术99例［M］.上海：华东师范大学出版社，2011.
27. 瞿亚红.幼儿教师语言［M］.北京：北京大学出版社，2013.
28. ［日］岸正龙.改变人生的说话术［M］.肖辉，李宜航，译.成都：四川文艺出版社，2021.
29. 石琳.幼儿教师教育机智的实践运用及影响因素研究［D］.沈阳：沈阳师范大学，2020.
30. 魏恽欣.幼儿园一日活动中教师倾听行为研究——以幼儿园小班为例［D］.大连：辽宁师范大学，2019.
31. 林晓，江玲雅，史逸华.非语言沟通：一种独特的人际沟通方式［J］.医院管理论坛，2015（01）：26-27.
32. 原晋霞.幼儿园师幼冲突事件个案解析［J］.教育导刊，2004（09）：38-40.
33. 覃丹婷.从一个案例看如何通过"共情"建立和谐师幼关系［J］.学前教育，2017（05）：56-57.
34. 陆艳芬.户外活动中教师对幼儿的观察与指导［J］.散文百家（新语文活页），2019（05）：136.

图书在版编目(CIP)数据

幼儿教师语言沟通与技巧/陈雪芸,李晖主编.—上海:复旦大学出版社,2022.8
ISBN 978-7-309-16183-0

Ⅰ.①幼… Ⅱ.①陈…②李… Ⅲ.①幼教人员-语言艺术-职业教育-教材 Ⅳ.①G615

中国版本图书馆 CIP 数据核字(2022)第 093620 号

幼儿教师语言沟通与技巧
陈雪芸 李 晖 主编
责任编辑/谢少卿

复旦大学出版社有限公司出版发行
上海市国权路 579 号 邮编:200433
网址:fupnet@ fudanpress.com http://www.fudanpress.com
门市零售:86-21-65102580 团体订购:86-21-65104505
出版部电话:86-21-65642845
杭州日报报业集团盛元印务有限公司

开本 890×1240 1/16 印张 14.5 字数 409 千
2022 年 8 月第 1 版
2022 年 8 月第 1 版第 1 次印刷

ISBN 978-7-309-16183-0/G·2357
定价:48.00 元